기술력의 일본이
사업에 실패하는 이유

기술력의 일본이
사업에 실패하는 이유

세노오 겐이치로 지음 | 신은주 옮김

21세기북스
www.book21.com

Contents

Contents

소니가 인텔을
이기지 못하는 진짜 이유

최대 위기에 빠진 일본의 자동차 산업

"일본의 자동차 산업은 15년 안에 괴멸됩니다."

2009년 1월 30일, 나고야의 토요타 공장을 방문 차 들른 나는 한 대형 호텔 연회장에서 약 400명의 청중을 앞에 두고 자동차 산업의 미래에 관해 거침없이 내뱉었다. 순간, 연회장에 모인 사람들은 모두 숨을 죽였다.

그날 밤 나는 나고야에서 하룻밤을 묵으며 호텔방 문을 단단히 잠갔다. 물론 문을 잠갔다는 말은 농담이다. 그러나 강연이 끝난 뒤 사람들은 내게 감사의 인사를 전했다.

"정말 속 시원하게 말해주셨습니다."

"안개 속에 있는 것 같았는데, 이제 또렷하게 보입니다."

"눈에서 막이 벗겨졌습니다."

'자동차 산업이 15년 안에 망할 수 있다'는 말은 어떤 의미일까? 비즈니스 잡지나 매스컴에서도 '자동차 산업이 위험하다'는 언급을 하고 있다. 그러나 대부분의 논의는 유감스럽지만 초점을 벗어났다. 2008년 후반부터 일본의 경제지나 비즈니스 잡지에서는 자동차 산업의 위기에 관한 특집을 여러 번 게재했다. 특집 기사는 크게 두 가지 논조로 나뉘었다.

하나는 서브프라임 문제에서 시작해 리먼 사태를 거치면서 '100년에 한 번 있을까 말까한 세계 경제 불황의 여파를 직접적으로 받았다'고 지적한다. 미국의 빅3는 이미 괴멸 상태고, 일본의 토요타도 사상 최대의 수익을 거두었다가 180도로 바뀌어 적자 기업으로 전락했다. 충격적인 일이었다. 미국의 금융 위기를 기점으로 시작된 세계 경제 불황의 영향을 가장 크게 받은 것이 자동차 산업이라는 논조를 중심으로 한 기사였다. 또 하나는 젊은 층의 자동차 기피 현상이다.

그러나 나는 둘 다 근본적인 문제가 아니라고 생각한다. 자동차 산업의 최대 위기는 기존의 가솔린 자동차가 전기 자동차로 전환하고 있다는 사실이다. 전기 자동차가 업계의 비즈니스 구조를 완전히 바꿀 수 있다.

왜 전기 자동차로 바뀌면 기존의 가솔린 자동차는 망할 수밖에 없는 것일까? 일본 제조업의 강점은 인테그랄(intergral, 부품간의 상호 의존도가 높아 미세 조정이 필요한 제품)형이라는 데 있다. 그 대표적인 것이 자동차다. 왜일까?

현재 인테그랄형인 가솔린 자동차에서 전기 자동차로 이행되면 모듈(module, 부품의 독립성이 높고 조정하지 않아도 조립이 가능한 제품)형으로 완전히 바뀔 것이다. 결국 부품을 서로 맞추면서 조정하는 고도의 기술이 필요한 인테그랄 제품이 아닌 것이다. 고도의 기술이 필요하긴 하지만 단순한 부품을 간단하게 조합해서 만드는 모듈 제품으로 바뀐다.

나는 전부터 '2016년에 아키하바라에서 조립한 전기 자동차를 팔 것이다'라며 호언장담하고 다녔다. 그런데 이 무서운 이야기는 말로만 그치지 않을 듯하다.

'3만 개에 이르는 부품이 필요하니까 괜찮을 것이다'라는 반론이 있을 수도 있지만, 그렇지 않다. 현재 간단한 전기 자동차의 경우 부품 수는 불과 수백 개 정도다. 중학생이면 30분 안에 조립할 수 있다고 들었다. 이외에도 여러 반론이 있겠지만 나중에 서술하기로 하자. 문제는 자동차 산업이 일본 반도체 산업의 전철을 밟기 시작한 것은 아닌가 하는 점이다. 이 문제에 대해서는 3장에서 자세히 설명하기로 하자.

왜 인텔만이 살아남았는가?

세계적 경제 불황 속에서 일본의 반도체 산업은 괴멸 상태다. 대기업의 반도체 부분은 몇 천억 엔의 적자를 내서 경영을 위태롭게 하고 있다. 세계의 반도체 산업이 비참한 상황 속에 있지만 예외적으로 고수익을 올리고 있는 기업이 있다. 바로 '인텔'이다.

이 원고 집필 중에 새로운 뉴스가 들어왔다. 일본의 르네상스 테크놀로지와 NEC 일렉트로닉스라는 2, 3위의 반도체 회사가 경영 통합을 한다는 것이다. 2010년 4월에 탄생한 이 신생 기업은 매출액으로는 세계 3위지만 현재 1500억 엔의 적자를 예상하고 있다.

2009년 3월 결산을 보면 도시바는 반도체 부문에서만 2800억 엔의 영업 적자를 기록했다. 후지쓰 마이크로일렉트로닉스도 같은 분기에 약 600억 엔의 영업 적자를 냈다. DRAM 메모리를 주력으로 하는 엘피다 메모리도 최종 손익이 1800억 엔이었다. 이 회사는 6월 말에 산업 재생법이 인정한 첫 번째 기업이 되었고, 정부는 공적 자금을 포함해 총 1600억 엔을 지원했다. 결과적으로 일본의 반도체 산업은 연산용 대규모 집적회로를 주력으로 하든, DRAM의 메모리를 주력으로 하든 지 간에 모두 참패하고 말았다.

매출 최고 1위인 인텔은 2009년 1분기에 640억 엔의 흑자를 기록했다. 수익 면에서 일본 기업과는 엄청난 차이를 보인다. 일본은 경영 통합을 거쳐서 이른바 일본 연합군을 형성하고 있지만 과연 그것만으로 이길 수 있을까? 그렇다면 왜 인텔이 강한지를 생각해야 한다. 기술력이 있기 때문일까? 기술력의 지표 가운데에는 '특허'가 있다. 비즈니스 세계에서는 얼마나 먼저 특허를 취득하느냐가 대단히 중요한 일이다.

일본의 반도체는 1980년대에 세계를 석권했다. '산업의 꽃'이라 불렸고, 미세 가공이라는 '모노즈쿠리[1]' 기술로 세계를 리드했다. 하지만 메모리 대신 컴퓨터의 두뇌인 CPU가 반도체 칩이 되는 양상으로 바뀌었다.

일본의 기술력은 세계와 견주어도 손색이 없다. 일본의 기술력은 특허 수로 입증할 수 있다. 예를 들어 일본 전기와 도시바는 각각 2000여 개의 특허가 있다. 물론 어디까지를 반도체 특허라고 부를지는 정의에 따라 다르지만, 어쨌든 일본의 기업 전체를 합하면 특허가 1만 개라고 한다. 결국 일본 연합군은 1만 명의 군사로 싸운다고 해도 과언이 아닐 것이다.

한편, 인텔이 보유한 특허는 몇 개일까? 1만 명의 군사를 이기니까 3만 명? 아니면 동등하게 1만 명? 그것도 아니라면 그것보다 적은 5000명? 놀랍게도 320개라는 보고가 있다. 귀를 의심하게 하는 숫자다. 320명의 군사로 1만 명의 연합군을 이긴다니 어떻게 된 일일까? 이 통계는 정확하지 않을지도 모른다. 영역이 모호하기 때문이다. 그러나 출원 수만 비교해봐도 두 자리 이상의 차이는 확실하다. 본론은 정확한 통계를 목적으로 하는 것이 아니므로 여기에서는 320대 1만이라는 알기 쉬운 숫자로 서술했다.

기술의 힘인가? 군사의 지혜인가?

일본 연합군과 인텔군의 차이는 무엇을 의미하는가? 첫 번째 해석은 인텔의 특허들이 맹렬하게 강하다는 점이다. 《삼국지》애호가인 나는 이렇게 표현하고 싶다. 개별적인 특허가 관우와 장비, 혹은 조운처럼 맹렬하게 강하다고 말이다. 문자 그대로 장비는 1만 명의 군사에 필적한다. 인텔이 이렇게 강력한 특허 기술을 정말 보유하고 있는 것일까?

두 번째 해석은 320명의 군사라도 1만 명의 군사를 이길 수 있는 작전을 착실하게 수행하기 때문이다. 인텔군에는 천재군사인 제갈량이 있다. 요소들을 빈틈없이 파악하기 때문에 1만 명이 공격해도 아무런 어려움 없이 격퇴할 수 있다.

나는 후자인 군사설을 택한다. 물론 한 명의 군사가 짠 작전으로 승리한 건 아닐 것이다. 비즈니스 전력을 철저하게 짜낸 군사 집단이 있을 것이다. 결과적으로 인텔은 PC로 전장의 싸움법을 숙지하고, 시장 확대와 수익 확보를 동시에 달성하는 훌륭한 전략을 수행하고 있다. 인텔의 이와 같은 전략 패턴 때문에 일본은 액정이나 DVD 분야에서도 실패하고 있다.

여기서 '그런 경우는 제조업의 일부나 전자제품에 국한되지 않은 가?'라고 의문을 던질 수도 있다. 그러나 소재나 기계 쪽에서도 벌어지는 상황이다. 제조업뿐만이 아니라 기술을 기반으로 하는 서비스 분야에서도 마찬가지다. 또한 콘텐츠 산업에서도 훌륭한 재능과 캐릭터를 보유한 일본이지만 세계 시장에서는 유럽과 미국의 뒤를 쫓고 있다. 관광업도 마찬가지다. 일본은 천혜의 관광자원과 인적 인프라가 있음에도 불구하고 다른 아시아 지역 국가들에 뒤지고 있다. 결국 서비스 산업이나 콘텐츠 산업도 같은 상황이다.

일본은 승리의 방정식을 깨닫지 못할 뿐만 아니라 참패의 방정식도 알아차리지 못했다. 왜일까? 그것에 관해 이야기하는 것이 바로 이 책이다.

실패하는 일본의 두 가지 문제 의식

나는 일본의 현재 국가 경쟁력을 상당히 비극적으로 보고 있다. 경쟁 우위의 상황을 만들어내기 위해서는 경쟁 열위의 현상을 제대로 인식해야만 한다. 그렇지 않으면 일본은 실패의 원인을 제대로 파악하지 않은 채 과거를 잊고 덮어둘 것이다. 그러나 일본 산업의 현재 상황을 고치기 위해서는 그냥 넘어가면 안 된다.

나는 일본이 기술력은 강한데 사업에서 실패하는 상황이 걱정되어 이 책을 썼다. 그것은 다음 두 가지 문제에 기초하고 있다.

문제 의식 1

- 일본에는 기술력이 있음에도 사업에서 실패했다. 왜 그럴까?
- 기술에서 이겨도 사업에서 실패한다.
- 기술에서 이기고 지적재산권을 얻어도 사업에서 실패한다.
- 기술에서 이기고 국제 표준을 가지고 있어도 사업에서 실패한다.

1만여 개의 특허를 보유한 일본 반도체 산업은 고작 320개의 특허를 가진 인텔을 이길 수 없을까?

'기술에서 이겨도 사업에서 실패한다. 기술이 있음에도 왜 이기지 못하는 걸까?' 누가 이런 질문을 했을 때 사람들은 이렇게 대답한다. '그것은 지적재산권을 취득하지 않았기 때문이다.' 그렇지만 지적재산권을 갖고 있어도 실패하는 상황이 늘었다. 이럴 경우 대답은 바뀐다. '국제 표준을 갖고 있지 않기 때문이다.' 그래서 국제 표준을 취득한다. 그런데 국제 표준을 갖고 있음에도 실패하는 사업체들이 속출했다. 이 상황은 어떻게 설명해야 하는가? 이것이 내가 제기하는 가장 간단한 의문이다.

국제경쟁력 평가로 유명한 〈IMD 세계경쟁력 연감〉(2008년 판)에 따르면 일본의 종합 순위는 55개국 중 22위, 전년 24위에서 두 계단 올랐다. 이는 스위스의 국제경영개발연구소가 1989년 이후 조사해서 발표한 것이다. 일본은 이 조사가 시작되고 나서 5년 연속 1위였다. 그러나 1998년에는 순식간에 급락해서 20위까지 내려갔다. 이후 10년 동안 특별한 변화가 없었다. 결국 일본은 GDP로 보면 아직 경제대국일지 모르나 경제 경쟁력 면에서는 아니다. 권투로 비유하자면 체중은 헤비급이지만, 실력은 플라이급이라는 뜻이다.

2008년 종합 순위를 살펴보면 다음과 같다.

1위 미국

2위 싱가포르

3위 홍콩

4위 스위스

5위 룩셈부르크

6위 덴마크

7위 오스트레일리아

8위 캐나다

9위 스웨덴

10위 네덜란드

종합 순위 22위인 일본에 대해서 큰 항목을 중심으로 자세히 살펴보자. 경제 상황이 29위, 정부 효율성이 39위, 비즈니스 효율성이 24위, 인프라는 미국, 스위스, 싱가포르에 이어서 4위를 차지하고 있다. 결국 인프라에서는 순위가 높지만 다른 항목들이 발목을 잡고 있다. 반대로 미국을 제외한 상위 5개국들은 인프라 이외의 다른 항목에서 높은 평가를 받았다.

미국은 1994년 일본을 추월한 이후 15년 연속 1위를 차지하고 있다. 미국에선 무슨 일이 일어났고, 일본에는 무엇이 부족했는가? 그것을 살펴보고 제대로 확인하는 것이 중요하다. 4위인 일본의 인프라를 구성하는 다섯 개의 중간 항목을 보면 다음과 같다.

과학 인프라(2위), 건강과 환경(9위), 기초 인프라(18위), 기술 인프라(16위), 교육(22위). 여기서 기술 인프라는 이동전화 가입률이라든가 기술개발 자원 수입과 같은 항목으로 기술력 자체는 아니다. 대신 과학 인프라에는 '과학 논문 수'나 '1인당 연구개발 총액'이 들어간다. 이 책에서 논의하고 있는 과학기술력은 이들 항목에 해당한다.

흥미로운 것은 과학 인프라가 전체에서는 2위라도 '장기 경제발전 촉진 기초 연구' 항목에서 12위를 차지하고 있다는 점이다. 마찬가지로 '특허 등록 건수', '외국특허 취득 건수'는 각각 1위지만, '지적재산권은 적절하게 강화되고 있는가?' 항목에서는 16위를 차지하고 있다. 결국 과학기술은 있지만, 전체적으로 그 사용 방법이 서툴다는 것이다. 지적재산권은 많이 취득했어도 지적재산 매니지먼트는 별로라고 할 수 있다. 어찌됐든 일본이 2위인 점을 보면 충분히 과학기술 대국이라고 자부할 수 있다. 하지만 짚고 넘어갈 점은 '일본이 과학기술 대국이지만 과학기술 입국은 아니다'라는 것이다.

문제 의식 2

일본의 산업 경쟁력은 위태로운가? 그렇다면 어떻게 해결해야 할까?

일본의 자동차 산업은 향후 15년 안에 괴멸할 가능성이 있다. 앞서 정의했지만 경쟁력은 어디에서 찾아야 할까?

도표 〈0-1〉은 도쿄대학교 지적재산 경영연구소에서 나와 함께 근무하고 있는 오가와 고이치 교수가 작성했다. 그는 현재 구체적인 연구를 진행하면서 일본 산업의 문제점들을 밝혀내고 있다. 도표를 보면 일본의 시장점유율이 하락하고 있는 것을 알 수 있다. 중요한 점은 하락하는 현상과 반대로 시장 규모가 급속히 커지고 있다는 것이다. 시장이 커지면 점유율은 급락한다. 세계 시장에서 대량 보급이 시작되면 일본의 점유율은 반대로 떨어지는 구조다. 그 뒤에는 서구 기업과 NIEs/BRICs(신흥공업경제국/브라질, 러시아, 인도, 중국)라는 신흥공업경제지역의 기업과 오묘한 협조 관계를 맺고 있다.

도표 0-1 **일본 제품의 세계 시장 점유율**

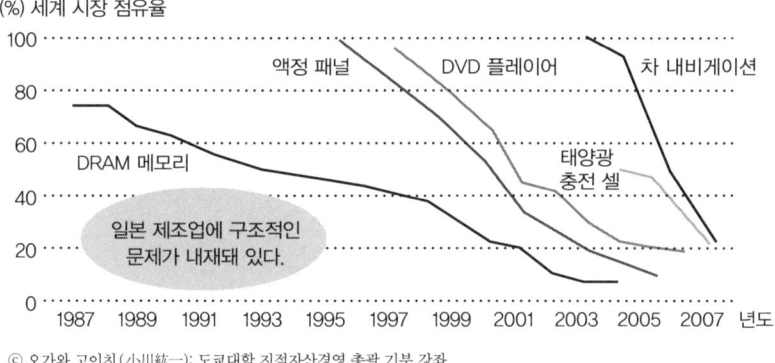

(%) 세계 시장 점유율

ⓒ 오가와 고이치(小川紘一): 도쿄대학 지적자산경영 총괄 기부 강좌

지금까지 경쟁력 강화는 협조력 강화와 표리 관계였다. 하지만 앞으로는 협업에 의한 협조력 강화가 필요하다. 즉, 협업 혁신이 절실하다.

1장에서 자세히 서술하겠지만 이노베이션이란 기존 모델에서 새로운 모델로 이행하는 것이지 현재의 모델을 연마하는 것은 아니다. 오픈은 단순히 사이좋게 지내라는 의미가 아니다. 그리고 협업은 평등하지 않다. 무엇보다 중요한 것은 이노베이션 모델 자체에서 거대한 이노베이션이 이루어져야 한다. 기존처럼 인벤션(invention, 발명, 기술 개발)과 이노베이션이 동등한 시대는 지났다. 왜일까? 이것이 두 번째 의문이다.

일본 팀은 기술력으로 이겨놓고도 사업에서 지는 패턴에 빠지고 말았다. 야구에서 안타는 많이 나오지만 정작 득점으로 연결되지 않는 상황이다. '일본 팀, 14안타, 22잔루, 그리고 무득점'이다. 설령 1안타밖에 치지 않았어도 도루와 번트, 외야 플라이로 점수를 얻을 가능성은 있다. 상대의 공격을 더블 플레이로 정리할 수도 있다. 그러나 일본 팀은 아직 소박한 아마 야구 수준일지 모른다.

삼위일체형 전략의 본질

이 두 가지 소박한 의문에서 '삼위일체 경영'이라는 결론이 나왔다. 나는 삼위일체의 사업 경영이 반드시 필요하다고 주장해 왔다. 기술만으로 승리하는 시대는 지났다. 기술력이 강하면 이기는, 《삼국지》로 말하면 여포처럼 힘이 가장 센 무장이 이기는 것은 후한 말의 이야기일 뿐이다. 세계는 강한 장군과 기술력을 지혜롭게 사용하는 군사의 시대로 변하고 있다는 것을 깨달아야 한다.

삼위일체란 무엇인가? 첫째, 제품의 특징에 맞는 핵심 기술을 파악하고 그것을 연구개발하는 것이다. 둘째, 독자 기술을 어디까지 보호할 것인지, 특허를 딸 것인지, 어디까지 표준화하고 오픈해서 사용할지 결정하는 지적재산 매니지먼트를 말한다. 셋째, 각각을 전제로 한 편으로는 시장 확대, 다른 쪽으로는 수익 확보를 양립한다. 또한 독자 기술의 개발과 중간재를 매개로 한 국제 사선형분업을 보급하여 시장 침투를 계획하는 비즈니스 모델의 구축을 뜻한다.

이처럼 연구개발 전략과 지적재산 전략 사업을 삼위일체로 경영하면 '승리의 방정식'이 있고, 그것이 잘되지 않을 때는 '참패의 방정식'이 기다리고 있을 것이다. 세 가지 전략이 삼위일체가 되었을 때 비로소 인텔과 같은 성공이 가능하다. 전기 자동차는 이러한 방식으로는 경영할 수 없기 때문에 자동차 사업이 위험하다. 또한 일본의 특기 분야인 로봇 사업도 마찬가지다.

지적재산 매니지먼트는 어떻게 사용해야 하나?

이 책은 지적재산 매니지먼트에 대한 내용이 주를 이룬다. 이는 내가 담당하고 있는 도쿄대학교 대학원 공학연구과 기술경영전략전공의 '이노베이션과 지적재산' 강의록에서 시작되었다. 수업에서는 '새롭게 도입된 기술은 어떻게 경영해야 하는가?', '지적재산 매니지먼트는 어떻게 사용할 것인가?'의 문제를 다루었다.

표준화를 포함한 지적재산 매니지먼트가 사업 경쟁력 강화에 얼마나 공헌할 수 있을지는 아직 미지수다. 이것이 일본의 실정이다. 일본에서 좋은 기술은 단순하게 지적재산권을 취득하면 그것으로 끝난다고 생각하는 풍조가 남아 있다. 여기서 '지적재산권만으로 공헌할 수 있는 것', '지적재산권이 없으면 공헌할 수 없는 것', '지적재산권과 다른 요소를 보완하거나 상승 관계를 형성해야 달성할 수 있는 것'들을 제대로 정리해야 한다. 그래서 상황에 맞는 방법을 써야 한다.

과학기술을 기본으로 한 사업에서 압도적인 '한방'이 아주 없다고는 이야기할 수 없다. 그래서 그런지 일본은 아직도 압도적인 테크놀로지라는 홈런으로 이길 수 있다는 환상에 빠져 있다. 그러나 현실에서는 단타가 훨씬 더 많다. 출루한 주자를 홈까지 보내려면 어떻게 해야 할까? 그것이 군사가 생각해야 할 일이다. 군사가 그린 전략을 기본으로 했을 때 큰 의미를 갖는 것이 바로 표준화를 포함한 지적재산 매니지먼트다. 그래서 일반인도 쉽게 이해할 수 있도록 지적재산의 기본에 대해 서술했다.

이 책의 구성

이 책은 제조업을 중심으로 논의하고 있다. 물론 다른 산업에 대해서도 다루고 있다. 사업의 핵심이 되는 소재를 활용하는 비즈니스 모델과 그것을 가능하게 하는 지적재산 매니지먼트가 잘 어우러지지 않는다는 공통점이 있기 때문이다.

이 책에서는 크게 세 가지 문제를 다루고 있다. 첫째, 이노베이션에 대해서 논의한다. 그중에서 이노베이션과 개선(improvement, 모델 연마)을 구별하는 것, 이노베이션이 기술기점 발상만이 아닌 사업기점 발상으로 바뀌어가는 것, 이노베이션 모델이 유럽과 미국에서는 이미 새로운 모델로 이행하고 있는 것에 대해서 논의한다.

둘째, 현재의 이노베이션 모델과 사례를 서술한다. 여기에서는 '수직 대 수평', '인테그랄 대 모듈', '클로즈(보호) 대 오픈', '인텔 인사이드형 대 애플 아웃사이드형'을 비교하면서 현재 일어나고 있는 이노베이션 상황을 파악한다. 이노베이션에 참가하는 것만으로는 부족하다. 이노베이션에 앞서 시나리오와 리더십을 확보할 필요가 있다. 그 주도권을 잡기 위해서 삼위일체 경영을 구상한다. 그러려면 여러 개의 시나리오를 만들어야 한다. 그것은 이노베이션 주도권을 잡는 방법이 될 것이다.

셋째, 표준화를 포함한 지적재산 매니지먼트에 대해서 논의한다. 여기에서는 지적재산 매니지먼트의 기본적인 원칙론을 소개하고 기술, 제품, 시장 등에 따라 달라지는 비즈니스 모델과 지적재산 매니지먼트의 조합 패턴을 설명한다. 이것을 통해서 일본 산업계의 문제와 과제를 파악하고자 한다.

chapter 1

추락과 반등의
갈림길에 선 일본

이노베이션의 본질

* 주요 키워드

성장growth 기존 모델을 닦아 보다 효율적으로 운용해서 생산성을 향상시키는 것.

    ▶ **개선**improvement 모델 연마

발전development 참신하고 진보적인 모델을 창출하여 보급 · 정착시킨다. 신규 모델로의 불연속적인 이행.

    ▶ **이노베이션**innovation 모델 혁신

"여러분은 기업을 성장시키고 싶습니까? 발전시키고 싶습니까?"

나는 경영자를 대상으로 한 강연회나 세미나에 가면 서두에 반드시 이런 질문을 한다. 거기에 있는 사장님들은 어떻게 대답할까?

세 가지 답안을 준비한다. "1번- 성장시키고 싶다. 2번- 발전시키고 싶다. 3번- 성장과 발전의 차이를 잘 모르겠다." 지금까지 수천 명에게 이런 질문을 해왔지만 거의 대부분은 성장과 발전의 차이를 잘 알지 못한다고 대답했다. 그것이 가장 정직한 답일 것이다. 성장이라고 대답한 사람도, 발전이라고 대답한 사람도, 성장과 발전의 차이에 대해서 명쾌하게 설명하는 경우는 거의 없었다.

가스미가세키에 있는 정부 관료들에게 이렇게 물어보았다. 일본 경제가 성장을 할 것인가? 발전을 할 것인가? 사립대학교 이사장들에게는 대학이 성장 단계에 있는지 발전 단계에 있는지 질문했다. 도쿄대학교의 대학원생에게는 성장하고 싶은지, 발전하고 싶은지를 물었다. 반응은 거의 같았다. 두 단어의 뜻을 명확하게 구별하지 못했다.

사실 성장과 발전은 전혀 다른 뜻을 지닌다. 나는 그 차이를 이노베이션 관련 내용에서 자세하게 살펴볼 것이다. 1장에서는 먼저 이노베이션과 관련된 개념을 정리하고자 한다. 그 다음에 일본의 기술과 사업 관계에 대해서 생각해보자. 옛 속담에 '급할수록 돌아가라'는 말이 있다. 그 말대로 방법을 찾기 전에 개념을 확실하게 알고 가자.

성장과
발전의 차이

성장과 발전의 차이를 명확하게 설명하기 위해서 '모델'이란 개념을 이용할 것이다. 여기서 말하는 모델이란 구조, 기능, 매니지먼트의 세 가지 요소로 이루어진 세트를 말한다. 성장이란 기존 모델을 양적으로 확장하는 것이다. 사람의 키는 어느 연령까지 성장하지만 머리털은 어느 단계에 이르면 오히려 줄어들기도 한다. 쓰레기로 쌓인 산은 커질 수 있지만 발전할 수는 없다. 아이들은 성장하면 어른이 된다. 숲에 심은 어린 삼나무 묘목은 성장하면 키가 큰 삼나무가 된다.

이렇게 지극히 당연한 이야기에 중요한 진리가 숨어 있다. 무엇일까? 인간의 아이는 인간인 어른으로 성장한다. 갑자기 원숭이가 되거나 새가 되지 않는다. 또 삼나무 묘목이 성장한다고 소나무나 대나무가 될수는 없다. 결국 지금까지의 모델처럼 양적으로만 커진다는 뜻이다.

그러나 애벌레는 번데기를 거쳐서 나비가 되고, 개구리의 알은 올챙이를 거쳐 개구리로 변한다. 형태도 호흡 방법도 생태 환경도 생활 습성도 결국 전과는 180도 달라진다. 이러한 변화를 성장이라고 부르지 않는다. 올챙이는 개구리로 발전하는 것이지 성장하는 것이 아니다. 물론 성장해서 어느 단계까지 왔으니 발전할 수 있다. 그러나 변태 과정은 발전이지 성장은 아니다.

도표 1-1 **성장인가? 발전인가?**

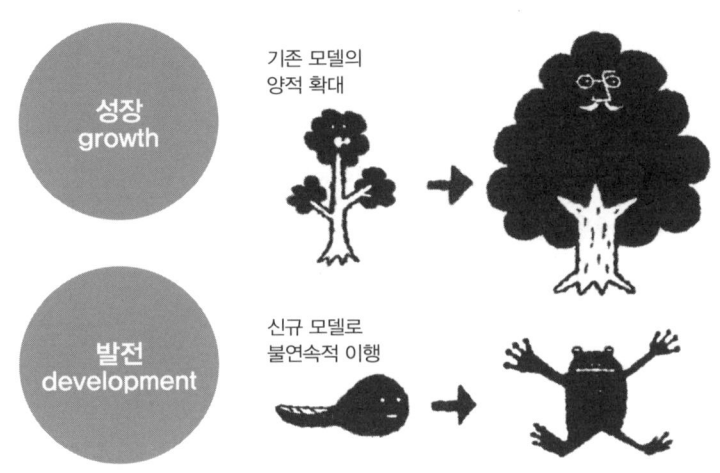

결국 '발전'이란 기존 모델과 완전히 다른 신규 모델로 바꾸는 것이다. 우리는 애벌레와 나비가 같은 생물이라는 것을 이미 알고 있다. 그러나 인류가 맨 처음에 이 둘을 같은 생물이라고 인식했을까? 아마도 전혀 다른 종류의 생물이라고 생각했을 것이다. 애벌레가 번데기가 되는 과정은 어떤 것일까? 아주 오래전에 생물 선생님이 설명해주셨던 내용이다. 번데기 속에서 세포가 재배열되어 나비로 완전 변태한다. 모델이 변하는 것은 그만큼 엄청난 일이다.

　변태는 발전을 은유적으로 표현하면서 많은 것을 시사한다. 어떤 식으로든 기존 지식을 다시 조합하면 새로운 지식을 만들어낼 수 있다. 무에서 유가 나오지는 않는다. 유의 참신한 재조합이 마치 무에서 새로운 무엇이 생긴 것처럼 보일 뿐이다. 그것은 어느 날 갑자기 나비가 세상에 나오는 이치와 같다.

　이러한 발전을 다른 각도에서 이노베이션이라고 부른다. 이는 신규 모델을 획기적으로 창출하여 보급·정착하는 것을 말한다. 이노베이션에는 항상 새로운 모델이 필요하다. 참신해야 한다. 기존 모델과 비슷한 것 같지만 실제로는 비슷하지 않은 획기적인 무엇이 필요하다. 따라서 충분히 진보적이고 앞선 것이어야 한다. 이 두 가지 참신성, 진보성의 개념을 합하면 특별한 의미를 갖게 된다.

　기술과 관련된 일을 해본 사람이라면 이 두 가지 개념이 특허 심사 요건이라는 것을 쉽게 알 수 있을 것이다. 발명을 특허로 인정할 것인지를 심사할 때 이 두 가지 기준에 따라서 판단한다. 이런 것만 보더라도 이노베이션과 지적재산이 밀접한 관계가 있다는 것은 충분히 짐작하고도 남을 것이다. 그러나 이것이 '유효성'을 만들지는 않는다. 이는 사회, 산업, 생활에 새로운 가치를 가져온다는 의미에서 유효해야 한다. 신규 모델의 가치를 창출하면 사회 유효성은 높아질 것이다. 역사를 보아도 사회·경제는 이노베이션으로 발전했다.

　'성장'하려면 반드시 개선을 통해서 향상해야 한다. 어떤 모델을 세련되게 갈고 닦으면 효능과 효율이 높아질 것이다. 그렇지 않다면 모델을 연마했다고 할 수 없다. 모델을 갈고 닦으면 생산성이 높아진다. 이러한 생산성 향상은 지속적인 성장을 촉진한다.

이처럼 이노베이션과 개선은 기본적으로 다른 개념이다. 그렇지만 최근 이노베이션에 관한 논의를 보면 이노베이션과 개선을 혼동해서 사용하고 있다. 나는 적어도 개념만큼은 확실하게 구별해야 한다고 생각한다. 나중에 서술할 '이노베이션의 원칙'을 보면 알 수 있겠지만, 신규 모델을 창출/보급/정착시키는 쪽, 다시 말하면 이노베이션을 일으키는 쪽이 개선보다 훨씬 더 경쟁력이 있다.

일본의 실패는
이노베이션 모델 때문이다

    1970년대부터 80년대까지 일본의 제조업은 기존 모델을 갈고 닦아서 세계 최고 품질의 제품을 내놓았고 비용 절감도 실현했다. 그것이 경쟁력의 원천이었다. 확실히 일본은 전통적으로 물건이나 기술을 연마하는 데 뛰어나다. 동일 제품을 제조하거나 동일 사양의 서비스를 제공할 경우 성능이 더 뛰어나고 더 효율적이며 더 안정적이라면 그것만큼 좋은 것이 없다. 그런 의미에서 이 장에서는 이노베이션을 신규 프로덕트로 만들어내는 프로덕트 이노베이션과, 프로세스를 획기적으로 바꾸는 생산성 향상의 프로세스 이노베이션으로 나누어 생각한다. 그중에서도 획기적으로 생산성을 향상하는 '프로세스 이노베이션'은 일본이 전통적으로 가장 잘하는 작업이다.

    일본은 프로세스 이노베이션과 함께 프로세스를 개선했고 결국 사업에 성공했다. 프로세스 전체를 세련되게 연마해서 승리했던 것이다. 다만 그 자체가 근본적인 프로덕트 이노베이션은 아니다. 7, 80년대에 나도 세계적인 기업에서 근무했지만 이제야 그 사실을 알게 되었다.

모델 연마 경쟁에서 일본에게 졌던 미국은 80년대부터 준비했지만, 90년대에는 '모델 연마의 경쟁력 모델'과 싸우는 것을 포기했다. 결국 모델 자체를 바꾸는 전략을 세웠다. 90년대 이후 일본이 실패했던 이유는 이러한 모델 변혁을 진지하게 받아들이지 않았기 때문이다. '스모에서는 이겼다'고 자랑한 일본에게 유럽과 미국은 '앞으로는 테니스를 할 거야'라고 말한 것과 같다.

돌아보면 90년대 이후 세계 경제를 리드한 경영자는 모델을 바꾸려고 적극적으로 노력했던 사람들이다. IBM의 루이스 가트너, GE의 잭 웰치, 마이크로소프트의 빌 게이츠, 애플의 스티브 잡스, CNN의 테드 터너 등과 더불어 최근 이노베이션 경쟁을 선도하고 있는 IBM의 새뮤얼 팔미사노 회장은 프레젠테이션 때 사용한 자료에서 '게임의 룰을 바꾼 사람이 승리한다'고 말했다.

게임의 룰을 정한 사람은 선수로서 참여할 수 없다는 것이 정치·행정 세계의 원칙이다. 적어도 민주주의 세계에서는 그럴 것이다. 그러나 비즈니스 세계에서는 시장 경쟁의 룰을 스스로 이노베이션해야 한다. 일본은 정반대로 움직인다. 정치가와 행정 담당자들은 룰 메이커임에도 불구하고 은밀하게 플레이어로 나선다. 그런 경우가 손꼽을 수 없게 빈번하다. 일본의 경영자는 스스로 비즈니스 모델을 바꾸고 시장에 적극적으로 참여해야 하는데, 그것을 외부에서 찾아야 하는 것처럼 행동하며 구차한 변명만 늘어놓는다.

어쨌든 미국은 ICT(정보통신기술)를 축으로 경쟁력 모델, 비즈니스 모델을 바꿔서 멋지게 재개했다. 그러나 일본은 미국을 따라가지 못한다. 매력적인 모델이 주어지지 않으니 연마할 수 없다. 일본의 특기였던 기존 모델을 세련되게 연마하는 것으로는 성공할 수 없다. 그것을 먼저 인식해야 한다.

거품 경제가 붕괴된 뒤 새로운 모델을 찾지 못한 채로 일본은 성장 전략만을 추진해왔다. 2006년에 경제산업성이 정리한 전략 명칭은 신경제성장 전략이었다. 산업구조심의회에서 "이 명칭이 과연 적당한가? 일본은 '신 경제발전 전략'을 구축해야 하는 것은 아닌가?"라고 여러 번 발언했지만 언제나 창의적인 발언은 무시를 당했다.

일본 기업은 언제까지 올챙이 모습을 한 채로 성장만 할 생각인가? 나는 일본이 거대한 올챙이로 남지 않을까 우려하고 있다. 전체 GDP를 다투는 '성장'은 중국이나 인도에 맡기고, 우리는 개구리가 되어서 물 밖으로 뛰쳐나가 1인당 GDP를 자랑하는 성숙한 사회로 '발전'해야 하지 않을까? 성장은 개구리가 된 다음에도 늦지 않다. 올챙이로 남아 있다면 물 밖으로 나갈 수조차 없다.

결국 일본은 세계를 뛰어넘을 수 없다. 발전하려면 성장을 위한 힘을 어느 정도 모아두는 것이 필요하다. 그러나 단기 성장에만 힘을 쏟으면 안 된다. 눈앞의 경제 불황을 탈피하기 위한 응급 대책은 물론 중장기적인 성장 정책을 버리고 이제는 '성장을 위한 발전'을 검토해야 한다.

세노오의
이노베이션 7대 원칙

　나는 현재 도쿄대학교의 대학원에서 모토하시 가즈유키 교수와 함께 '이노베이션과 지적재산권' 과목을 담당하고 있다. 우리는 이노베이션과 개선의 관계를 이노베이션 원칙으로 이야기하고 있다. 여기서 기본 원칙 몇 가지를 소개한다.

　이노베이션과 개선을 둘러싼 관계는 아래와 같이 정리할 수 있다. 기존 정의와 다른 점은 연속적으로 일어나는 참신한 변화를 이노베이션이라고 부르지 않는 것이다. 최근 경제학에서는 불연속적이고 획기적인 변화를 급진적 이노베이션이라 부르고, 다른 쪽에서는 작은 개혁을 거듭한 참신한 변화를 점진적 이노베이션이라 부른다. 둘 다 이노베이션이라고 부르는 것은 경제학이 아닌 경영학에서는 적절하지 않다.

　나는 기존 모델에서 획기적인 신규 모델로 이행하는 경우, 즉 '파괴적인 이노베이션'만을 이노베이션이라 부를 것이다. 연속적인 것은 '개선'이라고 칭한다. 그래야만 모델의 전환과 연마라는 개념 차이가 확실해질 것이다.

제1원칙 : 기존 모델을 개선해도 일어날 수 없는 이노베이션

기존 모델을 아무리 개선해도 신규 모델을 창출할 수 없다. 기존 모델을 개선하다 보면 언젠가 한계를 만난다. 그때 신규 모델을 찾는 욕구와 필요성이 높아지고, 모델 혁신이 대두되며, 이노베이션 동기가 확실해진다. 그러나 기존 모델을 개선한다고 해서 이노베이션을 만들어낼 수는 없다. 특히 기술의 경우는 더욱 그렇다. 예를 들어 진공관 연구로는 반도체를 발견할 수 없다. 고정 유선전화 기술을 아무리 갈고 닦아도 휴대전화 기술은 만들 수 없다.

새로운 기술은 밖에서 오는 것이다. 제조업에 한정되는 이야기가 아닌 서비스업도 마찬가지다. 우편 소포의 생산성을 올린다고 택배 서비스가 나오지는 않는다. 대형 슈퍼마켓이나 잡화점을 효율적으로 관리한다고 '세븐 일레븐'이 생기진 않을 것이다. 커피 전문점의 생산성을 올리면 '스타벅스'가 될까? 대답은 'NO'다.

새로운 기술, 새로운 모델은 항상 밖에서 온다. 신규 모델에게 당하지 않으려면 스스로 변해야 한다. 생물학자 찰스 다윈이 말한 것처럼 강한 종이 아니라 끊임없이 변화하는 종이 살아남는다.

제2원칙 : 생산성 향상 노력을 헛수고로 만드는 이노베이션

제1원칙을 바꿔서 생각해보자. 기존 모델을 아무리 개선해도 획기적인 신규 모델이 출현해서 보급 정착되면 기존 모델의 생산성 향상을 도모하던 노력은 순식간에 물거품이 될 수 있다. 예를 들어 CD가 나오면 레코드를 퇴출하고, 휴대전화를 보급하면 무선호출기는 퇴출당하는 이치다.

이노베이션은 기존 모델의 생산성 향상 노력을 물거품으로 만든다. 획기적인 신규 모델의 창출과 보급 정착을 이노베이션이라고 부르면서, 기존 모델을 전제로 하는 생산성 향상은 이노베이션이라 할 수 없다. 다만 이노베이션으로 생산성 향상이란 말이 성립하는 경우가 있다. 생산성이 획기적으로 높은 모델을 창출해서 그것을 보급 정착시키는 프로덕트 생산 방법을 프로세스 이노베이션하는 경우다. 이 프로세스 이노베이션에 대해서는 제5원칙에서 다루겠다.

제3원칙 : 계층 구조상 경쟁 우위에 서는 상위 모델의 이노베이션

모든 모델은 시스템의 계층 속에 자리 잡고 있다. 모든 모델은 계층상 상위 모델의 하위에 위치하고, 그 모델도 하위에 서브 모델을 두고 있다. 이 서브 시스템[1] 아래에는 다음 서브 시스템이 있다. 즉, 시스템에는 상위 시스템과 하위 시스템이 있다. 이것이 시스템의 기본이다. 그리고 상위 모델이 다른 모델로 바뀌면 당연히 하위 모델은 생존하기 어렵다. 예를 들어 레코드 시스템에서 CD 시스템으로 시스템 전체가 이행하면 기존 서브 시스템에서 혁신적인 레코드 바늘을 만들었다고 해도 별 의미가 없다. 전기 자동차가 보급되면 획기적인 가솔린 엔진 부품을 만들어도 활용할 수 없는 것과 마찬가지다.

상위 레벨에서 모델을 바꾸는 것이 경쟁 우위에 선다. 상위 레벨에서 모델 혁신을 일으키는 쪽이 하위 모델에서 생산성을 향상하는 것이나,

하위 레벨에서 모델 연마를 하는 것보다 훨씬 더 경쟁력이 있다. 이 원칙도 이노베이션을 단순 생산성 향상이라고 할 수 없는 것을 시사하고 있다.

도표 1-2 시스템적인 계층구조상 하위보다 상위 모델의 이노베이션이 경쟁 우위에 선다.

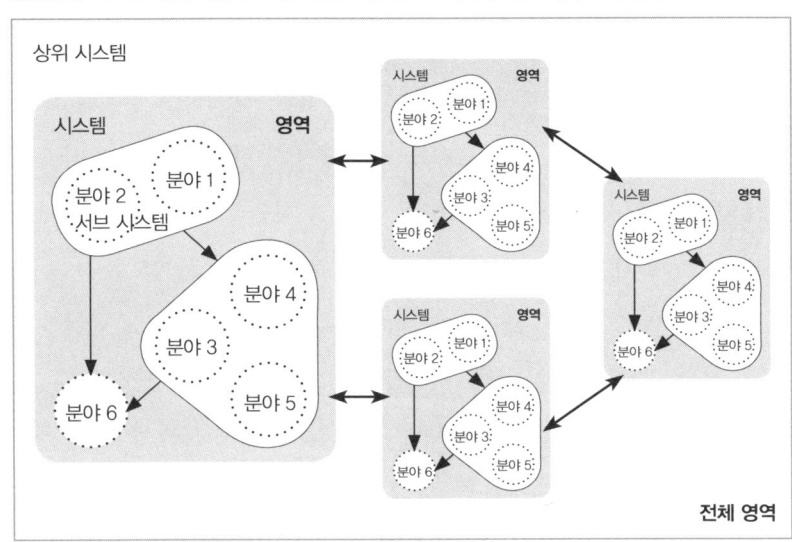

제4원칙 : 상위 모델로의 이노베이션

하위 모델의 연마는 단순하게 상위 모델의 연마에 그치는 경우가 대부분이다. 레코드 바늘을 연마한다고 레코드 시스템 전체를 혁신할 수는 없다. 그러나 때때로 상위 모델을 혁신하는 경우도 있다. CD와 DVD는 데이터 용량 이외에는 거의 차이가 없다. 용량에 관한 획기적인 기술 개발을 해서 결과적으로 데이터 용량이 엄청나게 커졌다. 이것이 양적 확대에 지나지 않을 수도 있지만 결과는 달랐다.

즉, CD에서 DVD로 이행한 것은 이노베이션이라고 말할 수 있다. 다루는 모드를 음성에서 영상으로 확장했기 때문이다. 고객에게는 획기적인 가치를 가져다주었다. 또 오디오 카세트테이프를 몰아냈던 CD처럼 비디오테이프를 몰아낸 것은 DVD다. 결국 고객에게 새로운 가치를 제공한 셈이다. 기술적으로는 개선일지 모르나 고객과 시장에 새로운 가치를 제공한다면 이노베이션이라 불러도 좋을 것이다.

제5원칙 : 프로세스 이노베이션보다 강한 프로덕트 이노베이션

이노베이션을 만드는 쪽이 경쟁력을 얻는다. 그렇다면 기존 모델의 생산성 향상을 도모하는 프로세스 이노베이션과 처음부터 획기적인 신규 모델을 창출하여 보급하고 정착시키는 프로덕트 이노베이션 중에서 어느 쪽이 더 경쟁 우위에 있는 것일까?

1970년대부터 80년대를 거치면서 일본은 기존 모델을 갈고 닦아 세계에서 인정하는 품질과 비용 절감을 실현했다. 그것이 경쟁력의 원천이었다. 분명 일본은 전통적으로 물건을 갈고 닦고 향상시키는 기술이 뛰어났다. 동일 제품의 제조와 서비스라면 더 효율적인 쪽이 강한 경쟁력을 갖고 있다.

그런 의미에서 획기적인 생산성 향상을 도모하는 프로세스 이노베이션은 근본적으로 제품 모델 자체를 바꾸는 프로덕트 이노베이션을 능가할 수 없다. 레코드의 생산성을 향상시키는 프로세스 이노베이션이라 해도 CD가 출현하면 모두 물거품이 되는 것이다. 매력적인 모델이 아니라면 아무리 연구해도 헛수고일 뿐이다.

도표 〈1-3〉에서 말하는 패턴의 우위성을 살펴보자. ①~④에서는 ④가 높다는 것을 알 수 있다. 그러나 ②와 ③에서는 ③쪽이 훨씬 높다.

도표 1-3 개선 vs 이노베이션

	프로세스 개선	프로세스 이노베이션
프로세스 개선	① 기존 제품의 개량품을 기존 제품 기술로 생산	② 기존 제품을 획기적인 제조 기술로 생산
프로세스 이노베이션	③ 획기적인 제품을 기존 제조 기술로 생산	④ 획기적인 제품을 획기적인 제조 기술로 생산

제6원칙 : 동종 모델 경쟁은 개선, 이종 모델 사이의 이노베이션

경쟁은 동종 모델 사이의 경쟁과 이종(異種) 모델 사이의 경쟁이 있다. 동종 모델 사이의 경쟁은 모델의 혁신으로 경쟁하는 쪽이 유력하다. 고객과 시장에 가치를 창출할 수 있는 모델만이 경쟁력을 얻을 수 있다.

동종 모델 사이의 경쟁에서 이기려면 이노베이션이 필요하다. 현재 모델의 연마 경쟁에서 벗어나 획기적인 모델을 창출하는 것이 가장 효과적이다.

동종 모델 경쟁에서 이기는 방법을 세 가지로 정리해보았다. 첫째, 현재 경쟁 우위인 기업은 가능하면 기존 모델을 지속시킨다. 이것이 가장 좋은 방법이다. 둘째, 경쟁 열위인 기업은 가능하면 이종 모델로 이행한다. 또 신종 모델로 기존 모델을 뒤집는 것이 효과적이다. 셋째, 경쟁 우위인 기업은 다른 기업보다 앞서 이종 모델로의 이행을 성공시켜야 우위성을 유지할 수 있다.

이 세 번째 방법이 미국 경쟁력 강화 전략에 관한 〈팔미사노리포트〉

(4장 참조)의 근거라고 할 수 있다. 단순한 혁신이 아닌 끊임없는 모델 혁신이 필요하다는 뜻이다. 하지만 새로운 모델로의 이행은 리스크를 동반한다. 모델 이행에 실패하면 원금도 이자도 날아가기 때문이다. 현행 모델에서 경쟁 우위에 있으니까 단순 개선만 할 것인가? 타사가 신규 모델을 투입하는 것에 앞서 모델을 바꿀 것인가? 이 시점에서 우리는 적절한 판단이 필요할 것이다. '우리 회사가 이노베이션을 먼저 시작하면 리스크가 크다. 그렇다고 해서 타사가 먼저 하게 두면 밀린다.' 이것이 이노베이션의 딜레마다.

기존의 은염사진(silver halide photography)[2] 필름에서 압도적인 점유율을 보유하고 있던 후지필름이 스스로 디지털카메라를 발매하는 상황이다. 디지털카메라를 출시하면 자신들의 가장 강력한 영역을 스스로 먹어버리는 상호포식(cannibalism)에 빠지게 되는데도 말이다.

이 회사는 항상 상하포식으로 대응했던 기업이다. 8밀리 영화의 전성기가 지났을 때, 8밀리 비디오를 내면서 스스로 포지션을 전환했다. 뢴트겐 필름에서는 압도적인 점유율을 갖고 있으면서 필름이 필요 없는 디지털 영상 진단기를 도입했다. 이번에는 디지털카메라다. 이러한 딜레마를 내재하고 있을 때 어떻게 해야 하는가? 현명한 경영 판단이 필요한 시점이다.

자동차 업계가 지금 이 상황에 직면해 있다. 기존의 가솔린 자동차가 전기 자동차로 전환하고 있다. 이때 자동차 업계는 가장 뛰어난 분야를 오래 연명하는 방법을 찾고 새로운 모델로 이행하는 것을 미룰 것이다. 그것이 바로 하이브리드 자동차다. 그러한 연명 방책이 성공한 예는 거의 없다. 이 건에 대해서는 3장에서 자세히 서술할 것이다.

동종 / 이종 모델과의 경쟁과 협조

	경쟁	협조
동종 모델	① 개선 경쟁 (연마 경쟁)	② 공통 플랫폼 만들기 (공통 기반 협조)
이종 모델	③ 이노베이션 경쟁 (약육강식)	④ 독자 기술의 공존 (경쟁을 피하고 각각의 영영에서 공존)

제7원칙 : 성장과 발전, 이노베이션과 개선은 나선형 관계

생산성 향상은 불필요한가? 그렇지 않다. 올챙이가 성장하면 성숙기를 거쳐 개구리로 발전한다. 애벌레로 성숙해야만 나방이 될 수 있다. 개구리는 개구리로서 성숙한다. 누에는 일곱 번 탈피해야 번데기가 된다. 제대로 성장하지 않으면 변태할 수 없다. 충분한 성장을 했기 때문에 발전할 수 있다는 말이다. 발전하지 않고 성장만 하면 결국 누에는 그대로 죽어버린다.

기존 모델과 운명을 함께하는 경영자는 이런 함정에 잘 빠진다. 생각만 하고 있다가 그 사이에 타이밍을 놓친다. 그리고 마지막에는 허둥댄다. 게으름뱅이는 나중에 바쁘다. 이런 경영을 하고 있는 일본 기업이 얼마나 많은가? 실제로 일본 기업만이 아니라 일본이란 나라도 이런 경향이 있다. 정치가들도 자각했으면 좋겠다.

획기적인 신규 모델이 시장에 등장하면 다른 신규 모델과 경쟁을 한다. 과거에 비디오가 등장할 때 VHS와 베타맥스(Betamax) 모델이 경쟁을 했다. 최근에는 포스트 DVD로서 블루레이디스크와 HD-DVD 모델이 경쟁을 하고 있다.

신규 모델이 여러 개 등장했을 때 그중 우위인 모델이 되기 위해서는 디팩토 표준(de facto standard)[3]을 취득해야 한다. 이때 모델을 개선하

도표 1-5 모델과 생산성의 나선형 관계

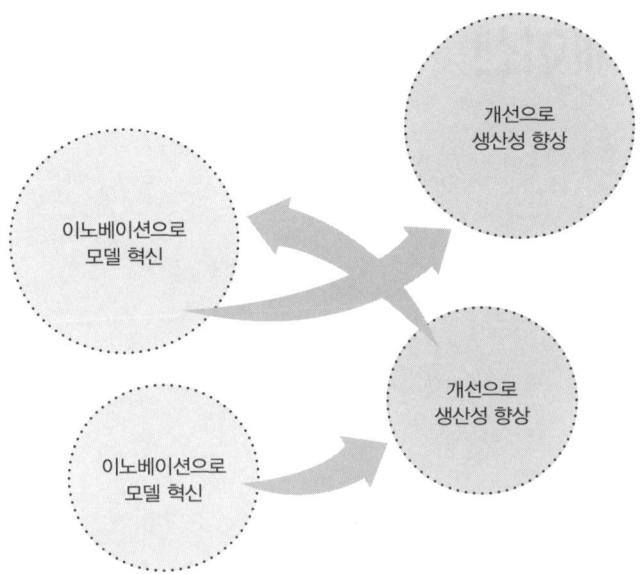

고 생산성을 향상시켜서 품질의 향상과 저가 경쟁력을 실현해야 한다. 그것이 없으면 보급도 정착도 없다.

　일단 정착하면 개량도 필요하다. 신규 모델의 보급 정착 단계에서 이노베이션은 생산성 향상과 관계가 있다. 결국 성장과 발전, 이노베이션과 개선은 나선형 관계라고 할 수 있다.

한계에 부딪힌
이노베이션

기업 경영에서 실패하는 대부분의 이유는 기존 모델을 연마할 것인지, 신규 모델로 이행할 것인지를 잘못 판단한 경우다. 성장해야 할 단계에서 발전 전략을 선택하거나, 발전해야 할 단계에서 성장 전략을 선택하면 어떻게 될까? 이러한 판단이야말로 경영자의 중요한 사명이다. 결국 '언제까지나 올챙이 모습으로 성장만 할 것인가?', '언제 개구리로 변할 것인가?'를 잘 살펴보고 적절한 경영 판단을 해야 한다.

산업 정책도 마찬가지다. 획기적인 신규 모델로 새로운 가치를 창출하여 보급·정착하는 이노베이션과 기존 모델을 전제로 생산성 향상을 꾀하는 개선 관계를 제대로 정리한 다음에 성장을 지원할지, 발전시킬지를 제대로 살피는 것이 첫걸음이다.

세계의 산업은 개선에서 이노베이션 경쟁력 모델로 바뀌고 있다. 경쟁력 모델 자체가 크게 변했다. 일본은 기존 모델을 연마하는 것만으로 승리할 수 없다는 것을 먼저 인식해야 한다.

지금까지의 논의만 봐도 생산성 향상만 주축으로 하는 '경쟁력'을 말하는 것이 얼마나 위험한지 알 수 있다. 새로운 가치를 창출하여 보급하고 정착하는 프로덕트 이노베이션을 중시하고 그 위에서 성장해야 하는지, 발전해야 하는지를 제대로 살펴보는 것이 사업 경영에서 가장 먼저 해야 할 일이다.

이노베이션은 개선보다 임팩트가 훨씬 더 강하다. 발전을 중시하는 기점은 이노베이션이다. 나라도 산업도 기업도 사업도 기존의 '성장 지상주의'에서 탈피해 '발전과 성장 두 바퀴론'으로 패러다임을 바꿔야 하지 않을까?

소중하게 갈고 닦은 전통 모델과 단절해야만 과거의 모델을 명확하게 구분할 수 있다. 또한 성장 전략과 발전 전략을 구별한 다음에 관계를 정립해야 한다. 이것이 필수 요건이다. 그러므로 사업을 할 때는 성장할 것인지, 발전할 것인지를 스스로 판단해야 할 것이다.

▶ 스포츠와 일본의 창조성

일본인의 획기적인 발명은 창조성을 증명한다. 특허청이 발표한 '10대 발명가'는 세계에 자랑할 만한 창조 지성인들이다.

토요타 사키치 – 목재 인력베틀, 자동베틀

미키모토 고기치 – 양식 진주

다카미네 죠키치 – 아드레날린

이케다 기쿠나에 – 글루타민산 나트륨

스즈키 우메타로 – 비타민 A, 비타민 B

스기모토 교타 – 일본어 타자기

혼다 고타로 – KS강, 신 KS강

야기 히데쓰쿠 – 야기 우치다 안테나

니와 야스지로 – 사진 전송 방식

미시마 도쿠시치 – MK 자성강

일본의 아이디어는 기술 발명에서 멈추지 않았다. 체조 경기를 살펴보자. 로마 올림픽과 도쿄 올림픽을 동시대에 체험했던 일본인들은 '체조 일본'이란 황금기를 알고 있다. 이미 작고한 엔도 유키오를 중심으로 한 일본팀은 멋진 연기로 승리했다. 그는 난이도 높은 울트라 C 기술을 선보였다. 체조는 난이도 A, B, C 기술의 조합이다. 확실히 엔도 유키오의 철봉 기술인 '엔도'와 야마시타 하루히로의 '야마시타 도약'은 난이도가 울트라 C였다. 이는 우리가 말하는 신규 모델 개발과 같다. 일본은 슈퍼가 아닌 '울트라'라고 표현했다.

일본의 체조팀은 기존 기술로 완벽하게 단련하고 있었다. 그것은 엄청나게 섬세했다. 손끝 하나까지 신경이 이어져 있다는 사실을 보여준 기술이었다. 연마한 기술의 승리였다. 더불어 개선 시대의 일본을 상징해준 듯했다.

일본 체조를 바꾼 것은 1972년 뮌헨 올림픽의 철봉에서 쓰카하라 미쓰오가 보여준 '두 번 공중 돌며 한 번 비틀기'였다. 획기적인 모델의 혁신이었다. 세계가 숨을 죽인 이노베이션이었다. 이 기술은 마루 운동과 링, 평행봉 등에서도 응용되었다. 이후 일본의 체조 기술은 이노베이션 경쟁 시대에서 울트라 C뿐만 아니라, D와 E로 등장했다. 그러나 일본은 이노베이션 경쟁에서 그 이상 이길 수 없었다. 위험한 기술에는 제재가 들어왔기 때문에 모델 혁신에 대한 기술 경쟁을 하지 못했다. 이제부터라도 다음 단계의 다양한 울트라 기술 모델 연마에 들어가는 것은 어떨까? 일본이 연마한 기술에 기대하고 싶은 바이다.

최근에 나는 텔레비전을 보고 깜짝 놀랐다. 체조부에서 활동하는 중학생 대부분이 문 설트를 어렵지 않게 소화한다는 보도 덕분이었다. 그러니까 문 설트는 이미 정착 단계까지 왔다고 말할 수 있다. 스포츠 세계의 모델에 대해 조금 더 이야기하자면, 1972년 삿포로 올림픽의 '히노마루 비행대'도 그랬다. 스키점프에서 가사야 유키오, 곤노 오코즈키, 아오치 아오지가 메달을 획득했을 때도 종전의 점프 모델을 훌륭하게 연마해서 이긴 것이다. 이후 80년대 핀란드의 마치 엔시오 니카

넨이 V자 점프라는 새로운 모델로 연전연승했다. 하지만 V자형 모델을 열심히 연마했던 후나기 가즈요시, 하라다 마사히코가 나가노 올림픽에서 금메달을 차지했다.

　스포츠 기술의 이노베이션으로 배구를 살펴보자. 배구의 각종 기술은 주로 도쿄 올림픽에서 멕시코를 거쳐 뮌헨 올림픽에 이르는 시대에 일본팀이 개발해서 기점이 되었다. 당시 일본의 전매특허라고 할 수 있다. 배구가 메이저 스포츠로서 세계에 보급되기 시작하자 일본은 위치를 점점 양보하게 되었다. 하지만 뮌헨 올림픽 때까지도 일본 선수들은 아이디어를 많이 갖고 있었다. 평형 100미터에 출전한 다구치의 '다구치 킥'도 이러한 아이디어 가운데 하나였다. 어쨌든 모델 혁신에서 모델 연마까지 스포츠의 세계도 이노베이션과 더불어 개선하고 있다.

▶ 산업 생태계가 죽어간다

현재 일본의 산업에서 이노베이션이 좀처럼 나오지 않는 상황은 지극히 심각하다. 산업 활성화 측면에서 볼 때 신규 사업이 뜸한 것도 우려의 대상이다.

산업 신진대사의 고갈

일본 산업은 신규 사업이 좀처럼 나오지 않는 큰 문제를 안고 있다. 선진국에서는 '경제 성장'과 '산업과 기업의 신진대사'와의 상관관계를 중시한다. 사업이 활발하게 생겨나고 없어지면 산업이 시대에 적합한 구성으로 변하고 구조 모델도 서서히 바뀐다. 이른바 산업 구조의 이노베이션이다. 이것이 경제를 활성화시키는 근간이다. 그러나 일본의 신규 사업 발생률은 선진국 중에서도 가장 낮다. 사업의 신진대사가 원활하지 않아서 일본의 활력을 갉아먹고 있다.

이러한 상황은 산업 생태계의 고갈에 비유할 수 있다. 고도 경제성장 시대에 갖은 고생을 하면서 자랐던 나무들이 이제는 큰 나무가 되었고, 대기업 병에 걸린 지 오래다. 벤처기업의 대표였던 소니와 혼다도 흔들리고 있다. 주변의 작은 풀도 말라가고 있고, 새싹을 틔우는 초목도 유감스럽지만 손가락으로 셀 수 있을 정도다. 이렇듯 숲 전체의 생태계가 망가졌다.

시대에 맞는 신진대사를 원활하게 하려면 어정쩡한 '대기업 재생 사업'도 '중소기업 보호 정책'도 도리어 역효과를 가져올지 모른다. 사업을 지속하려면 어떤 방법이 좋을까? 산업 생태계의 신진대사를 단절시키지 않기 위해서 신규 사업을 활발하게 하는 것보다 중소기업의 제2 창업, 또는 대기업에서 '기업발 벤처'와 '대학발 벤처'를 만들어야 한다. 그렇게 신규 사업을 만들어내 산업의 신진대사를 촉진하는 것이 필요하다. 덧붙이자면 '기업발 벤처'는 말은 내가 만든 조어이다. 기업발 벤처의 형태는 스핀오프(spin off)[4]와 스핀아웃(spin out)[5]이 있다.

도표 1-6 대학교발 벤처 설립 연도별 기업 수

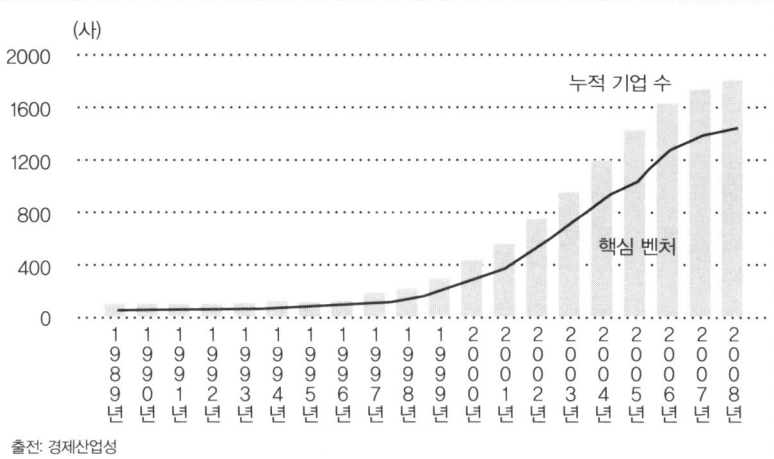

출전: 경제산업성

연구개발 투자의 비효율성

일본 산업의 또 다른 문제는 연구개발 투자가 비효율적이라는 것이다. 대규모 연구개발 투자를 하고 있음에도 불구하고 사업화한 안건과 좀처럼 연결되지 않는다. 설령 사업화가 되었다고 해도 수익을 제대로

올리는 비즈니스로 성장하지 못한다. 일본의 과학기술력은 미국에 이어서 유럽 선진국들과 어깨를 나란히 하고 있다. 그러나 사업으로 연결되지 않는다. 사업화를 통해서 사회에 기여하는 테크놀로지는 많다. 다른 각도에서 말하면 쓸데없는 테크놀로지에 관한 연구개발을 하지 말자는 이야기다.

일본만이 아니라 서구도 같은 괴로움을 안고 있다. 그러나 성공 확률을 보면 서양과 유럽을 따라갈 수 없다. 그것이 새로운 이노베이션 모델의 성과이고 삼위일체 경영이 성공적으로 기능하기 시작했음을 의미한다.

서문에서 소개한 인텔의 특허와 일본 기업들의 특허 수가 두 자리나 차이 난다는 이야기를 떠올려보라. 일본 기업이 첨단 기술을 가지고 도전했지만 비즈니스 모델에서 의미 있는 핵심 기술을 잡아서 연구개발한 인텔에 결국 지고 말았다. 서양 기업과 비교하면 일본 기업은 괴롭다. 그리고 나는 연구개발이 사업으로 연결되지 않는 원인을 다음과 같이 정리했다.

① 처음부터 아이디어가 떠오르지 않는다. → 발상의 문제

② 아이디어가 지식으로 이어지지 않는다. → 지식화의 문제

③ 지식이 기술로 이어지지 않는다. → 연구의 문제

④ 기술이 제품이나 서비스로 이어지지 않는다. → 개발의 문제

⑤ 제품과 서비스가 사업으로 이어지지 않는다. → 시장 개발의 문제

⑥ 사업이 성공으로 이어지지 않는다. → 사업 전략의 문제

여섯 가지 단계 중 어느 한곳에서 막힌다. 그래서 기술이 사업화를 통해 사회에 공헌하는 곳까지 이르지 않는다. 도달하지 못하는 좁은 문을 기술 경영에서는 죽음의 계곡[6], 악마의 강, 다윈의 바다, 캐즘(chasm)[7] 등으로 부른다.

이들 단계는 지식의 창조에서 활용에 이르는 프로세스다. 특히 ③ 지식이 기술로 이어지지 않는다는 연구의 문제부터 ④ 기술이 제품이나 서비스로 이어지지 않는다는 개발의 문제를 살펴보자. 발명과 발견의 권리나 표준화라는 지적재산 매니지먼트는 사업에서 지극히 중요한 의미를 가진다. 권리 행사를 제대로 하지 않아서 리스크를 안고 가기도 하고, 표준화 오픈 전략을 철저하게 하지 않아 시장 형성을 하지 못하기도 한다. 또 ⑤ 제품과 서비스가 사업으로 이어지지 않는 시장 개발의 문제와 ⑥ 사업이 성공으로 이어지지 않는 사업 전략의 문제에서는 브랜드와 영업 비밀을 내포한 지적재산권이 큰 의미를 가진다.

사업화를 진행하는 과정에서 또 하나의 큰 문제가 있다. 대부분의 대기업은 훌륭한 기술이 개발되어 제품화를 검토할 때, 연간 매출 100억 엔 정도의 규모가 되지 않으면 사업화를 포기한다. 결국 그 기술은 사장된다. 만일 이러한 기술이 지역 중소기업으로 이전되거나 기술 개발한 사람을 중심으로 스핀오프 벤처를 창업한다면 일본의 산업 생태계는 더욱 활성화될 것이다.

대학교에서 만들어낸 연구 성과도 마찬가지다. 학술 논문에 게재하는 것만으로 그치지 말고 특허권을 활용하는 기업이나 벤처에 기술을 이전하면 새로운 사업으로 이어질 수 있다. 산업 활성화에 공헌할 수 있는 것이다. 새로운 사업을 창출할 때 리스크를 피하기 위해서는 지적재산을 보호해 타사의 참여를 막거나 지적재산권을 활용해서 타사를 견제할 수 있다. 또는 그와 반대로 지적재산권을 표준화해서 활용하고 공개함으로써 자사에 유리한 방향으로 업계를 조종한다. 결국 지적재산 매니지먼트를 철저하게 하는 것이 갈수록 더 중요하다. 이것에 대해서는 7장에서 자세히 서술할 것이다.

chapter 2

혁신은 **어디**에서 비롯되는가?

이노베이션의 3가지 모델

* 주요 키워드

테크놀로지 프로젝션 모델
(기술 시즈 기점형 지적 창조 사이클 모델)
지적재산권의 창조 → 보호
권리화 → 활용

비즈니스 리플렉션 모델
(이노베이션 시나리오 기점형 사업 창조 사이클 모델)
비즈니스 모델 → 지적재산 구성 디자인 → 지적재산 기술의 조달

1장에서 살펴본 것처럼 이노베이션에 의한 가치관의 창출, 보급, 정착의 경쟁력은 개선을 축으로 한 생산성 향상보다 압도적으로 강하다. 이 장에서는 현재 일본에서 상정하고 있는 이노베이션 모델의 기본형인 '지적창조 사이클'을 소개하려고 한다. 다만 이노베이션 유도는 '지적창조 사이클 모델'로 상정한 기술기점형으로만 한정하지 않는다. 그 반대인 사업 창조 사이클 모델에서도 가능하다.

나는 전자를 '기술 시즈[1] 기점형 프로젝션 모델'로, 후자를 '이노베이션 시나리오 모델'이라고 포지셔닝하고 있다. 전자처럼 연구개발로 획기적인 기술을 기점으로 한 모델은 명백한 왕도다. 그러나 최근 사업에서는 후자처럼 정교한 비즈니스 시나리오를 기반으로 한 연구개발로 방향을 잡기도 한다.

이노베이션 모델 ①
기술기점형 지적 창조 사이클

지적창조 사이클 모델

일본의 정부 관계자와 기업 경영자 또는 대학교 관계자가 이노베이션을 말할 때 전제하고 있는 모델이 바로 '지적창조 사이클'이다. 이 모델은 지적재산이 '창조', '보호·권리화', '활용'의 세 단계로 구성되어 있다고 본다. 각각의 단계를 순차적으로 진행하면서 사이클 전체를 강하고, 폭넓고, 빠르게 돌리려 한다. 그럼으로써 일본의 산업 경쟁력을 높이려는 의도를 갖고 있다. 여기서 말하는 지적재산은 특허처럼 권리화만 지칭하는 것이 아니라 더 넓은 의미에서 기술과 같은 무형 자산으로서의 '지식' 전반을 말한다. 하지만 주의해야 한다.

나도 전문조사회의 일원으로 참가하고 있는 '내각관방 지적재산전략본부'에서는 지적재산 정책을 전제로 한 지적창조 사이클 모델을 채택하고 있다. 적어도 제2 기본 계획까지는 이 모델에 기초한 지적재산의 창조, 보호·권리화, 활용이라는 세 개의 무대마다 각각의 정책과 시책을 논의할 것이다.

지적창조 사이클 모델이 널리 알려진 것은 2002년 '지적재산 기본법' 제정을 받아들여서 지적재산권 전략본부가 최초로 시행한 전략 계획인 〈지적재산의 창조 보호 및 활용에 관한 추진 계획〉을 만들던 때였다.

이후 지적창조 사이클은 지적재산 관계자에게 알려지기 시작했고, 산학 연계 관계자와 이노베이션 정책 관계자들이 폭넓게 사용하였다. 이후 매년 지적재산 추계 계획을 개정 갱신하면서 지적재산 입국과 과학기술 입국의 정책 지침으로서의 큰 역할을 담당했다. 결국 이 모델은 정책적인 측면만이 아니라 지적재산 관계자들이 공통적으로 이해하고

도표 2-1 테크놀로지 프로젝션 모델(기술 시즈 기점 지적창조 사이클 모델)

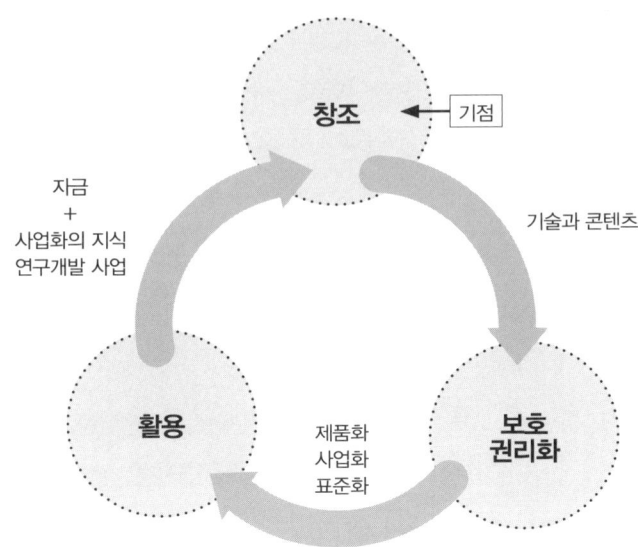

있는 핵심 개념 모델이다. 최근의 과학기술 이노베이션 정책들도 '지적 창조 사이클 모델'을 전제로 하고 있다.

나는 이것을 '테크놀로지 프로젝션 모델'이라고 부른다. 기술을 내세 운다는 의미의 프로젝션이다. 모델의 특징은 사이클이 개발한 기술을 기점으로 하는 시즈 기점 모델이라는 점이다. 창출-보호-활용의 단계 를 소매를 향해 진행하는 선형 모델이다. 도표 〈2-1〉에서는 시계 방향 으로 돌기 때문에 포워드 모델이라 부르기도 한다.

물론 이 사이클은 호순환으로써 바람직한 모습이고 이노베이션에서 기술 왕도론이라 불러도 좋다. 대부분의 위대한 발명은 실용화를 거쳐 세상에 나오는 데 수십 년이 걸리는 경우도 있다. 예를 들어 2008년도 에 노벨 화학상을 수상한 시모무라 오사무는 해파리에서 녹색 형광 단 백질을 처음 발견했는데 실용화할 때까지 긴 시간이 필요했다. 일단 실용화되면 어느 정도 가치가 있는지 발견 당시에는 전혀 예상하지 못 했다.

한편, '지적재산권 계획'에는 다음과 같은 말이 있다.

지적재산을 유효하게 활용하고 국부를 증대시키기 위해서는 연구개발 부 분과 콘텐츠의 제작 현장에서 수준 높은 지적재산을 만들어내고, 그것을 신 속하게 권리로 보호해 산업계 부가가치를 극대화해야 한다.

지적창조 사이클 모델은 먼저 창출을 전제로 하고 있으므로 활용을 기점으로 한 모델이 아니다. 때문에 지적창조 사이클 개념이 정착하면 서 '이노베이션의 기점은 지적재산의 창출이다'라는 고정 개념이 형성되었다. 나는 이 점을 걱정하고 있다. 이노베이션 창발[2] 모델을 한 가지로 고정시키지 말고 가능성을 다양하게 논의하고 시도해보고 싶기 때문이다.

▶ 지적 창조 사이클과 지적재산 매니지먼트

지적창조 사이클 모델을 전제로 했을 때 지적재산 관계자가 관여하는 업무는 세 가지다. 첫째는 당연히 지적재산의 보호 권리화다. 이것은 예전부터 있었던 기본 업무다. 핵심 업무인 출원부터 인접 업무인 라이선스와 소송 대응까지 관여한다. 그래서 중요성이 점점 더 커지고 있다. 중심인 출원 업무에 더해서 지적재산 업무까지 폭을 넓혀가고 있다. 라이선스와 소송 업무를 경험하면 출원 업무의 질에 신경을 쓰게 된다. 특히 명세서를 어떻게 쓰느냐에 따라서 라이선스가 유리해지거나 소송할 때 불리하기 때문이다.

둘째는 상위 단계인 지적재산의 창출 기여다. 지적재산 관계자와 변리사가 연구자와 함께 기술개발 단계에서 검토하는 것이 효과적이다. 보호 권리화를 염두에 둔 발명을 장려하는 동시에 기술 보호와 권리화가 훨씬 효과적이다. 그러한 지적재산의 창출을 위해 힘을 모아야 한다.

셋째는 하위 단계인 지적재산 활용에 대한 기여이다. 사례를 많이 알고 있는 지적재산 관계자는 용도개발에 대한 아이디어 지원을 할 수 있다. 그런 과정을 거쳐 사업개발을 할 때 마케팅 부문과 함께 지적재산에 관련된 경영 리스크의 소멸과 사업 기회의 극대화를 검토하는 작업까지 기대할 수 있다. 시도만 한다면 다양한 일이 가능하다. 모두 다 사업 전략과 지적재산 매니지먼트의 직접적인 접점이 요구되는 분야다.

이노베이션 모델 ②
비즈니스 리플렉션 모델

사업창조 사이클 모델

'테크놀로지 프로젝션 모델'과 완전히 정반대인 사이클 모델이 있다. '사업 구상' 또는 '이노베이션 시나리오'를 기점으로 한 모델이다. 앞의 기술기점 사이클을 반대로 돌리면 사업 경쟁력 강화의 관점으로 볼 수 있다. 먼저 이노베이션을 만들어내는 시나리오를 구상한다. 그런 다음 사업 전략을 기점으로 필요한 사업 리소스의 구성을 디자인한다. 마지막으로 리소스를 조달하는 방법(독자적인 연구개발과 라이선스)을 기획한다.

이것은 이노베이션 시나리오의 사업기점 사이클이고, 시나리오의 초점을 기업 조직력에 맞추는 방법이다. 기술을 개발하고 육성해서 활용하는 지적창조 사이클과는 대조적이다. 있는 것만 내세우는 '프로젝션(projection)'과 반대로 있어야 할 모습에서 원래 자리로 돌아가는 길을 만들기 때문에 '리플렉션(reflection)'이라고 부른다. 또한 기술에서 앞으로 진행할 포워드 모델과는 반대로 사이클을 돌리기 때문에 나는 '리버스 모델'이라 부르기도 한다.

'지적창조 사이클'과는 달리 사업을 제일로 생각하기 때문에 지식을 창조한다기보다 이노베이션이나 사업을 만들어내는 사이클이라는 점이 무엇보다도 중요한 포인트다. '기술 왕도론'과 대조해보면 '사업 패도(覇道)론'이라고 부를 수 있다.

도표 2-2 이노베이션 시나리오 리플렉션 모델
시장 니즈 기점의 사업 창조 모델

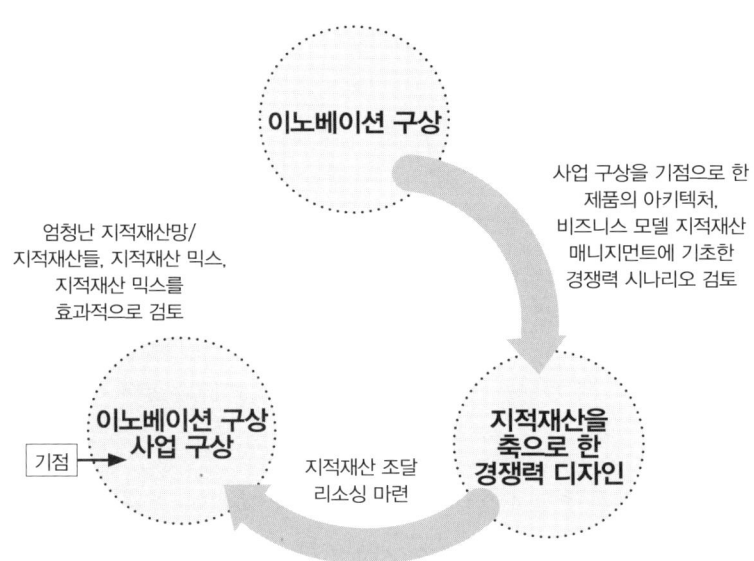

사업 창조 사이클의 세 단계

1단계 : 혁신적인 사업 구상 형성

혁신적인 사업 구상을 기점으로 '사업 위험 최소화'와 '사업 기회 최대화'를 가능하게 하는 전략을 상정한다. 이때 어떠한 비즈니스 모델을 전제로 할 것인지가 중요하다. 다음 장 이후에 서술하는 것처럼 어디까지를 자사의 사업으로 할 것인지, 이노베이션을 위해 함께 싸우는 파트너에게 어느 단계에서 시장 보급을 위탁하는지에 대한 전략도 충분하게 검토해야 한다.

또한 경쟁 상대와 협업 상대를 분명히 구분해야 한다. 이는 이노베이션이란 말에 가장 합당한 시나리오를 그리는 작업이다. 이 전략의 요청에 대해서는 3장에서 자세히 서술할 것이다.

2단계 : 사업을 가능하게 하는 자원 구성 디자인

시나리오를 구체화하는 사업 자원 구성과 사용 방법을 디자인한다. 첫째, 구상하고 있는 사업을 구체화하는 데에는 다음과 같은 질문들에서 해답을 찾아야 한다.

- 어떤 유형 자산과 무형 자산이 필요한가?
- 무형 자산 가운데서도 지적자산과 지적자산이 아닌 것을 어떻게 구성할 수 있는가?
- 지적자산 중에서도 지적재산과 인적재산을 어떻게 조합할 것인가?
- 지적재산 중 무엇을 권리화하고, 무엇을 비밀 노하우로 삼아야 하는가?
- 지적자산을 외부 조달할 경우와 자전주의[3]로 내부에서 조달할 경우의 장단점은 무엇인가?

둘째, 지적재산 매니지먼트와 연구개발이라는 두 가지 관점을 주축으로 검토해야 한다. 제품의 특성에 기초해서 다음과 같은 질문의 해답을 찾아야 한다.

- 무엇을 핵심 기술로 만들 것인가?
- 무엇을 독자 기술로 할 것인가?
- 무엇을 표준 기술로 할 것인가?
- 어느 기술을 어떤 식으로 리소스로 할 것인가?
- 독자 기술을 어디까지 클로즈 할 것인가?
- 동시에 어디를 오픈화할 것인가?
- 무엇을 표준화하는 것이 시장 형성과 확대에 가장 효과적이고 효율적인가?

위의 문제에 대해서는 사업 전략과 지적재산 매니지먼트의 관점에서 검토해봐야 한다. 이때 다음과 같은 지적재산 매니지먼트를 적절하게 활용하는 것이 필요하다.

- 관련 특허군의 형성과 상대의 특허 취득을 봉쇄하는 진입 장벽 특허망 형성
- 특허 취득 노하우의 적절한 조합
- 특허와 상표 의장 등의 효과적인 조합
- 자사 특허가 있는 기술의 규격화와 국제표준화

이 외의 구체적인 내용은 7장에서 설명하기로 한다.

3단계 : 필요한 사업 자원 조달 방식

마지막으로 시나리오를 구체화하는 자원 구성 요소를 어떻게 조달하는지 살펴보자.

- 자사 조달 : 기존에 보유하고 있던 지적재산을 이용, 자사에서 신규 연구개발
- 외부 조달 : 구입, 라이선스, 크로스 라이선스, 특허 풀, 오픈 소스를 활용

최근의 조달 활동은 연구개발 업무에 자사의 자원을 투입해 고객의 니즈에 대응하는 형식으로 이루어졌다. 연구개발을 독자 논리로 진행하는 것이 아니라 사업을 이해하고 진행하는 것이다. 니즈란 본래, 부족 혹은 결핍이라고 번역해야 하는 개념이다. 따라서 사업을 형성할 때 결여된 기술을 충전해야 한다. 그 충전을 위한 연구를 기업이 개발해서 추진하는 것이 더욱 중요해졌기 때문에 조달 방식을 강조하는 것은 당연하다. 이들 조달 방식의 조합을 검토하고 필요에 따라 안팎으로 연구개발을 촉진한다.

리소싱의 다섯 가지 방법

이노베이션의 '이노베이션 리소스'를 구하는 방법은 다음과 같다.

① 인소싱

인소싱은 새로운 기술을 개발하여 보유한 소스를 자사에서 사용하는 것을 말한다. 과거 대기업에서는 모든 기술을 자사에서 개발하도록

했다. 타사에 뛰어난 기술이 있어도 'NIH(Not Invented Here: 여기서 발명된 것이 아님)'라 해서 좀처럼 도입하지 않았다. 그러나 1990년대 이후에는 이른바 중앙연구소의 종언 시대가 왔다. 이후 필요한 기술은 다른 회사의 기술을 사거나 빌리는 시스템이 늘었다. 이러한 흐름이 본격화되면 하나의 오픈 인벤션 형태가 된다.

특히 전자제품은 복잡한 기술을 조합해야 제품 개발이 가능하기 때문에 다양한 리소싱 방법을 찾고 있다. 그러나 의약품처럼 자사 개발만으로 충분히 상품화가 가능한 업계에서 리소싱의 다양화는 아직 걸음마 단계다.

② 아웃소싱

자사에서 연구개발할 수 없거나 시간과 비용이 드는 경우에 외부 위탁하는 방법을 말한다. 산학 연계의 형태로 대학과 공동연구를 하거나 중소기업과 벤처기업에 특정 연구개발을 위탁하는 것이다.

이미 만든 기술과 가능한 기술을 찾아내서 도입하는 방법도 있다. 기술을 빌릴 수도 있고, 사들일 수도 있다. 벤처기업 자체를 통째로 인수합병하는 방법도 드물지 않게 볼 수 있다. 요즘은 대기업이 의약품이나 바이오 관련 업체, 획기적인 연구를 하고 있는 벤처기업을 매수한다. 벤처기업도 주식회사 상장을 하는 것보다 오히려 대기업에 인수되는 것을 주요 사업의 출구로 보기도 한다.

③ 크로스소싱

타사와 자사의 기술을 서로 이용할 수 있도록 하는 것이다. '네 것은 내 것, 내 것은 네 것!' 형태다. '상호기술 협력협정'을 교환하고 특허의 크로스라이선스(기술의 특허권이나 노하우를 도입하는 대가로 자사의 기술을 제공하는 기술제휴 방식)를 실행하는 방법이다.

전자제품 업계에서는 상대 회사가 특허를 침해했다고 소송을 일으켰을 때 반대로 상대 회사를 별도의 특허로 소송하기도 한다. 양자가 서로를 비난하고 분쟁에 휘말리지만 어떤 단계에 이르러서는 시담[4]으로 해결하고 크로스라이선스 계약으로 결론을 내리는 패턴도 있다. 이것은 언뜻 보기엔 고통분담같지만 일거양득인 경우도 있다. 고도의 교섭을 이끌어내는 툴로서 크로스라이선스를 사용할 수 있다. 그런 것을 미리 계산에 넣고 준비를 진행하는 것도 기업의 지적재산권 관리 능력이다.

④ 커먼소싱

많은 기업들이 각자의 기술을 보유해야만 제품을 만들 수 있는 시대다. 그래야 선행 비즈니스 전개에서 우위를 차지할 수 있다. 표준에서 승리하기 위해서는 많은 기술을 하나로 정리한 공유지를 만들고 같은 진영의 기업들과 기술 공여를 도모하는 쪽이 훨씬 효율적이다. 이것을 가능하게 만드는 방법이 '특허 풀(patent pool)'[5]이다.

커먼소싱은 표준화를 목표로 하는 조직을 형성, 참가 회사들이 각각의 기술을 개발해 공유하는 것이다. 각 회사는 합의한 룰에 기초해서 유상이나 무상으로 모든 기술을 사용할 수 있다. 표준화를 성취했다고 모든 것이 잘되는 것은 아니다. 규격을 두고 다투는 경쟁은 어느 시대나 있기 마련이다. 'VHS vs 베타맥스' 경쟁, '블루레이 vs HD-DVD'의 경쟁이 그런 예다. 표준화에 대해서는 7장에서 자세히 설명하겠다.

⑤ 오픈소싱

최근에는 오픈소싱이 늘고 있다. 사용 목적이 한정되면 무상이나 싼 가격으로 사용해도 좋다는 뜻이다. IBM의 특허권도 오픈소싱의 일종이다. 환경 개선에 도움이 될 만한 제품이나 소프트웨어 개발에 이바지할 목적으로 사용한다면 특허를 무상으로 사용할 수 있다. 단순한 무료봉사 차원이 아니다. 이 방법은 자사의 비즈니스에 이바지하는 기술을 유리하게 움직이는 고도로 세련된 전술이다.

리소싱 디자인

이러한 다섯 종류의 리소싱 조합 결정을 '리소싱 디자인'이라고 한다. 기업에게는 아주 중요한 일이다. 디자인한 리소스들을 실제로 조달하는 리소싱 공급도 중요하다. 기술 리소스 입수 전략은 세 가지 의미를 가진다.

첫째, 제품의 특징에 기초해서 핵심 기술을 찾아내는데 그것을 자사에서 담당할 것인지 타사에 맡길 것인지 또는 연구개발 시간과 비용을 돈으로 살 것인지를 결정한다. 따라서 로드맵과 비용 관리에 대한 정보를 상세히 알고 있어야 한다.

둘째, 기술과 노하우를 어떻게 입수할 것인지에 대해 특허를 기본축으로 한 고도의 라이선스와 지적재산을 교섭해야 한다. 그것을 통해 같은 편을 모아 표준화와 기술을 포지셔닝한다. 따라서 지적재산 매니지먼트에 관한 상세한 지식이 필요하다.

셋째, 이들과 연동하여 자사에 유리한 비즈니스 모델을 그리는 것이 가장 중요하다. 사업 시나리오와 이노베이션 시나리오를 그릴 수 있어야 한다.

이들 세 가지 측면을 고려하면서 연구개발 전략, 지적재산 전략, 사업 전략의 '삼위일체' 사업 경영을 한다. 삼위일체 전략을 잘 짜려면 능숙한 군사들이 필요하다. 이 점에서 대해서는 6장에서 서술할 것이다.

사업 구상 주도형 비즈니스

사업 이노베이션에서는 '사업 창출 모델' 사례들이 정말 많다. 이 범위에만 한정해서 사견을 말하자면 일본 기업 중에서는 역시 캐논이 가장 뛰어나다. 캐논은 오래전에 종이 복사기 기술을 개발했다. 기존에는 제록스가 독점하고 있었던 복사기 시장에 훌륭하게 진입한 사례는 NHK에서 방영한 '프로젝트 X'에 소개되었다.

교과서적인 관점에서 보면 그 분야에 진입하는 것은 금기 사항이다. 제록스가 기술을 전부 특허로 지키고 있기 때문이다. 특허 맵을 통해 보면 특허를 구석구석 취득하고 있어서 전부 제록스의 영역이었다. 거기에 과감하게 뛰어드는 것은 보통 일이 아니다. 그러나 미래의 오피스 시장을 보면 복사기 사업이 경영 전략적으로 중요하다는 것을 캐논은 알고 있었다. 그들은 가능한 사업 전략을 세우고, 지적재산 리소스를 제대로 구성했다.

여기에서 '이노베이션을 일으킨 것은 제록스지만, 영리하게 추월한 것은 캐논이다'라고 반론할 수 있을 것이다. 적어도 제록스의 아성을 붕괴시키고 단숨에 시장을 경쟁 상태로 만들어 이른바 복사기의 보급을 가속시켰다는 의미에서 보면 캐논은 이노베이션 프로세스에 크게 공헌했다.

또 현재 프린터의 주류인 잉크젯 방식은 어떤가? 기본적인 발명에서 실용화까지 20년 가까운 시간이 걸렸다. 명백하게 기존의 아날로그 기술인 은감필름으로 하는 화상을 디지털 화상으로 이행했다. 그렇게 연구개발 자원에 집중적으로 투자했다.

카메라 제조 판매 업종을 살펴보면 캐논이 카메라를 많이 팔아도 대부분의 수익은 미디어 필름이라는 소모품 제조사가 얻는다. 부가가치가 높은 카메라용 필름을 만들고 있는 코닥과 후지필름이 수익을 얻는 것이다. 따라서 화상 미디어 영역을 어떻게든 자신들의 제품 영역으로 옮기고 싶어 했다.

반대로 후지필름은 카메라 제조사가 카메라를 팔수록 자신들의 필름이 팔린다는 것을 이용해서 비즈니스 모델을 확립했다. 캐논이나 니콘이 프로용 카메라 신제품을 개발하면 그것이 프로용 필름의 수요로 이어졌다. 결국 후지필름은 '우쓰룬데쓰'라는 '카메라 없이 렌즈가 붙은 필름'을 만들기에 이르렀다.

그러나 디지털 여파는 부가가치가 필름에서 카메라 쪽으로 옮길 가능성을 예고했다. 캐논은 필름에 관한 부가가치 모델을 바꾸고 자신들에게 가치를 끌어다 줄 모델을 진지하게 검토했다. 요약하면 이노베이션 사업을 철저하게 구상했고, 지적재산과 지적재산권 형성을 절묘하게 디자인했다. 연구개발의 리소싱 기술은 외부 조달로 진행했다. 은감필름이었던 기존의 아날로그 기술에서 디지털 기술을 기반으로 한 이노베이션 전환을 진행했다. 결국 잉크젯으로 종이 미디어 위에 프린트한다는 시스템 모델로 변환하여 보급하는 이노베이션을 창출한 것이다. 현재 전자제품 중에서 일본 기업이 유일하게 분투하고 있는 분야는 디지털카메라와 주변 기기, 그리고 SD 카드뿐이라는 말이 있을 정도다.

사업기점에서 시나리오를 쓸 것인가?

사업 구상 기점의 리플렉션 모델은 지적재산 관계자와 사업 관계자의 의식 개혁을 촉구한다. 지적재산 관계자들 중에 산업 재산권에 관련돼 있음에도 사업에 대한 공헌을 출원 업무로만 생각하는 사람이 많다. 지적재산의 본래 의미뿐만 아니라, 사업기점으로 지적재산 활용을 검토하는 발상의 전환이 필요하다.

사업기점에서 생각하지 않으면 지적재산이나 활용은 지적재산 창출을 기다리는 수동적인 매니지먼트 역할만 한다. 지적재산을 적극적으로 활용하는 능동적인 매니지먼트가 필요하다. 지적재산 관계자에게도 사업이나 연구개발에 대해서 적극 관여하라고 권장하고 싶다. 기업의 지적자산의 포지셔닝은 7장의 칼럼을 참고하라.

리플렉션 모델은 사업 기획자에게 지적재산 매니지먼트와 연구개발 매니지먼트의 사업 경영 포지셔닝에 관한 인식을 변화시켰다. 사업 관계자에게도 지적재산 매니지먼트와 연구개발에 대한 적극성을 촉구한다.

이러한 이노베이션 시나리오와 사업 구상을 기점으로 하는 모델을 디자인하는 전문가는 과연 얼마나 있을까? 내가 몸담은 첨단 인재육성 전문가는 지극히 희귀하지만 일본의 미래에 꼭 필요하다.

기술기점형 모델과 사업기점형 모델을 논할 때 전자는 장기 근원적인 이노베이션을 만드는 데 적합하고, 후자는 단기 개선적인 이노베이션을 만드는 데 적합하다고 한다. 하지만 전자가 이노베이션의 왕도, 후자가 패도는 아니다. 그것을 정리한 것이 도표 〈2-4〉다.

도표 2-4 기술기점형 모델과 사업기점형 모델 비교

	기술기점형 모델 (지적창조 사이클)	사업기점형 모델 (사업창조 사이클)
장기 구상 선도	1. 기술 구상 선도 (이노베이션 시즈) (기술 발전 정책 유도)	2. 사업 구상 선도 (이노베이션 니즈) (구상 형성 정책 유도)
중기 구상 선도	3. 기술 사업화 과제 소동	4. 사업화 과제 구동
단기 문제 해결	5. 기존 기술 문제 해결(개선) 용도 개발 예 대학 기존 지적재산 활용	6. 기존 사업 문제 해결(개선) 응용 개발 예 산업에서 대학으로 위탁 개발

일본은 기초 기술 연구를 기점으로 하는 기존의 '지적창조 사이클'을 따라야 하지만 이노베이션 시나리오를 기점으로 핵심 기술을 개발하는 '사업창조 사이클'도 검토해야 한다. 이 두 가지 모델은 앞으로 일본이라는 수레를 이끌어가는 축이라고 볼 수 있다. 이 제안을 기다리면 안된다. 세계의 비즈니스는 이노베이션 시나리오와 사업 구상을 전제로 돌아가기 시작했다. 다음 장에서 소개하겠지만 여기에 또 다른 관점에서 본 이노베이션의 촉진 모델을 제안한다.

이노베이션 모델 ③
사회문제기점형 모델

    이 이노베이션 모델은 사회 문제에 관한 대응을 기점으로 한 유형이다. 문제점에 관한 대처 과제를 수행하도록 유도하는 정책을 구축하는 것이다. 이러한 이노베이션 촉진 모델은 이산화탄소 배출에 따른 삭감이나 희소 금속 같은 사회 문제에 대한 이노베이션을 일으키는 기술 시즈 조달과 정치 행정적 대응을 조합한 모델이다. 나는 '사회문제기점형 모델'이라 부르고 있다. 여기서는 희소 금속 문제에 대한 대처 과제를 통해 다양한 레벨의 문제들을 추출하고 과제 설정을 해서 대책 문제를 리스트로 정리했다.

    나는 연수를 통해 이 테마를 다룬 적이 있다. 발상 자체가 얼마나 한쪽으로 기울었는지 알 수 있었다. 도표 〈2-5〉에 나오는 과제를 리스트로 정리했다. 여기 나와 있는 대처 과제를 모두 올린 사람은 거의 없다. 업계나 담당 직종에 따라서 대처 방법이 다르기 때문에 편중될 수밖에 없다. 결국 문제 상황에 접근했을 때 대처하는 사고법은 친숙한 것에서 나온다.

도표 2-5 문제에 관한 대처 구성 : 희소 금속 문제의 예

타입 1 A	정부의 금속 기술 개발(+자원 외교)
타입 1 B	3 → 1 대응, 1 → 3 대응[6]
타입 2 A	리사이클 기술 개발(+국내 회수 강화)
타입 2 B	매장 탐색 기술 개발
타입 2 C	채굴 기술 개발
타입 3 A	신소재 개발
타입 3 B	비금속시스템 개발

타입 1	문제 상황의 개선
타입 2	문제 상황의 해결
타입 3	문제 상황의 해소

하나 더 보충해보자. 왜 타입 1에서 타입 3까지 분류했을까? 실제로 타입 1은 문제 상황의 개선, 타입 2는 문제 상황의 해결, 타입 3은 문제 상황의 해소를 의미하고 있다. 이러한 문제 외에 치환 같은 문제 대처 방법이 있다. 결국 희소 금속 문제의 검토는 문제 상황 대처 방법론을 습득하기 위한 연습이었다. 여러 가지 해결 방법을 조합해보면 종합적으로 문제에 대처할 수 있다. 이런 것들은 내 전문 분야인 '문제학/구상학'의 기본이 되기 때문에 기회가 되면 다시 소개할 것이다. 장기와 단기 영역은 다르지만 지도를 그려보면 각각의 조합과 실행 로드맵을 형성할 수 있다. 정부의 정책 담당자라면 이 지도를 기초로 해서 경쟁적

인 자금 도입으로 정책을 유도할 수 있다. 단순하게 희소 금속 문제를 제시해서 문제와 대처 및 과제 설정을 공모하는 것이 가능하다. 다양한 레벨과 종류를 정리하고 지도하여 공적 자금을 도모하는 조직을 만들 수도 있다.

타입 1은 기업이 자유롭게 실행할 수 있다. 타입 2는 보조금으로 촉진할 수 있고, 타입 3은 NEDO(신에너지종합개발기구)와 JST(과학기술진흥기구)에서 지원 받을 수 있다. 그러면 로드맵을 구체화하는 시책을 유기적으로 구상할 수 있다. 일본의 행정부는 이런 정책을 구상해야 한다. 정보통신기술 생명과학 바이오 나노 기능 소재 등과 같은 기술 분야를 선정해서 이노베이션 창발의 유도 정책을 만들어가는 것이 가능하다. 앞으로는 기업의 전략 담당자와 정부의 정책 담당자가 이슈맵과 대처 과제맵을 연마할 수 있도록 투자를 아끼지 않아야 한다. 아울러 이 모델은 사업기점형 변종이 아닌 고차원적 레벨에서 활동함을 의미한다.

chapter 3

인텔과 애플은
어떻게 **시장**을 **지배**하게
되었는가?

* 주요 키워드

인텔 인사이드 : 기본 핵심 부품 주도형
애플 아웃사이드 : 완성품 주도형

서두에서 말한 것처럼 일본의 반도체는 인텔에게 확실히 졌다. 컴퓨터 제품은 어떤 의미에서 핵심 부품인 인텔에게 종속되었다. 뿐만 아니라 전자제품은 모두 실패했다. 예외라면 디지털카메라와 그 관련 상품뿐이다. 나는 2000년부터 아키하바라의 재개발 프로젝트에 참여하고 있는 관계로 가게들의 변화를 지켜보고 있다.

일본 제품은 지금 참담한 상황이다. 어쩌다가 비참한 실패로 빠진 것일까? 실제로 인텔의 독창적인 모델을 보면 구조를 알 수 있다. 애플은 '아이팟'으로 워크맨을 자신들의 새로운 모델로 치환했다. 애플 모델의 특징을 보면 그 구조를 알 수 있다.

이것을 '인텔 인사이드형'과 '애플 아웃사이드형'이라고 부른다. 핵심 부품을 확보하고 완성품을 지배하는 '인텔 인사이드형'과, 반대로 완성품을 이미지화하고 틀 속에서 부품을 지배하는 '애플 아웃사이드형'을 말한다.

이 장에서는 두 가지만 살펴보면서 새로운 이노베이션 모델을 검토해보자.

인텔 인사이드

칩 하나로 세계를 지배하다

조립한 컴퓨터는 완성품 제조사가 주인공이고, 부품이나 소프트웨어는 조연이었다. 지금은 상황이 다르다. 즉, CPU와 OS가 주인공이 되었고, 그것을 탑재한 완성품은 반대로 부품과 OS에 종속되었다. 세계에서 압도적인 점유율을 자랑하는 것은 CPU 부분에서는 인텔칩이고, OS에서는 윈도우즈다. 인텔이 지금 강자가 된 것은 군사 전략이 멋지게 맞아떨어졌기 때문이다. 과연 어떤 전략이었을까?

인텔은 어떻게 컴퓨터를 종속했는가?

과거 일본이 세계를 지배했던 반도체는 한때 '산업의 쌀'이라고 불렸다. 하지만 현재 일본 대기업에게 반도체는 아킬레스건이다. 대기업들은 하나같이 반도체를 무거운 짐으로 여기며 괴로워하고 있다. 아이러니하게도 인텔은 골칫덩어리 취급을 받는 반도체를 통해 고수익을 확보하고 있다.

물론 DRAM 메모리와 CPU 시스템칩은 차이가 있다. 인텔은 돈을 적게 버는 DRAM 반도체를 버리고 부가가치가 높은 CPU로 사업을 변경했다. 일종의 경영 전략이었다. 덩달아 선택한 사업에서 승리할 수 있었던 계기는 무엇일까? 사업 전략을 멋지게 이용했기 때문이다.

인텔은 어떻게 살아남았을까? 세계의 거의 모든 컴퓨터에는 인텔칩을 사용하고 있다. 인텔은 완성품 업체보다도 훨씬 큰 수익을 올리고 있다. 또한 OS인 윈도우즈를 옹립한 마이크로소프트와 함께 세계의 컴퓨터 시장을 좌지우지한다고 해도 과언이 아니다.

어떻게 부품이 완성품을 종속한 것일까? 참고로 이 책에서는 핵심 부품 주도의 획기적인 비즈니스 모델을 말할 때 '인텔 인사이드형 비즈니스 모델'이라고 부를 것이다. 인텔은 인테그럴형 제품인 컴퓨터를 핵심 부품인 CPU 기술로 개발함으로써 모듈형 제품으로 바꿨다. 인테그럴형 제품은 부품 간의 상호 조정을 면밀하게 만들어내는 통합형 제품으로 스리아와세[1]라고 부른다. 모듈형 제품은 부품을 서로 연결하는 것만으로 끝내는 조립형이다.

인텔은 한발 더 나아가 CPU가 들어가는 메인보드로 '중간재'를 만들었다. 이는 컴퓨터 조립을 간소화했고, 제작 노하우를 대만의 제조사에 넘겨 염가의 메인보드를 제작한 다음 전 세계로 보급하는 전략을 이행했다. 이들은 내가 이 책을 통해서 강조하는 것처럼 오픈화를 통해서 NIEs/BRICs를 활용했고, 순식간에 보급을 가속시키는 새로운 이노베이션 모델을 만들었다. 이 프로세스의 개요를 살펴보자.

핵심 기술을 개발한 핵심 부품화

먼저, 컴퓨터에서 가장 중요한 중앙연산장치 중에서 연산 기능과 외부 기능을 연결하는 PCI 버스[2]를 개발했다. 또한 PCI 버스 내부 기술을 블랙박스로 만들어서 완전히 봉쇄했다.

한편 외부와 접속 부분의 인터페이스[3]에 대해서는 프로토콜[4]을 규격화했고, 그것을 국제 표준으로 타사에 오픈했다. 결국 '인테그랄의 내부화와 모듈의 외부화' 또는 '독자 기술의 내부화와 표준 오픈'이라 부르는 구조를 완성했다.

관련 부품 제조사들은 표준 규격에 따라 부품을 개발했다. 인텔 표준에 따르는 상황을 만들어서 인텔의 CPU를 전제 조건으로 완성품을 설계했다. 인텔은 자유로웠다.

일단 표준을 도입하면 빠져나오는 것은 어렵다고 봐야 한다. 외부에서는 내부에서 블랙박스화한 테크놀로지에 접근할 수 없다. 어떻게 해서든지 대체 기술을 개발하려고 해도 인텔이 내부의 테크놀로지를 갱신한다고 하면 곧바로 뒤따르기는 어렵다. 내부 기술을 선행해서 외부 기술을 제약하기 때문이다. 결국 내부에서 외부를 컨트롤하는 구조를 완성했다. 결과적으로 핵심 부품이 완성품을 종속하는 구조다.

IBM이 정신을 차렸을 때 이미 컴퓨터를 지배하고 있는 것은 완성품 제조사인 IBM이 아니라 제조사 인텔이었다. 모든 기업들이 인텔을 추종하고 있었다. 일본의 완성품 제조사도 CPU에서 OS까지의 개발을 전부 자사에서 감당하기 어려웠기 때문에 인텔·윈도우즈의 연합군 품으로 뛰어들었다. 그것이 자사를 위하는 일이라고 판단했기 때문이다.

도시바는 후발 제조사로서 데스크탑형을 포기하고 랩탑형의 노트북으로 특화해서 세계 최고의 자리에 올랐다. 이때 인텔과 윈도우즈를 채택함으로써 작은 노트북 상자 안에 모든 것을 집어넣을 수 있었다. 더불어 시스코 시스템도 마찬가지 구조로 라우터 시장을 석권했다. 그 강력한 무기는 지적재산상으로 프로토콜의 개판권을 넘기지 않았다는 것이었다. 그것이 시장 지배력의 최대 포인트가 되었다. 다만 개판권을 너무 노골적으로 건네면 독점 금지에 저촉되기 때문에 미묘한 교섭과 계약했을 것이다. 여기서도 지적재산 매니지먼트에 숙련된 인재가 필요하다.

핵심 부품을 넣은 보급형 중간 시스템 생산

CPU만으로 컴퓨터를 제작하는 것은 불가능하다. 그래서 인텔은 CPU를 넣은 메인보드를 개발했다. 이것은 대단한 지적재산이다. 메인보드만 있으면 혼자서 컴퓨터를 조립하는 것이 너무나 쉽기 때문이다. 저렴하게 컴퓨터를 만드는 것이 가능하기 때문에 조립 마니아들에게 희소식을 제공할 수도 있다. 인텔은 그것을 기초로 컴퓨터 제조사를 설립할 수 있었다. 인텔이 일본의 부품 제조사였다면 십중팔구 완성품 제조사로 변신했을지 모른다. 하지만 인텔은 그렇게 하지 않았다. 이 메인보드 생산을 미국에서 한다고 해도 비용 절감에는 한계가 있기 때문이다.

인텔은 대만의 제조사에 노하우를 제공했다. 대만의 제조사는 기뻐하며 메인보드를 만들었다. 아직 기술력이 없던 때이므로 더할 나위 없이 좋은 기회였다. 인텔 제품을 사용한 컴퓨터 메인보드를 대만 제조사에서 저렴한 가격으로 대량 생산했다.

이 대담한 작전으로 인텔은 핵심 부품을 모듈 부품으로 만들었고, 그 것을 폭넓게 보급하는 바탕을 형성했다. 제조업 관계자들은 이 메인보드를 '플랫폼'이라고 부른다. 한편, ICT(정보 통신 기술)와 네트워크 업계 종사자들은 이 용어를 다른 개념으로 사용한다. 게다가 같은 네트워크 업계라도 사람에 따라 뉘앙스는 확연히 다르다. 나는 혼란을 피하는 의미에서 완성품을 조합할 때 사용하기 쉽게 만든 핵심 부품을 '중간 시스템 혹은 중간재, 매개 제품'이라고 부를 것이다.

국제 이노베이션 공동 대응에 의한 보급의 분업화

염가의 메인보드가 순식간에 보급되고, 컴퓨터 제조사가 우후죽순처럼 출현했다. 델이나 HP가 저렴한 가격에 컴퓨터를 만들 수 있었던 것도 메인보드 덕분이다. 결국 시장은 급속도로 확대되었다. 먼저 선진국에서 컴퓨터 가격은 일제히 내려갔고, 한 집에 한 대, 사무실에서도 한 사람당 한 대 사용이 가능했다. 게다가 NIEs/BRICs를 비롯한 신흥국들에게도 컴퓨터가 보급되었다. 컴퓨터가 보급될수록 메인보드는 잘 팔렸고, 메인보드가 보급될수록 인텔 CPU도 팔려나갔다. 결국 한꺼번에 확대된 시장에서 얻는 수익은 모두 인텔로 돌아가는 구조다.

이처럼 기존 부품부터 완성품까지 오직 자사에서만 수직통합하고 있던 기업이 아닌, 프로세스를 분담하는 연합군이 이기는 구조다. 이른바 국제 이노베이션 공동 대응 혹은 국제 사선형분업[5]이다. 기술력과 생산비용이 크게 다를 때 그 사선 형태를 활용해서 분업하는 것이다.

이 분업은 NIEs/BRICs에 보급 프로세스를 맡긴다고 해도 비즈니스 요소는 완전히 서구 기업이 갖는 특징이 있다. 다만 주도권은 인텔에 있기 때문에 인텔과 대만은 윈윈 관계이다. 대만도 이 그늘에서 성장해야 기술을 얻을 수 있다. 이런 기세와 이노베이션 공동 대응을 통한 학습 효과가 생겼다. 이후 전자제품을 대만에서 먼저 제작하게 되었고, 그 결과 일본의 컴퓨터 제조사 전자제품은 괴멸 상태에 빠졌다.

인텔 전략은 제품 레벨에서 오픈 표준화와 완전 블랙박스화의 조합을 적절하게 만드는 기술 구조가 기점이었다. 그것을 이용해서 중간 시스템을 만들었고, 이 점을 활용해서 오픈 분업 보급을 했다. 이노베이션을 고안해서 마지막 단계까지 알뜰하게 활용한 것이다.

이것이야말로 새로운 이노베이션 모델의 전형이다. 현실을 직시한 순간, '일본은 기술만을 중시했다고 말하면서 그냥 앉아만 있진 않았는가?'라는 의문이 끓어오를 것이다.

인텔 인사이드 광고의 의도와 충격

그런데 또 놀랄 일이 있다. 아주 친숙한 '인텔 인사이드'라는 광고다. 일본은 인텔이 들어 있는 TV의 광고 속으로 빠져들었다. 인텔 인사이드 광고는 언제부터 시작됐는가? 전기 전략을 실시한 뒤 2단계가 시작되면서 일시에 광고를 시작했다. 일본 기업은 왜 부품 제조사가 일반인을 대상으로 TV와 전철 광고를 하는 것인지, 완성품이 아닌 부품 반도체를 제조하는 회사가 왜 광고에 엄청난 투자를 하고 있는지 의미조차 몰랐다.

광고를 한 결과 놀라운 일이 생겼다. '어느 제조사의 컴퓨터인지 모르지만 인텔 인사이드라면 믿을 수 있다. 윈도우즈도 탑재되어 있으니까.' 소비자들이 신뢰하게 만들었다. 인텔과 윈도우즈의 세계가 우리에게 침투한 순간이었다. 이처럼 기술 전략과 영업 전략이 서로 연동하는 사업 전략, 그것을 담고 있는 비즈니스 시나리오에 일본 기업이 당한 것이다. 기술만으로 이길 수 없다는 것을 실감했다.

원래 이 광고 문구는 인텔 일본 지사에서 안건을 내고 그것을 영어로 변역해서 해외에 전파된 것이다. 단순한 카피지만 배후의 모델을 제대로 뚫어보는 컨셉이 되었다. 컨셉과 카피는 다르지만 컨셉이 선전 문구가 된 것은 멋진 일이다.

인텔 인사이드의 의미

인텔의 군사가 세운 전략은 오픈 표준화와 완전 블랙박스화를 적절하게 조합한 구조다. 인텔은 대만의 제조사를 아군으로 만들어서 컴퓨터 제조사들을 따르게 했다. '부품 제조사가 완성품을 종속한다'는 획기적인 전략이었다. 그것은 수직통합만을 고수하던 일본 기업을 철저하게 몰아냈다.

서구 기업은 인테그랄형 기술을 모듈 부품으로 무너뜨리고 그것을 파트너와 함께 보급했다. 서구 기업이 기본적인 핵심 기술을 쥐고 있으면서 전체 시나리오를 쓰고, NIEs/BRICs 기업이 싼 가격의 제품을 조립해서 단숨에 보급하는 새로운 이노베이션 모델이었다. 이는 기존 인테그랄형 제품을 처음부터 마지막까지 자사에서 개발하여 혼자서 끌어안고 보급하는 모델로 세계를 제패한 일본을 물리치는 '승리의 방정식'이요, 일본을 궁지로 몰아넣은 '참패의 방정식'이었다. 기존 부품에서 완성품까지의 수직통합, 연구개발에서 판매 보급까지의 수직통합처럼 '감싸기주의 기업[6]'이 아닌 프로세스를 분담하는 '국제 이노베이션 공동 대응'이 승리하는 구조다.

이러한 구조는 세 가지를 의미한다.

첫째, 시장의 확대와 수익 확보를 동시에 달성할 수 있다. 의도적으로 분담한 시나리오를 기초로 하는 분업이라는 점에 주목해야 한다.

둘째, 기본 시나리오는 미국이 그리고, 대만이 기꺼이 응했다는 점이다. 사실은 일본이 멋진 기술력으로 시작했고, 압도적인 점유율을 갖고 있었지만, 몇 년 지나지 않아서 NIEs/BRICs 나라들에게 자리를 내주었던 제품들이 많다. 그중에서 가장 두드러진 것은 액정이나 DVD와 같은 전자제품인데 그런 제품도 완전히 같은 패턴으로 당했던 것이다.

셋째, 삼위일체의 사업을 해야 한다. 연구를 통해서 핵심 기술을 개발하고 그것을 독자 기술로 블랙박스화해서 어떻게 표준화해와 오픈할 것인지 지적재산 매니지먼트를 해야 한다. 다른 한편으로는 시장 확대와 수익 확보를 양립하는 비즈니스 모델을 구축한다. 이 연구개발 전략과 지적재산 전략, 사업 전략을 삼위일체로 경영했을 때 비로소 인텔과 같은 성공을 거둘 수 있다.

일본 부품 산업 경쟁력의 거품

일본은 세계적으로 높은 시장 점유율을 갖고 있기 때문에 부품 산업이 강하다고 볼수 있다. 하지만 약간의 의문이 든다. 설령 국제적인 시장 점유율을 갖고 있어도 수익을 내는 것이 어렵다면 단순한 하청에 지나지 않기 때문이다. 그렇다면 결국 NIEs/BRICs의 신흥국으로 교체될 것이다.

부품 기술과 생산 기술이 뛰어나다고 해도 사업으로 성공하는 것과는 별개다. 생각해보자. 점유율이 높은데도 수익을 얻을 수 없는 것은 아주 이상한 경영 방식이다. 높은 점유율을 활용해서 수익을 제대로 얻는 것이 제대로 된 경영이기 때문이다. 그렇다면 일본의 부품 산업이 강하다고 하려면 적어도 다음과 같은 점들을 모두 달성해야 한다.

• 완성품에 그 부품이 꼭 필요하다.

- 부품이 완성품과 비슷한 수익률을 얻는다.
- 기술 우위와 표준화를 포함하는 지적재산 매니지먼트 결과 부품이 완성품을 종속한다. 또는 부품이 핵심 부품으로서 완성품 개선 과정을 제어할 수 있어야 한다.

이들 요건을 갖춰야 부품이 사업으로서 성공했다고 말할 수 있다. 이 정도를 목표로 하는 사업이 아니라면 신흥국으로부터 추월당할 것이다. 일본의 부품 산업은 기술이 뛰어나서 국제적인 점유율을 차지하고 있다며 자랑하는 소박하고 목가적인 이야기는 이제 끝났다. 부품 대국은 부품 입국이 아니다. 기업도 부품 납품 업체에 머물지 말고 부품 주도 업체로 변해야 살아남을 수 있다.

현실적으로 완성품을 종속한 경쟁력을 가진 회사는 인텔과 같은 핵심 부품 주도형뿐이다. 그래서 핵심 부품 주도형이 되는 조건을 다음과 같이 정리했다.

- 부품으로 제품 전체를 장악하고 제품의 핵심이 되는 부품으로 특화한다.
- 절대적인 고성능으로 제품의 기본을 잡고, 표준화를 포함한 지적재산 매니지먼트로 철저하게 관리해서 '인테그랄의 내부화와 모듈의 외부화' '독자 기술 내부화와 표준 오픈'의 구조를 만든다.
- 이를 기초로 부품을 완성품에 연결하기 쉬운 중간 시스템 기술을 개발한다.
- 중간 시스템을 핵심 부품 레시피를 붙여서 염가로 생산하고, 일시에 보급하는 방법을 찾는다.

위의 요소들만 성공한다면 기존의 하청 부품 납품업자를 탈피해서 핵심 부품 관련 포지션을 찾을 수 있다. 어려운 일이긴 하지만 이들 조건을 정리해서 목표로 삼는 기업이 많아졌으면 좋겠다. 개발형 중소기업이라면 반드시 도전해보라 권하고 싶다.

제조는 대만, 기술은 일본, 수익은 애플

애플이 부품을 거느리면서 승리할 수 있었던 비밀

핵심 부품 주도형 모델인 인텔 인사이드형과 대조되는 모델로서 내가 주목하는 모델이 있다. 바로 애플 컴퓨터의 '아이팟'과 '아이폰' 모델이다. 때문에 나는 '완성품 주도형 모델'이라 이름 짓고 애플에는 미리 양해를 구하지 않았지만 '애플 아웃사이드형'이라 부르고 있다.

애플은 OS만으로 외판을 할 수 없다. 한때, CEO인 스티븐 잡스가 회사를 떠나서 이 방법을 사용하려 했지만 뜻대로 되지 않았다. 반대로 매킨토시의 OS 위에서 윈도우즈가 작용하게 되었다. CPU는 인텔로 바뀌었지만, 부품에 대해 내부적으로 통합조율하고 있는 것을 알 수 있다. 인텔이 부품 레벨에서 '독자 기술의 내부화와 표준 오픈'을 하고 있는데 반해 매킨토시는 완성품 레벨에서 관리하는 것이다. 나는 20년 동안 매킨토시를 애용하면서 잡스의 완고하지만 유연한 발상을 좋아하는 팬이다.

애플은 제조사처럼 보이지만 대부분의 제품을 외부 위탁으로 만들고 있다. 확실히 애플은 브랜드 가치와 참신한 아이디어 컨셉, 세련된 디자인을 무기로 압도적인 경쟁력을 갖춘 회사다. 역시 애플은 매력적인 모노즈쿠리의 기본 컨셉과 설계 사상 그 자체다.

그러나 아이팟은 애플에서 거의 만들지 않는다. 아이팟에 사용된 부품의 대부분 일본 기업이 공급하고 있다. 미국제인 마이크로프로세서와 비디오 프로세서를 제외하면 하드디스크, 액정부터 접착제, 필름 등을 전부 공급하고 있다. 또 외장의 실버 면에 광택을 내는 기술은 니카타 현의 쓰바매시의 식기를 연마하는 기술을 활용했다.

조사 결과에 따르면 부품 비용은 144달러지만 아무것도 제조하지 않는 애플은 122달러의 마진을 얻고 있다. 제조를 하는 일본 기업 이익률은 20퍼센트 이하로 추정되는 것을 감안하면 애플의 수익성은 굉장히 높은 편이다.

애플은 세계 넘버원의 뮤직 다운로드 스토어 '아이튠즈'에서도 엄청난 수익을 내고 있으므로 어마어마한 돈을 벌었다고 추정할 수 있다. 실제로 국제적인 불황 속에서도 2008년도 결산에서 애플은 매출과 수익 증가를 달성했다. 결국 거액의 수익은 미국 기업에게 흘러들어가고 일본은 부재료 공급 기업으로서 미국 기업으로부터 하청만 받고 있다.

'아이팟'만의 이야기가 아니다. 과거 일본이 100퍼센트에 가까운 점유율을 갖고 있다고 했던 전자제품들이 같은 상황에 처해 있다. 휴대전화기의 부품 재료는 대부분 일본제인데 세계를 제패하고 있는 제품은 '노키아, 삼성, 모토로라'이다. 그들은 서비스 분야에서도 돈을 벌고 있으므로 수익은 증대된다.

결국 외부와의 컨셉을 훌륭하게 잡아야 승리할 수 있다. 미국의 컨셉과 이노베이션은 일본 모노즈쿠리와 장인 기술을 활용한 것이다.

최근 '아이팟'에서는 일본제 부품을 대만제로 바꿀 거라는 소문도 있다. 어쨌든 이들은 핵심 부품이 주도하는 모델이 아닌 완성품 주도로서 부품을 하청해서 사용하는 모델로 성공을 거두고 있다.

애플 강점의 비밀

애플의 강점은 아이디어와 컨셉뿐일까? 거기에 중요한 포인트가 두 가지 더 있다. 첫째는 상위 레이어에서 아이디어를 고안한 것과, 제품과 서비스 상승효과를 낸 것이다.

'아이팟'은 '아이튠즈'와 조합해서 상승효과를 내는 구조이다. 저작권의 영역까지 들어간 지적재산 매니지먼트를 시작으로 서비스 비즈니스로 진출해서 아이팟 본체인 제품과 상관관계를 만들었다. 그 결과 물건과 서비스가 밀접해졌다. 물건이 팔리면 서비스로 연결되고, 서비스로 연결되면 물건이 팔린다는 '상승효과'를 가져오는 구조다. 결코 소니에서는 할 수 없었던 일이다.

둘째로 하위 레이어의 정교함을 공략했다. 예를 들어 아이폰 OS를 전제로 그것에 탑재하는 소프트웨어인 개발 키트를 무료 배포하고 다양한 기술을 공개하고 있다. 누구나 어플리케이션을 개발할 수 있도록 한 것이다. 소프트웨어가 충실하면 아이폰을 사용하는 가치는 점점 높아진다. 결국 서드 파티[7]를 활용했다.

최근 사이트를 보면 아이폰의 어플리케이션 소프트웨어가 날마다 충실해지고 있는 것을 알 수 있다. 아군을 도와서 편을 만드는 구조다. 광의의 오픈 전략이라고 볼 수 있다. 이러한 모델을 보고 있으면 일본의 앞날이 걱정된다. 유일하게 일본 산업의 성공을 이야기하는 분야가 디지털카메라다. 하지만 최근 10년 동안 엄청난 속도로 일본 제품이 가게에서 사라지고 있다. 그래도 아직 희미하게 희망이 남아 있는 것이 디지털카메라다. 현재 일본의 전자제품 가운데 유일하게 경쟁력을 갖추고, 일본 기업이 시장 전체에서 70~80퍼센트를 점유하고 있는 분야다.

일본의 디지털카메라 회사는 모두 외부와 인터페이스를 표준화하고, 외부 기기와 메모리 카드의 접속을 표준화로 진행하면서 내부는 기존에 쓰던 모노즈쿠리 기술을 활용한다. 고도의 기술을 통합조정해서 대부화하면 NIEs/BRICs는 따라갈 올 없다. 다만 휴대전화 카메라의 성능이 날로 발달해서 카메라 자체를 대체할 수 있는 우려를 낳는다.

일본 기업의
과제

인텔 인사이드형과 애플 아웃사이드형 모델을 살펴보았다. 정반대처럼 보이는 접근이지만 오픈과 클로즈로 잘 나뉘어 있고, 표준화를 포함한 지적재산 매니지먼트를 활용하고 있기 때문에 순식간에 시장 확대와 수익 확보를 동시에 달성할 수 있다. 이런 점에서 완전히 같은 형태로 볼 수 있다.

이 두 가지 모델에서 무엇을 배울 수 있을까? 인텔 인사이드형에서는 핵심 부품 주도형의 비즈니스 모델을 구축할 수 있다면 완성품 시장을 컨트롤할 수 있다. 일본의 중소기업과 벤처기업도 전략대로 하면 대기업의 하청에 머물지 않고 인텔 같은 포지셔닝을 할 수 있다.

부품 소재 관련 대기업도 마찬가지다. 핵심 부품을 만들어서 레시피가 붙은 부품으로 보급하면 좋을 것이다. 이것은 인텔이 대만의 제조사에 메인보드 제작 노하우를 제공할 때 썼던 방법이다.

이것 또한 부품에만 한정하지 않는다. 소재도 있다. 미쓰비시 화학이 DVD 미디어의 기능성 소재를 표준화한 뒤 레시피를 붙여서 오픈한 결과 대부분의 대만 제조사가 DVD 미디어를 제조했고, 미쓰비시 화학의 재료를 사용했다.

일본은 제품을 단순한 하청 부품으로만 생각하지 말고 핵심 부품으로 만들 수 있는지 생각해봐야 한다. 그 차이가 엄청난 결과를 가져온다. 완성품 전체를 모듈형으로 조립하고, 핵심 기술까지 검토해야 한다. 그것이 첫걸음이다. 중요한 것은 핵심 기술 존재 여부가 아니라 제품의 아키텍처[8]를 자사의 부품과 재료가 핵심이 되도록 유도해야 한다. 이것이 일본 기업이 생각해야 할 가장 중요한 과제다.

애플 아웃사이드형에서는 무엇을 배워야 하는가? 참신하고 매력적인 컨셉으로 획기적인 제품을 만드는 방법이다. 이것도 대기업에 한정된 이야기가 아니다. 중소기업이나 벤처기업이 멋진 컨셉을 축으로 완성품을 기획하고, 획기적인 비즈니스 모델로 보급한다. 완성품의 컨셉을 기점으로 이노베이션을 이끌어내기 위해서는 어떻게 해야 할까? 모노즈쿠리와 서비스 상승 작전을 짜야 한다. 핵심 부품 주도형이든 완성 부품 주도형이든지 간에 이노베이션을 일으켜보라. 지방의 중소기업이나 대기업의 부품 사업부에서도 도전해보길 권한다.

▶ 스마일 커브와 부가가치

도표 3-1 스마일 커브

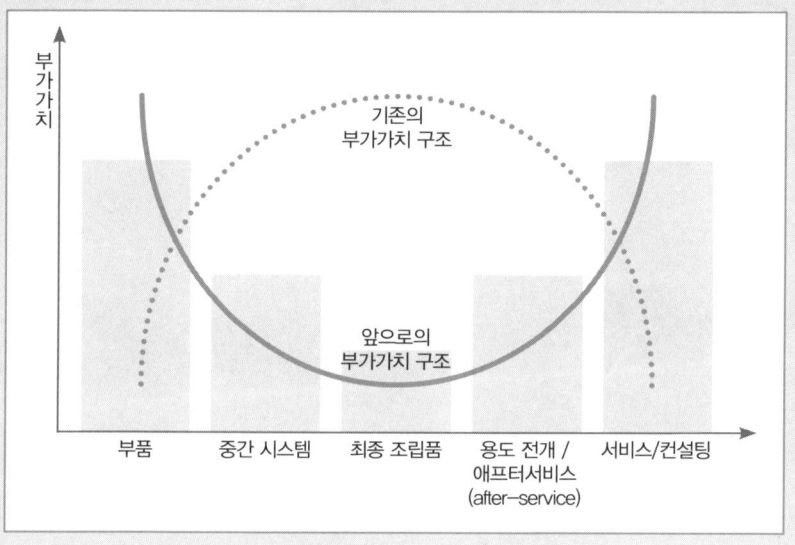

도표 〈3-1〉은 최근 자주 언급되는 스마일 커브다. 기간 부품과 소프트웨어는 고부가가치관이고, 그들 사이에 있는 조립 공정은 저부가가치이기 때문에 커브가 U자 형태다. 미소를 짓는 입가처럼 보이기 때문에 '스마일 커브'라고 부른다. 커브의 밑바닥 제조 부분은 단가가 낮은 곳에 하청을 맡기는 것이 바람직하다.

컴퓨터가 전형적인 예다. 핵심 부품 쪽은 인텔이, 소프트웨어 쪽은 마이크로소프트의 윈도우즈가 꽉 잡고 있다. 이것이 유명한 '윈텔 연합'이다. 중간에서 생산의 합리적인 모델을 형성한 회사가 델과 휴렛패커드다. 이들은 생산 공정과 재고를 갖지 않은 형태로 진출했다.

일정한 품질을 확보한 뒤에 브랜드 전략을 취한다면 유니클로 전략이 될 수 있다. 애플의 아이폰은 커브 전체를 형성하고도 커브 전체의 상위 레이어인 네트워크 쪽을 통해서 아이튠즈라는 서비스로 연결했고, 커브 왼쪽에 있는 부품 OS의 개방을 통해 오른쪽에 있는 어플리케이션을 서드 파티에 입수했다.

토요타의 위기

완전히 새로운 모델이 필요하다

비교 점유율이 높은 산업은 안전할까? 그렇지 않다. 단순 비교 점유율이 아직은 낮아지지 않았다고 보는 쪽이 안전하다. 국제적으로 높은 점유율을 자랑하고 있는 자동차 산업과 정밀 기기산업도 10년만 지나면 괴멸할 수 있다. 서문에서 이야기했던 자동차 산업의 이야기로 돌아가보자.

하이브리드는 단순한 연명책인가?

토요타를 비롯한 대부분의 자동차 제조사는 가솔린 자동차의 다음 모델로 하이브리드 자동차를 진행한다. 기존 모델과 신규 모델을 조합한 하이브리드는 어떤 의미에서 기존 모델의 연명책이다. 연명책의 대부분은 목적에 달성하지 못하기도 한다. 하이브리드 연명책은 단명할지도 모른다. 아날로그에서 디지털로 이행하는 하이브리드 단명 사례의 가장 대표적인 것이 APS(Advenced Photo System)이다.

과거의 필름이 디지털카메라로 옮겨가던 중에 기존 모델에서 독점하고 있던 핵심 기업 5개사(코닥, 후지필름, 니콘, 캐논, 미놀타)는 APS라는 하이브리드 시스템을 국제 표준화했다. 결국 디지털카메라 이행을 미루고 연명책을 강구했던 것이다. 결과는 어땠을까? 기본 모델이었던 은감필름은 APS를 거치지 않고 아주 새로운 신형 모델인 디지털카메라로 대체되었다. 1996년에 등장해서 벌써 10년이 지났다. 남아 있는 건 규격화된 필름뿐이다.

다른 예도 있다. 아날로그 음원 미디어였던 오디오 테이프의 연명책이다. 디지털 시대를 맞이할 때 'DAT'라는 하이브리드 제품을 만들어서 연명하려 했으나 이것마저 순식간에 사라졌다. 이것은 과도기적 제품이다. 그러나 과도기적 제품의 연명책이 자리 잡기도 전에 그것을 뛰어넘은 이노베이션 점프가 일어났다.

하이브리드 자동차는 연명책으로서 과도기적 제품이다. 아이러니하게도 하이브리드의 기능성이 좋아지면 엔진이 아닌 모터 기술 개발을 촉진한다. 하이브리드를 추진하여 전기 자동차로 이행되면 완성품 제조사뿐 아니라 부품 제조사와 다른 업종까지 모듈 부품 참여를 진행한다. 자동차 제조사는 스스로 리스크를 안고 이노베이션을 촉진하는 것이다.

자동차 업계는 이노베이션 점프를 앞두고 '이노베이션 딜레마'의 한가운데 있다. 기존 모델은 이노베이션 모델에게 추월당하기 직전이다. 연명책을 선택하지 말라는 이야기가 아니라 처음부터 연명책밖에 되지 않는다는 사실을 자각해야 한다.

다만 '하이브리드 연명책이 단명'이라는 말은 아날로그에서 디지털로 이행하는 하이브리드 모델에 국한된 이야기다. 제품 자체의 연명책이 아니다. 반대로 너무 이른 제품은 팔리지 않다가 갑자기 시대가 바뀌어서 순식간에 팔리는 제품도 있다. 인터넷과 휴대전화 관련 상품들이 그렇다.

하야시바라의 먹을 수 있는 플라스틱이라 불리는 '풀루란'은 팔리지 않아 곤란을 겪던 차에 'BSE 광우병'을 호재로 불티나게 팔렸다. 광우병 공포 때문에 소로 만드는 젤라틴 대신 풀루란을 의약품 캡슐 재료로 사용했기 때문이다.

하이브리드에 내재하는 딜레마

하이브리드 연명책은 실제로 이노베이션의 딜레마를 내포하고 있다. 그것이 단명의 원인이다. 후지필름과 캐논은 디지털카메라가 나오기 전에 어떻게 해서든 하이브리드인 APS를 보급해서 은감 필름을 연명하려고 했지만 준비를 진행하는 동안 APS에서 필요로 하는 기능은 모두 디지털 기술로 감당할 수 있다는 걸 배웠다. 이 국제 표준에 참가한 각 제조사는 디지털 기술을 수면 아래에서 조용히 개발해 디지털카메라가 앞장서 나오게 되었다.

마찬가지로 하이브리드 자동차도 이노베이션의 딜레마를 포함하고 있다. 엔진을 사용해서 모터를 돌리는 것이 포인트이기 때문이다. 모터 기술이 진화할수록 전기 자동차의 모터 기술 개발을 진행하는 것이다. 연명책을 쓸수록 다음 시대를 앞당기고 있다.

그러나 토요타는 전기 자동차를 열심히 만들고, 기술을 공개해도 좋다고 한다. 전기 자동차가 나오기 전에 하이브리드를 보급해서 같은 일을 하는 편을 많이 확보하고 싶은 것이다. 미쓰비시가 갑자기 전기 자동차에 힘을 쏟는 이유는 지금까지의 열세를 한 번에 만회할 수 있다고 믿기 때문이다. 혼다는 고민을 계속하면서 하이브리드를 진행하기 시작했다.

그러나 미국의 BIG3는 하이브리드를 거의 만들지 않는다. 이것은 무엇을 의미하는 것일까? 하이브리드에서는 질 수 있지만 전기 자동차에서 이노베이션할 수 있는 가능성을 두기 때문이다. 오바마 대통령은 그린 뉴딜이라 말하면서 810조 원을 준비했는데, 그 상당 부분을 자동차 산업에 사용하고 있다. 다만 기존의 가솔린 자동차가 아닌, '환경에 좋은 차'라 말하고 있다. 분명히 전기 자동차가 환경에 좋은 차이다. 전기 자동차를 만들기 시작한 캘리포니아 벤처로 자금을 돌리는 일도 가능할 것이다. 이 벤처기업은 2009년에 요코하마에서 시험을 개시했다. 그들에게 810조 원의 돈이 흘러들면 어떻게 될 것인가? 일본은 다시 참패할지도 모른다.

전기 자동차로 모듈화

전기 자동차로 이행하면 왜 일본이 위험한가? 그러면 지금까지 서술한 부품의 내부를 독자 기술로 고정하고, 외부를 표준화해서 부품 간 인터페이스 프로토콜을 통일할 것이다. 이 기본 전제를 알고 있어야 전기 자동차가 가진 영향력을 이해할 수 있다.

일본이 전자제품 가운데 유일하게 성공했다고 자부하는 디지털카메라도 마찬가지다. 디지털카메라는 부품 수가 엄청 많다. 다만 내부가 고도로 진화했지만, 외부는 인터페이스와 프로토콜을 통일하고 있기 때문에 내부를 아무리 진화시켜도 외부와 접속하고 있는 카메라가 팔리는 것이다. 내부를 인테그럴 블랙박스로 만들었기 때문에 NIEs/BRICS는 따라올 수 없다. 이것이 바로 일본의 강점이다.

반대로 일본이 주요 부품을 해외 부품 제조사에 맡기면 어떻게 될까? 자동차 완성품 제조사는 그들에게 종속되어 과거 컴퓨터와 같은 길을 갈 것이다. '보슈 인사이드'나 '덴소 인사이드', '아이신(Aisin) 인사이드'라고 할 수 있다.

나는 몇 년 전부터 '토요타의 최대 라이벌은 히다치가 될 것이다' '2016년에는 아키바에서 조립형 전기 자동차가 팔릴 것이다'라며 허풍을 떨었다. 그러나 일이 이렇게 진행되면 허풍에서 끝날 것 같지는 않다.

인도의 타타는 '나노'를 2009년에도 출시해 200만 대 이상의 판매고를 올렸다. 이것은 최소 부품 수로 얼마나 간편한 자동차를 만들 수 있는지 시험하고 있다. 그 부품을 모터 전용으로 전부 모듈화해서 조립하면 전기 자동차로 이행할 수 있다. 왠지 불길한 느낌이 드는 것은 타타의 배후에 유럽 주력 부품 제조사가 숨어 있다는 점이다.

일본의 자동차 제조사 간부들은 전기 자동차를 단행할 수 없다고 말한다. 자동차 산업의 절반 이상이 가솔린 엔진 관련 종사자이기 때문이다. 설계에서 제조까지 전기 자동차로 이행하면 기존의 가솔린 자동차 산업은 우위를 잃고 심각한 고용 문제를 안게 될 것이다.

아키하바라의 교외 가전 대리점에서 자동차가 팔리던 날

전기 자동차에 관해서 탁견을 가지고 있는 곳은 거대한 종합 유통 가전 판매회사다. 여기서 최근에 중고차 판매를 시작했다. 그들은 교외의 가게를 많이 보유하고 있기 때문에 중고차 판매에 손을 뻗었다고 이야기한다. 하지만 그들의 속내는 뻔하다. 아마도 그 회사 사장님은 가까운 미래에 전기 자동차를 판매하는 곳은 아키하바라와 교외의 거대한 전기 유통 산업 단지라고 예상하는 것이다. 전기 자동차를 판매할 준비로 자동차를 어떻게 팔 것인가에 대해서 학습하고 있다. 자동차 딜러는 일본 전역에 진을 치고 있던 필름 현상소와 같은 비극적인 운명을 맞이할 수도 있다.

전기 자동차 도입이
몰고 올 충격

전기 자동차 이야기만 나오면 반드시 제기되는 반론이 있다. 어떤 의견인지 알아보자.

전기 자동차는 고속 주행이 가능한가?

→ 반드시 고속 주행이 필요하진 않다.

보통의 전기 자동차는 시속 200킬로미터가 나오지 않는다. 안전한 주행을 담보할 수 없다는 반론이다. 200킬로미터 속도를 내려면 독일의 아우토반에서 재규어를 타라고 말한다. 모든 사람들이 가솔린 자동차가 없어진다고 이야기하지 않는다. 가솔린 자동차는 어느 단계에서 급속히 줄어들 것이다. 레코드가 CD로 이행한 것과 마찬가지다. 게이오대학교의 시미지 히로시 교수가 진행한 '에리카 프로젝트' 전기 자동차는 시속 370킬로미터를 기록하고 있다.

선진국 라이프스타일을 NIEs/BRICs의 수십억 명 시장으로 상정해 보자. 이동 수단으로서 자동차를 검토해야 할 시대는 지났다. 그렇다면 재규어가 고급이라는 이야기와 일본 차가 안전하다는 논의를 할 필요가 없다.

일본 젊은이들의 자동차 이반현상은 프리미엄이 점차 떨어지고 있다는 것을 알게 한다. 도구로서의 자동차도 생각할 수 있다. 이제 자동차는 시장에서 판매되는 일반 상품화 되었다. 그러므로 전기 자동차EV는 자동차가 아니라 단순한 차량이다. 자동차의 가치 또한 다양화되고 있다. 젊은 세대들은 운반 시스템이든, 보관 장소든, 이동 수단으로 쓰든지 간에 대부분을 전기 자동차로 충분히 커버할 수 있다.

개발도상국에서는 명확하게 운송 수단이라는 의미가 통용되고 있다. 내가 어린 시절 타고 다니던 세 바퀴 트럭도 잘 달렸다. 그것만으로도 충분했다. NIEs/BRICs 시장에 일본의 자동차가 들어가야 한다는 이야기다. 그렇지 않으면 일본 자동차는 국내 프리미엄 상품으로만 남게 되기 때문에 세계 경제를 이끄는 일본 산업 견인차로서의 자동차 산업은 결국 파탄이 날 것이다.

3만 개의 부품으로 만들면 일본은 강하다
→ 전기 자동차의 부품 개수는 수백 개

일본의 제조사는 부품이 3만 개 정도의 인테그랄 제품에는 강하다. 하지만 조립 컴퓨터처럼 부품이 3000개인 제품은 NIEs/BRICs에 지고 있다. 로켓처럼 부품 3만 개 이상의 제품은 미국에 뒤진다는 설이 있다. 문제는 자동차가 부품이 3만 개이기 때문에 일본은 전기 자동차 제조 분야에서 괜찮을 것이라고 생각한다. 하지만 오산이다. 전기 자동차가 되면 부품은 수백 개로 줄어들기 때문이다. 게다가 각각의 부품은 상호 간의 인터페이스 프로토콜을 통일한 모듈형이다. 그것을 조립하면 된다. 컴퓨터가 진화했을 때와 같은 원리다.

자동차 평론가인 다치우치 하시가 중학생들을 모아 놓고 가장 간단한 전기 자동차 조립 워크숍을 개최했을 때도 모두 30분 만에 조립했다고 한다. 부품 수의 논의는 설득력을 갖지 못한다는 뜻이다.

일본의 전지 기술은 경쟁력이 있다
→ 표준을 빼앗기면 어떻게 될까?

일본의 전지 기술이라면 충분하다는 자신감은 뭘까? 컴퓨터에서 CPU가 핵심 부품인 것과 마찬가지로 전기 자동차에서는 모터의 동원력인 전지가 가장 중요한 핵심 부품이다. 하지만 중요한 것은 충전을 하는 기기도 아니고, 장소도 아닌, 모터와 전지를 연결하거나 전지와 다른 기기를 연결해주는 인터페이스 프로토콜이다.

만일 이 프로토콜을 결정할 때 핵심 기술을 다른 곳에 빼앗긴다면 어떻게 될까? 인텔 인사이드 모델과 같이 컴퓨터 심장부인 CPU의 내부를 블랙박스화하고, 외부 인터페이스 프로토콜을 표준화해서 오픈하면 모터와 전지 주변에 구조를 만들 수 있다.

그렇다면 어떻게 할 것인가? 일본의 기업이 연합군을 만들어서 제대로 된 국제 표준을 만든다면 이런 문제가 일어나지 않을 수도 있다. 반대로 어떤 기업이 전지와 부품 사이에 인터페이스 프로토콜을 독자적으로 규격화하고 타 기업이 프로토콜하면 어떻게 될 것인가? 잠깐 충전하려고 해도 규격이 다르기 때문에 할 수 없다. 어댑터를 붙이면 괜찮다고 말하는 사람도 있으나 문제의 본질을 제대로 알지 못해서 하는 말이다. 총력을 기울여 국제 표준을 만들 때 일본 기업끼리 얼굴을 맞대고 으르렁대서는 안 된다.

충전이라는 발상만으로 진행하는 것은 위험한 일이다. 가솔린을 리필하는 것과 마찬가지로 전기를 충전하는 주입 개념을 쓰지 말고, 전지를 교환하는 개념으로 봐야 한다. 서비스 스테이션 전지로 충전하고 교환할 뿐이다. 그 장소에서는 충전하지 않는다.

확실히 배터리 무게의 문제는 단시간에 해결할 수 없다. 전기 오토바이 배터리는 20킬로그램이지만 전기 자동차는 200킬로그램이다. 이 무게를 간단하게 교체할 수 없다. 일본의 기술을 개선하면 수년이 지난 다음 자동차용 전지도 5킬로그램으로 만들 수 있을 것이다.

현재 '도쿄 전력'이 급속 충전소를 공식적으로 정비하려고 한다. 충전기는 한 대에 수백만 엔이 든다. 급속 충전이 아닌 간이 충전 장치는 수십만 엔이다. 전지는 가득 채우지 않아도 된다. 미국과 달리 도쿄에서는 수백 킬로미터를 달릴 필요가 없기 때문이다. 보통 90퍼센트 자동차의 주행 거리는 40킬로미터 미만이다. 주차장이나 편의점 앞, 집 앞에서 간이 충전을 하면 된다. 집에서 80분만 충전하면 80퍼센트를 채울 수 있다.

전지 교환이나 충전을 서비스 스테이션에서 한다는 것도 가솔린 시대의 발상이다. 잠시 주차할 때 자동으로 충전할 수 있는 방법을 생각하는 건 어떨까? 빌딩 안 주차장이나 노상 주차장에서 충전할 수 있도록 설비를 갖춘 사람들이 성공할 수 있다. 지불은 전자 머니로 할 수 있을 것이다.

이것은 무엇을 의미하는가? 1차 인프라로 물류 네트워크 도로망, 2차 인프라로 에너지 인프라 전력망, 3차 인프라로 정보 유통 인터넷의 네트워크가 사회 속에서 중첩된다. 실제로 나는 물질 에너지 정보를 방송대학 교재인《사회와 지적재산》에서 이야기한 바 있다. 그 전신이 되는 논문에서는 DIME이라는 개념을 제안했었다. 우리 사회는 정보, 물질 에너지 의존(Dependent on Information, Materials and Energy)이기 때문에 머리글자를 따서 'DIME'이라고 부른다. 결국 현대 사회는 정보, 물질, 에너지라는 세 가지 인프라에 의존하고 있다.

컴퓨터는 물건이지만 에너지로 움직이고 정보를 표시한다. 이들이 모두 하나가 될 때 비로소 성립할 수 있다. 앞서 연급한 개념의 변화는 제품 차원에서 이미 일어나고 있지만 사회적인 인프라 레벨에서는 아직 일어나지 않았다. 전기 자동차에 의해 일어날 수도 있다. 이 거대한 실험을 일본이 주도해야 한다. 도로를 정비하고 있는 국토 교통성과 에너지를 정비하고 있는 경산성과 정보를 정비하고 있는 총무성이 서로 협력해서 각 정부 기관과 연계 열량을 시험할 수 있을 것이다.

또다시 원자력 발전을 늘릴 것인가?
→ 자율 분산 협조계의 이행을 촉진

전기를 만들기 위해서 원전을 만들어야 하는가? 지금은 환경 정책이 진전되어 대체 에너지 개발이 가속화되고 있다. 앞에서 서술한 다치우치 하시가 알려준 이야기지만 전기 자동차로 모두 전환한다고 해도 기존 원자력 발전과 수력 발전과 화력 발전으로 일본의 전력 수요를 충분히 커버할 수 있다고 한다.

다만 정점에 이르렀을 때는 어떻게 할까? 충전한 자동차의 전력을 반대로 사용하면 된다. 일본 자동차 가동률은 실제로 아주 적다. 따라서 충전한 자동차가 가정이나 집 안에 있다는 것은 거대한 전원을 일본 전국의 가정에 분산해서 보유하고 있다는 이야기다. 충전을 해두면 전력량이 가장 풍부할 때 전기 자동차의 전지에서 보통의 전력망으로 넣을 수 있다.

아직도 모델을 놓고 논의하고 있는 사람이 많은 것에 놀랄 뿐이다. 왜 새로운 발상으로 전환하지 않는가? '아니, 알고는 있지만 아무래도 새로운 발상으로 생각할 수 없어요. 생각하고 있는 동안에 기존 발상으로 돌아갑니다.' 어떤 대기업의 간부는 내게 이런 한탄을 했다. 나는 대답했다. '그런 방식을 '사고형 기억 인재'라고 부릅니다.' 아무래도 사고는 한 번 굳으면 바꾸는 것에 상당한 힘과 열정이 필요하다.

일본 자동차 산업의 미래는 위험을 안고 있다. 내 예측이 빗나가기를 바라고 있을 뿐이다. 그러나 그런 식으로 방치할 수만은 없다. 리스크를 어떻게 대처할 수 있을지 진지하게 고민해야 한다.

로봇 산업의 주도권을
빼앗기지 않으려면

나는 오랜 기간을 아키하바라의 재개발 프로젝트에 관여했다. 또한 '아키바 로봇 운동회'를 기획했다. 그래서 그런지 곧 개인용 로봇의 시대가 시작될 것처럼 보인다.

일본의 컴퓨터 문화는 1976년 아키하바라에서 시작됐다. 대형 컴퓨터인 메인 프레임과 사무용 컴퓨터만 있던 당시 NEC가 Bit-INN을 아키하바라에서 만들었고 조립용 개인용 컴퓨터를 발표했다. 1979년에는 NEC의 PC-8001과 샤프의 MZ가 출현해서 마이 컴퓨터 붐을 일으켰다.

그러나 유감스럽게도 컴퓨터가 발전한 곳은 미국이다. 70년대 종반부터 80년대에 거쳐서 앨런 케이의 영향을 받은 스티브 잡스가 애플의 매킨토시를 만든 것이다. 그 뒤 마이크로소프트와 인텔이 컴퓨터 세계를 제패했다는 것은 지금까지 서술한 내용이다. 일본은 유감스럽게도 컴퓨터에서도 미국에게 패권을 넘겨주었다.

30년 후인 2006년 아키하바라에서 곤도 과학의 '로보스포트'가 개설되었다. 이곳은 조립 로봇의 놀이터다. 유저가 로봇을 만들어 와서 축구를 즐긴다. 나는 올 것이 왔다고 생각했다. 지금까지 로봇은 공장에서 사용하는 '산업용 로봇', 그리고 '아이보'와 '아시모', 요양 시설에서 사용하는 '파로' 같은 생활 보조용 로봇뿐이었다.

생활 보호용 로봇에 이어서 개인 컴퓨터 출현에 해당하는 개인용 로봇이 제작되기 시작했다. 물구나무를 서거나 볼을 던지거나 마니아들만 즐기던 로봇이 점점 컴퓨터와 같은 다양한 일을 할 수 있도록 진화할 것이다.

개인 컴퓨터가 메인 프레임을 소형화한 것이 아닌 것처럼 산업용 로봇을 소형화한다고 개인용 로봇이 되지는 않는다. 개인 컴퓨터처럼 조립 키트의 연장선상에서 개인 로봇이 생기고 그것이 언젠가는 산업용을 능가하는 것이 될 것이다. 중요한 것은 개인용 로봇을 건전하게 키우고 일본 산업에서 의미 있는 것으로 발전시키는 문제다. 모처럼 일본에서 탄생한 개인용 로봇이 또다시 미국에게 추월당하지 않도록 하려면 어떻게 할 것인가? 일본이 선행 우위를 지킬 수 있게 노력해야 한다.

로봇의 핵심 기술은 무엇일까? 인터페이스 프로토콜의 표준화와 오픈 전략이 바로 그것이다 .또한 시장 확대와 수익 확보를 동시에 달성하는 비즈니스 모델 구축의 문제들이 있다. 나는 여전히 걱정하고 있다. 기술은 있지만 사업에서는 질 수밖에 없기 때문이다. 그런 걱정은 나만 하는 건 아닌 듯하다.

chapter 4

미국 VS 일본 기술 전쟁의 역사

이노베이션 모델 혁신

아폴로 계획의 시대 (과학기술 = 경쟁력)
〈영 리포트〉의 시대 (기술 경영×프로패턴트 = 경쟁력)
〈팔미사노 리포트〉의 시대 (프로 이노베이션 = 경쟁력)

1기 : 개인 발명가의 시대

2기 : 수직통합형 자전주의, 단독 1사가 만드는 '획기적 발명구동형' 이노베이션 (대발명은 기술력의 승부다.)

3기 : 여러 개의 수직통합형 자전주의, 절차탁마형 이노베이션 (국내 예선에서 이기면 올림픽에서 메달을 딸 수 있다.)

4기 : 비즈니스 모델과 지적재산 매니지먼트 전개에 의한 사선형분업 이노베이션 (기술을 활용하는 비즈니스 시나리오를 그려라.)

이노베이션에 의한 새로운 가치의 창출·보급·정착에 대해서 인텔 인사이드 모델과 애플 아웃사이드 모델이 승리의 방정식이라는 것을 알았다. 이들 모델이 기존처럼 기술에서 이기면 사업에서 이기는 모델과 다르다는 것을 충분히 이해했을 것이다. 따라서 본 장에서는 현재 이노베이션 모델은 기존과 완전히 다르다는 것을 서술할 것이다. 결국 기존 '발명 = 이노베이션'은 과거의 공식이고, '이노베이션 = 발명×보급/정착'이 지금의 결과가 되었다. 이것은 이노베이션 모델 자체를 이노베이션했다는 것을 의미한다.

'기술력은 필요조건이지만 사업성이 충분조건이 되는 시대'가 도래한 것이다.

프로패턴트 시대에서
프로 이노베이션의 시대로

이노베이션이 달라진 배경을 확인해보자. 미국에게 러시아와 일본이 경쟁 상대였던 시대는 지났다. 지금 미국은 한국, 대만, 싱가포르 등의 NIEs, 또는 중국, 인도, 러시아, 브라질 등의 BRICs 신흥 공업 지역을 대상으로 전략을 세우고 있다. 유럽과 유럽연합의 입장은 다르지만 미국 기업과 같은 전략에 입각해서 활동하고 있다. NIEs/BRICs 나라들은 서구 기업에게 파트너인 동시에 거대 시장이기도 하다.

하지만 일본 기업의 눈은 조금도 변하지 않았다. 국내 시장과 선진국만을 바라보고 있다. 일본은 세계 시장에서 '유럽과 NIEs/BRICs 기업이 이노베이션으로 함께하는 경쟁'의 질과 양이 크게 변하고 있다는 것을 직시하고 사업을 검토해야 한다.

왜 이노베이션이 주축일까? 거시적으로는 1980년대 일본에게 이기려고 했던 서구 기업 정책 때문이다. 서구 기업들은 이른바 기술 경영과 프로패턴트 정책(지적재산 보호를 강력하게 하는 정책)으로 90년대를 성공적으로 이끌었다. 그래서 현재의 프로 이노베이션(이노베이션을 경쟁력의 근간으로 해서 정부와 기업이 산업 육성을 위해 조직을 장려하는 것) 시대가 자연스럽게 시작된 측면도 있지만, 인위적인 측면도 있다. 서구 기업은 일본에 대항하는 기술을 찾지 못해 시행착오를 겪었다. 그러던 가운데 정책 당국은 일본에 대항하는 산업 정책을 여러모로 실험했고, 그 과정에서 만들어낸 것이 바로 지금의 이노베이션 모델이다.

서구가 이노베이션 구조를 바꾼 것은 80년대 일본 기업들이 서구 기업을 석권했던 것에 대해서 같은 방법으로 즉각 보복한 것일 수도 있다. 미국에서는 60년대 후반부터 산업 생태계가 고갈되었다. 미국에서는 대기업병이 유행했고, 영국에서는 영국병이 유행했다. 따라서 생태계 전체를 바꿔야만 기존 모델을 연마하는 능력이 뛰어난 일본에게 이길 수 있는 방책이 도출된다. 기존 모델을 바꾸기 위해서는 신규 모델을 창출·보급하는 이노베이션이 유력한 것임을 알아차렸다. 그 변혁의 수단이 MOT(기술 경영)와 프로패턴트 정책이다.

팔미사노 리포트

미국은 어떻게 일본의 기술력을 견제했는가?

미국 이노베이션 정책의 역사를 간단하게 되돌아보자. 현재 그들의 입장을 파악할 수 있을 것이다.

1961년 아폴로 계획의 시대 : 우주 개발과 과학기술 (대 소련)

1961년 존 F. 케네디 대통령이 아폴로 계획을 발표했다. 미국 경쟁력 강화와 대소련 정책의 일환이었다. 소련이 스푸트니크를 쏘아 올려 가가린을 우주로 날려 보낸 것은 미국에게 엄청난 위협이었다. 미국은 우주 개발과 우주에서의 군사 행동 가능성에 대해서 소련에게 선수를 빼앗겼다. 따라서 케네디 정권은 과학기술 발전과 군사 발전 및 미국인의 사기 고양과 구심력을 높이기 위한 중심 과제로서 아폴로 계획을 수립했다.

'1960년대 말까지 인류를 달에 보내고, 그들을 무사히 지구로 귀환

시킨다. NASA가 담당하고, 예산에는 제한을 두지 않는다.' 이렇게 개발된 과학기술은 민간에 활용되어 획기적인 기술을 선보였다.

1985년 〈영 리포트〉의 시대 : 기술 경영 프로패턴트 (대 일본)

1970년대부터 80년대까지 소련을 축으로 한 공산정권과 경쟁하던 미국도 베를린 장벽 붕괴가 상징하는 것처럼 80년대 말에 산을 넘게 되었다. 그러나 1960년대부터 80년대까지 냉전 시대의 아군이었던 일본 제조업은 미국 제조업을 대부분 추월했다. 특히 일본 제조업은 품질 관리와 비용 삭감 면에서 세계 최고였다. 미국은 반격을 도모했다. 산학관은 산업 경쟁력을 어떻게 강화할 것인지 필사적으로 생각했다.

미국 경쟁력 강화의 특징은 1984년에 발표한 〈영 리포트〉에 자세히 나와 있다. 레이건 정권 시대 산업경쟁력위원회가 정리한 리포트 〈전 세계 경쟁과 새로운 현실(Global Competition, The New Reality)〉은 신기술 창조와 더불어 기술의 산업 이용과 보호를 제안했다. 이것은 명백한 산업 경쟁력의 적수인 일본을 겨냥한 대일본 정책이다. '영'이란 당시 휴렛 패커드의 회장인 존 영을 지칭하는 것으로 그가 이 리포트를 정리했기 때문에 붙은 명칭이었다.

〈영 리포트〉를 통해서 미국은 두 가지 성과를 이루었다. 기술 경영과 프로패턴트 정책이다. 의도적인 전략 구상이었는지에 대해서는 연구자들 사이에서 논의가 있지만 결과적으로 보면 어디까지나 전략적이라고 본다.

이러한 전략의 첫 번째 방법은 일본에서 MOT라고 불리는 기술 경영 전개다. 먼저 MIT, 스탠포드, 하버드 등의 일류 비즈니스 스쿨의 교수진이 일본 제조업을 철저하게 조사했다. 일본은 단순한 시찰이라며 조사를 허용했지만 미국은 거기서 끝내지 않았다. 조사를 기초로 철저하게 연구했고, 기술 경영에서 다양한 기초 개념을 이끌어냈다. 현재 일본에서 사용되는 죽음의 계곡, 이노베이션 딜레마, 캐즘의 개념은 이 때부터 연구되었다. 이들은 연구 성과에 기초해서 기술 경영 방법이나 모델 등을 비즈니스 스쿨 같은 사회 교육기관을 통해서 보급했다. 분하지만 이 정도로 철저하게 하는 것이 미국의 저력일 것이다.

둘째는 프로패턴트 정책을 취한 것이다. 지적재산권을 사업의 적극적인 무기로 활용하는 지적재산 중시 정책이다. '바이-돌 법(1980년 특허 상표권 수정법)'을 비롯한 일련의 지적재산 관련 법안을 만들고 특히 대학교나 국립대학 연구기관을 비롯한 공적 연구기관에서 민간 사업체에 대한 기술 이전을 쉽게 만들었다. 그것이 산학 연계를 진행하는 기점이 되었고, 수많은 대학발 벤처를 설립하는 계기가 되었다. 특히 정보통신 관련 대표 기업은 대학의 연구자와 학생을 중심으로 설립되었다.

최근 성공 사례는 아마도 구글일 것이다. 이 스탠포드 태생의 벤처는 불과 7년 만에 토요타의 시가 총액을 뛰어넘어 세상을 놀라게 했다. 게다가 미국 기업은 지적재산권 보호만이 아니라 그것을 무기로 라이벌 기업에 대한 견제와 소송 혹은 적극적인 라이선스 정책을 펼쳐서 수익을 거두었다. 이들 프로패턴트 정책이 성공을 거두어 현재에 이르고, 표준화를 포함한 지적재산 매니지먼트를 통해서 프로 이노베이션 시대로 이끌고 있다.

일본도 미국의 공세에 위기의식을 갖고, 2000년대 전후부터 경제산업성과 문부과학성을 중심으로 한 기술 경영과 지적재산 매니지먼트,

산학 연계에 본격적으로 뛰어들어 미국과 4반 세기 차이로 줄이려는 노력을 기울이고 있다. 그러나 일본은 이제 겨우 프로패턴트 시대에 들어가려는데, 미국은 이미 다음 단계인 '프로 이노베이션 시대'를 주도하고 있다.

2004년 〈팔미사노 리포트〉 시대 : 프로 이노베이션과 인재 육성 (대 NIEs/BRICs)

1990년대 이후부터 일본은 과거의 영광을 잃고, 미국은 부활했다. 중국과 인도는 기세가 등등해지고 있다. '아이디어는 미국, 제조는 중국, 일본은 시험작품 만들기'라는 우스갯소리가 심심찮게 들렸다.

〈영 리포트〉가 나온 지 20년 만인 2004년 12월에 미국의 새로운 경쟁력 강화를 제안하는 〈팔미사노 리포트〉가 나왔다. 이노베이션에 따른 경쟁력 강화를 논한 내용이다. 이런 개념이 세계 산업계와 관료들을 놀라게 했다. 팔미사노는 리포트를 정리한 위원장 사무엘 팔미사노(Samuel J. Palmisano) IBM 회장 이름이다.

리포트의 원제는 'Innovate America'다. 그들은 '경험에서 일어난 이노베이션이 이긴다'는 것을 배웠다. 미국의 경쟁력은 이노베이션을 만들어냈다기보다 계속 만들어낼 거라는 뉘앙스처럼 보인다. 어디까지나 찰스 다윈이 이야기한 우수한 종이 살아남는 것이 아니라 계속 진화하는 종이 살아남는다는 말과 일맥상통한다. 계속 변화하는 것은 발전하는 것이고, 이는 곧 모델의 혁신이다.

〈영 리포트〉에서는 프로패턴트가 아니라, '프로 이노베이션'을 강조하고 있다. '이노베이션이란 사회에 새로운 가치를 창출하는 이로운 것

이기에 이노베이션을 계속 창출하는 것이 국가나 기업에게도 이롭다'
는 이야기다.

〈팔미사노 리포트〉는 〈영 리포트〉와 명백하게 다른 점이 있다. 이노
베이션을 만들어내는 것은 바로 사람이라 강조하고 인재 육성을 테마
로 다루고 있다. 그들은 유학생을 융숭하게 대접하면 그만큼 사회에 기
여한다는 것을 경험에서 배웠다. 중국과 인도에서 활약하고 있는 사람
들 대부분은 미국에서 유학했다. 우수한 중국인이나 인도인은 미국에
서 적절한 지위를 얻을 수 있고, 본국으로 되돌아간 사람들도 미국을
위해 일하고 있다.

한편 일본에서는 1983년, 나카소네 수상이 유학생 10만 명 계획을
발표했지만, 2003년에서야 겨우 목표를 달성했다. 일본의 유학생 일부
는 서구로 가지 못한 수준이거나 무조건 아르바이트를 하려는 학생이
많다고 한다. 우수한 학생도 많지만 일본에 익숙한 사람 중에 일본의
산업과 함께 국제적으로 활약하는 일은 지극히 드물다. 무엇보다 안타
까운 것은 많은 유학생들이 일본에 대해 좋지 못한 감정으로 귀국한다
는 말을 들을 때다.

〈팔미사노 리포트〉는 중국과 인도등 BRICs의 저항을 상정했다는 점
에 주목해야 한다. 단적으로 일본은 이미 젖혀두었다는 말이다. 〈영 리
포트〉일 때는 '재팬 배싱(Japan Bashing)'의 시기였다. 슬픈 일이지만 '재
팬 낫싱(Japan Nothing)'이 시작되었다. 이것은 무엇을 의미하는가? 앞으
로의 산업은 국제 표준과 국제 분업의 조합으로 움직인다. 서구의 기
업과 NIEs/BRICs의 기업이 손을 잡음으로써 선진국은 기본이 되어 신
흥 선진국의 수십억 인구 시장을 제압하고 있다. 일본은 서구와 NIEs/

BRICs와의 사이에서 어느새 '가볍게 보이는 존재'가 된 심각한 사태에 이르게 되었다.

어떤 제품이 더 좋던지 중소기업의 제품 점유율은 높다고 하는 반론이 나올 수 있다. 하지만 우리는 전체 제조업의 위기를 직시해야 한다. 일본 기업의 대부분은 국내 시장을 잃게 될 리스크에만 신경을 쏟고 있다. 확실히 1억 명을 품고 있는 내수 경제는 나름의 시장이 성립될 것이다. 그것으로는 부족하다. 또 선진국 시장을 잃는 것에만 신경을 쓸 수 있다. 그것도 너무 시대착오적인 발상이다. 지금부터는 NIEs/BRICs의 시장을 어떻게 해소해야 할지를 생각해야 한다. 디지털 기술에 따라 계속 제품화할 때 경제 규모는 이미 결정되기 때문이다. 규모에 따라 비용이 내려가고, 절대 수익을 얻을 수 있다. 그 방법이 국내와 선진국을 시장을 사로잡는 필수 요건이다. 신흥 시장을 어떻게 볼 것인가에 대해서는 8장에서 다루기로 하자.

〈팔미사노 리포트〉는 제언인가? 선언인가?

좀 더 극단적으로 이야기해보자. 〈영 리포트〉에서는 일본으로부터 패권을 찾겠다고 선전포고했다. 〈팔미사노 리포트〉도 마찬가지일까? 그것은 패권을 찾겠다는 제언이 아닌 실천 유도 내용이며 승리의 선언이다. 그들은 1990년부터 2000년에 걸쳐서 기존과 다른 프로 이노베이션의 구체화된 모델을 생각했다. 그것이 성공했다는 자신감으로 신모델의 실천 확대를 제안하고 있다.

인재 활용에 대해서도 말해보자. 미국은 중국과 인도의 유학생을 참가시킴으로써 멋지게 성공했다. 그에 대한 승리의 선언이라고 할 수 있다. 시행 제안이 아니라 그것을 전개시킨다는 넓은 범위로써의 실천을 유도 한다. 그러면 세계 각지에서 더 우수한 사람들을 끌어들일 수 있다. 상당히 그럴 듯한 주장이다. 그 정도는 읽어두는 편이 좋을 것이다.

〈팔미사노 리포트〉의 세계관에는 어떤 뜻이 담겨 있을까? 팔미사노 회장의 프레젠테이션 자료의 마지막에 쓴 말을 떠올려보자.

'게임 룰을 바꾼 사람만이 살아남는다.'

비즈니스 세계에서는 이겼지만 시장 경쟁의 게임 룰을 스스로 이노베이션해야 한다. 그렇다면 당연히 이노베이션 룰이나 그것을 구체화하는 이노베이션 모델을 스스로 바꿔야 한다. 과거의 이노베이션 모델을 포함한 시스템을 알아야 현재의 이노베이션 모델 구조에 대해 확실하게 이해할 수 있다.

성과를 창출하는 이노베이션 모델

인텔 인사이드형과 애플 아웃사이드형이 시사하는 점은 기술이 아무리 강해져도 사업 경쟁력으로 이어지지 않으면 소용없다는 것이다. 최근의 이노베이션 사례를 보면 이노베이션이 과학기술의 발명만으로 가능한 시대가 아니라는 것을 알 수 있다. 이것은 '발명 = 이노베이션'이라는 시대가 종언했다는 걸 의미한다. 이노베이션 모델이 새롭게 변해서 이노베이션 모델의 이노베이션이 일어났다. 하지만 혼자서는 새로운 모델을 따라갈 수 없다. 이 쇼킹한 모델에 대처 방법을 검토하기 전에 이노베이션 모델을 변용해보는 것도 중요하다. 모델의 구조를 확실하게 볼 수 있기 때문이다.

제1기 : 개인 발명가 시대

개인 발명가가 이노베이션을 만들어내는 시대를 말한다. 대발명가인

토머스 에디슨의 시대라고도 할 수 있다. 이노베이션이라는 개념을 처음 제창한 사람은 경제학자 슘페터였다. 그가 처음으로 말했던 기업가들의 위대한 발명인 이노베이션에 관한 이야기는 이 시대의 기본 바탕이 되었다. 또 헨리 포드(포드 자동차 회사 창설자)나 조지 이스트만(코닥 그룹 회장) 같은 기업인들을 시작으로 획기적인 아이디어를 가진 사람들이 세상에 이노베이션을 가져왔다. 경제학자 슘페터가 제창한 이노베이션은 '신(新)결합'의 개념을 축으로 다섯 개의 포인트를 나타낸다.

포인트 1 → 새로운 재화를 생산하라
포인트 2 → 새로운 생산 방법을 도입하라
포인트 3 → 새로운 판매처를 개척하라
포인트 4 → 새로운 도입을 획득하라
포인트 5 → 새로운 조직을 실현하라(독점 형성과 타파)

새로운 재화를 생산하는 것이란 프로덕트 이노베이션이라는 새로운 생산 방법을 도입하는 것으로, 프로 이노베이션을 뜻한다. 새로운 판매처의 개척, 새로운 도입처의 획득, 새로운 조직의 실현은 그들을 받치고 있던 기반의 혁신을 말하는 것이다.

당시 이노베이션을 가져온 것은 위대한 발명이었고, 대기업의 탄생으로 이어졌다. 결국 대발명가 에디슨에 의해 창설된 회사가 '제너럴 일렉트로닉스(GE)'다. GE는 다른 분야의 대기업과 함께 제1차 세계대전부터 제2차 세계대전 이후까지 대기업 주도의 이노베이션 시대를 구축한 주역이다. 조지 이스트먼이 설립한 것은 코닥이다. 결국 에디슨과

이스트먼의 GE와 코닥 같은 대기업이 본격적인 막을 열었다고 할 수 있다.

제2기 : 대기업에 의한 '발명구동형' 이노베이션

'수직통합형 자전주의[1]' 대기업이 단독으로 진행하는 '획기적인 발명구동형' 이노베이션 시대다.

전자제품 회사인 GE를 시작으로 화학제품의 듀폰, 사진의 코닥, 복사기의 제록스, 컴퓨터의 IBM 등이 제2차세계대전을 전후로 대활약했고, 사회에 수많은 가치를 가져다주었다. 결국 대기업에 의한 이노베이션 시대였다. 유럽의 경우에는 필립스, 지멘스, 치바가이기 등의 세계적인 대기업들이 주역이다. 이들 대기업의 공통적인 특징은 '수직통합형 자전주의'다. 연구개발에서 생산, 판매, 그리고 애프터서비스의 과정과 경영 자원을 한 회사에서 정리하고, 그것을 수직적으로 사업에 전개한다.

이러한 과학기술은 막강한 기업들이 중앙연구소에 풍부한 자금을 투자해서 이뤄냈다. 거기에서 나온 획기적인 발명을 바탕으로 기발한 상품을 만들어내면 기술력으로 만든 수직적인 제품은 시장 구석구석까지 보급할 수 있었다. 수직 기능이 작용하는 것을 '선형 모델', 기능 단계를 차례로 진행하는 것을 '워터폴(waterfall, 폭포수) 모델' 혹은 '캐스케이드(cascade, 작은 폭포) 모델'이라 부르기도 한다.

기술력은 총기의 발사력, 제품은 탄환과 같다. 기술력에 따라 탄환은 시장을 석권할 수 있다. 테크놀로지 푸시형이나 기술기점형으로 이노베이션을 만들 수 있다. 따라서 캐치프레이즈는 '대발명 기술력의 승부!'라고 부르며, 기술이 있으면 사업에서도 이길 수 있는 시대이고, 발명＝이노베이션이라는 성립이 가능했다.

제3기 : 대기업이 주도하는 장인정신 이노베이션

복수의 수직통합형 자전주의인 장인정신 이노베이션 시대다. 수직통합형 자전주의는 기업이 이노베이션을 담당하기 때문에 제2기의 변형이다. 따라서 비슷한 기업들이 무리를 지어 서로 치열한 경쟁을 한다.

1970년대와 1980년대 일본의 대기업들은 제2기 모델인 서구의 대기업을 이 모델로 격파시켰다. 히다치, 도시바, 미쓰비시전기, 마쓰시타전기산업, 소니, NEC, 후지쓰, 토요타, 마쓰다, 혼다기술공업, 미쓰비시자동차 등 기업이 국내 예선을 거쳐서 실력을 쌓았다. 이들 일본 기업들도 수직통합형이지만 경쟁은 무척 치열했다. 이는 기업들의 노력을 이끌어냈고, 결과는 무서울 정도의 상품력으로 나타났다.

프로세스 이노베이션과 개선이 맞물려 이뤄낸 승리

일본은 프로덕트 이노베이션은 물론이거니와, 핵심적으로는 오히려 프로세스 이노베이션에 더 철저했다는 점을 주의해서 봐야 한다. 프로덕트에 대한 제품 개선을 진행하면서 프로세스로 철저하게 개혁했다. 결국 일본은 생산에서 이노베이션과 개선이라는 두 바퀴를 동시에 이뤄낸 것이다.

- 프로세스 이노베이션(생산 수단의 혁신적인 개혁)
- 프로세스 개선(소집단 활동으로 참신하게 개선)

128

능력 있는 기술자가 획기적인 생산 공정을 만들어내고, 뛰어난 현장 기능공이 생산 공정을 소집단 활동으로 연마한다. 이 두 바퀴로 일본의 제조업과 '모노즈쿠리'의 힘은 세계 최고가 되었다. 물건을 잘 만드는 일본 기업이 활약한 시대다. 나 또한 과거에 세계적인 화학 제조사 공장에서 근무한 적이 있었는데 거기에서 이 두 바퀴를 돌리는 것이 일본 생산 공정의 저력이라는 것을 실감했다.

TV, 자동차, 유리, 필름, 정밀기기 같은 분야에서 기존 모델을 효율적으로 생산했다. 히다치, 도시바, 미쓰비시 동종합전기회사들이 싸움만 한 것은 아니다. 마쓰시타 vs 소니, NEC vs 후지쯔 vs 오키전기공업 vs 히다치의 NTT패밀리처럼 일본 기업은 경쟁하면서 실력을 쌓았다. 토요타, 닛산, 마쓰다, 혼다, 미쓰비시, 스즈키 같은 자동차 업계도 발전했다.

니콘, 캐논, 미놀타, 펜탁스 등의 카메라, 후지필름과 고시니로쿠(현 코니카 미놀타)의 사진 필름, 후지필름, TDK, 소니, 히다치 막셀 등의 자기 재료 분야에서도 성과가 있었다. 물론 잊지 말아야 할 것은 일본 마쓰시타 VHS 연합군 vs 베타맥스 진영의 노력이다. 각 제품군마다 각자의 진영에서 최선을 다했고, 이와 유사한 사례는 무수히 많다.

국내 라이벌 기업과 경쟁하면서 제품에 압도적인 경쟁력이 붙어서 해외의 적이 없어졌다. 즉 국내 예선에서 이기면 올림픽에서 금메달을 따는 시대가 되었다. 그러면 압도적인 상품력을 가진 제품군이 세계로 쏟아져 나가기 때문에 80년대의 일본 수출 공세는 서구에게 집중 호우처럼 비춰졌을 것이다.

서구와 무역 마찰이 생긴 결과가 엔고로 이어졌다. 그들로서는 당연했다. 이는 세계의 공장, 무역 입국의 세력을 변질시켰다. 먼저 엔고와 인건비의 급등을 배경으로 일본 기업은 80년대부터 값싼 노동력을 찾아 동아시아 중심으로 해외 생산 기지를 만들었다. 또 서구의 고용 확보를 중심으로 한 무역 마찰의 완충법으로 현지 생산을 진행했다.

이것은 아이러니하게도 당시의 이노베이션 모델을 바꾸는 계기가 되었다. '생산 공정의 표준화'와 그것에 기초한 '제조 장치 개발과 보급', 그리고 해외로 '모노즈쿠리 노하우'가 유출되었다. 이런 것들이 차례로 상황을 이끌었지만 당시에는 소수만이 그 사실을 알고 있었다.

생산 공정의 표준화와 제조 장치의 개발 보급

생산 공정의 표준화는 서구 선진국은 물론 신흥국과 동아시아 개발 도상국에서도 생산을 가능하게 만들었다. 이런 일을 가능하게 하려면 '숙련 기능이 필요 없는 자동화 제조 장치' 개발이 필요하다. 바로 이노베이션 모델을 바꾼 첫 번째 기점이다.

이른바 '풀턴키 솔루션(FTKS, full turn-key solution)'이다. 키를 돌리기만 하면 비숙련공이라도 고도의 기술을 요하는 제품 생산이 가능하다. 기존에는 일본의 국내 공장 내부에서 진행하고 있었던 '풀턴키 솔루션 지향의 개선'이 순식간에 해외로 진출했다.

일본의 자랑인 '모노즈쿠리'의 포인트는 장인 기술과 품질관리다. 품질관리란 고품질을 안정적으로 만들어내는 것이다. 지금까지 미국에서의 품질관리는 불량품의 배제였다. 그러나 일본에서는 각 공정마다 품질관리를 하는 것을 뜻한다. 미국식 품질관리는 할수록 비용이 오른다. 품질과 비용이 상관관계가 되기 때문에 품질관리가 비용이라는 이율배

반적인 공식이 성립한다.

그러나 일본의 품질관리는 공정 내의 품질을 안정시키는 방향으로 진행하기 때문에 품질관리를 할수록 수율^{2}이 오르고 불량품이 줄기 때문에 전체적으로 비용이 줄어든다. 품질과 비용은 음의 관계가 되어 품질이 안정될수록 비용도 절감된다. 미국산 품질관리 활동과 결과는 명백하게 다르다.

품질관리와 비용의 동시 달성

일본식의 품질관리는 공정 안에서 보증하고 이어서 공정 보증을 한다. '일정 조건과 일정 생산'의 하위 개념을 만들어내고 그것을 철저하게 실행한다. 따라서 숙련공의 경험과 감각에 기초한 조정을 반복할 필요 없이 일정 조건으로 생산할 수 있다. 이는 생산물에 손을 대고 조정해서 품질을 높인다는 세계와의 결별을 의미한다.

나도 한때 제조 공장에서 일을 했었다. 사무직이었기 때문에 품질관리의 사무국장에 임명을 받아 이러한 마인드로 보급에 힘을 쏟았었다. 어쨌든 당시 NIEs의 비숙련공이라도 바로 생산이 가능한 풀턴키 솔루션의 전 단계를 만들었다. 사전에 준비를 한 것이다. 일본 기업은 현지 법인에만 머물지 않고 급속하게 생산 기술력을 높였다.

1980년대부터 90년대에는 디지털 기술이 발전했다. 디지털 기술로 인해 표준 기술이 개발 활동과 생산 활동 영역까지 확장됐다. 디지털 기술이 발달하면 기존 아날로그 정보를 기본으로 조정하고 있던 부품끼리 스리아와세 기준이 가시화되어 컨트롤하기 쉬워진다. 결과적으로 부품을 조합할 때 서로 인터페이스 범위 안에 설정하면 좋을지를 따져서 규격화하고, 스리아와세를 자동으로 실행하기 위한 방법을 프로토콜로 확립한다. 디지털 기술은 기획 범위 안에서 일하도록 자동 제어할 수 있다. 스리아와세 표준이 의미를 갖기 시작한 것이다. 여기까지 오면 스리아와세는 당연히 변신할 수밖에 없다. 그러므로 인테그랄형은 모듈형으로 이행한다.

모노즈쿠리 노하우 해외 유출

이노베이션 모델이 발전할 수 있었던 두 번째 계기는 모노즈쿠리 노하우의 해외 유출이다. 앞에서 풀턴키 솔루션을 지향해서 발달한 기술은 정비된 노하우의 집합체로서 특히 동아시아로 진출했다. 노하우의 집합에는 두 가지 측면이 있다. 제조 설비에 집약된 노하우와 그것을 다루는 노하우다.

첫 번째 유출은 먼저 앞서 이야기한 풀턴키 솔루션의 전자동 제조설비다. 처음에는 일본에서 해외로 진출한 기업에서만 사용했는데 점차 현지 하청 공장에서 사용하다가 현지에서 실력을 갖춘 기업으로 유출되었다. 또 일본의 제조사는 현지 기업을 직접 고객으로 삼기도 했다.

두 번째는 인재들의 유출이다. 일본의 기술자들은 매주 주말에 한국이나 대만으로 여행을 다녔다. 알고 봤더니 고액의 아르바이트로 기술 지도를 나가는 것이었다. 모기업이 발각했을 때는 이미 늦었다. 현재는 대부분의 기업들이 기술자의 여권을 맡아두고 있다는 소문도 있다. 그러나 최근에는 퇴직 기술자들이 중국에 기술 지도자로 초빙되는 예가 셀 수 없을 정도로 빈번하다.

비유하자면 일본의 특기였던 유도나 배구가 세계에서 메이저 스포츠로 보급되었을 때, 일본의 많은 지도자들이 해외로 영입된 것과 마찬가지다. 결과적으로 세계의 배구 수준은 순식간에 높아졌고 일본은 유도에서도 배구에서도 설 자리가 점점 좁아졌다. 어쨌든 제3기의 장인정신 이노베이션 모델은 점차 제4기로 사전 준비를 하고 있다. 이것은 제1기가 제2기를, 제2기가 제3기를 준비하고 있었던 것과 마찬가지다. 역사의 흐름에 규칙성이 있음에 새삼 놀라게 된다.

제4기 : 비즈니스 모델과 지적재산권 매니지먼트 전개에 따른 국제 사선형분업 이노베이션

제4기는 현재 모델이다. 거품 붕괴 시기인 1990년대부터 시작되어 현재에 이르고 있다. 도입기를 마치고 성장기의 거품 속에 있는 모델이랄까? 그것은 무엇을 의미하는가? 일본이 이 모델을 뛰어넘지 않으면 성숙기에 맞출 수가 없다는 뜻이다. 영원히 손을 쓸 수 없게 된다. 이 시기를 나는 '비즈니스 모델과 지적매니지먼트 전개에 의한 국제 사선형분업 이노베이션'이라 부른다. 가장 큰 차이점은 기존의 미국, 유럽, 일본에만 있었던 이노베이션 전선에 신흥국이 뛰어들었다는 점이다.

더불어 이 모델을 '수평형분업'이라 부르는 사람도 많지만 나는 좀 다르다. 수평분업을 비슷한 기업들 사이의 협력이라고 생각하거나, 국제 수평형분업이라 부르면 선진국과 신흥국의 기업이 평등하게 분업하고 있는 것처럼 보인다. 수평분업은 오해를 불러올 수 있다. 주도권을 잡고 있는 쪽은 서구 기업이기 때문이다. 오히려 수직분리와 프로세스 사선형분업이라 표현하는 쪽이 나을 것이다. 사선형[3]이란 기술력과 인건비의 격차를 의미한다.

이 이노베이션은 예를 들어 반도체, 컴퓨터, DVD, TV 액정 등 전자 산업의 전형적인 모델들이다. 이들 제품은 일본 기업이 모두 독점하고 있었지만 시장 확대를 계기로 점유율이 급속히 떨어지고 있다. 현재는 차마 볼 수 없을 만큼 초라하다. 이 모델을 사용하는 서구 기업과 NIEs/BRICs 기업의 연합군이 모델을 수용하지 않는 일본을 모조리 무찔렀다. 정말 참담한 형국이다. 여기서 다시 전형적인 일본의 패배 패턴을 간단히 정리한다.

1단계 : 발한 발명을 기초로 기발한 제품을 만들어서 시장에 보급한다.
2단계 : 제품 라이프 사이클의 도입기에는 압도적인 경쟁력을 보이면서
100퍼센트 가까운 점유율을 자랑한다.
3단계 : 가까운 미래에 NIEs/BRICs 신흥국들에게 추월당해서 시장이 확대
될수록 점유율이 추락한다.

당초 점유율이 100퍼센트이거나 특허 건수가 많아도 '국제표준화에 의한 오픈소스 정책'을 실시하는 순간 점유율이 급격히 감소하는 상황이 된다. 이것이 일본의 패배 패턴이다. 비즈니스가 수직분리되는 동시에 국제 사선형분업이 가속화되어서 세계를 향한 상품 보급을 폭발적으로 시작한다. 반도체도 액정도 DVD도 모두 같은 구조다.

일본의 전자 산업은 또다시 커다란 소용돌이 속으로 빨려 들어간다. 제품 발명에 거는 기대는 좋지만 그 제품을 본격적으로 시장에 보급하거나 시장 확대가 되면 일본 기업은 점유율이 급격하게 감소된다. 결국 일본 제품은 시장 확대에 반비례해서 점유율이 떨어지는 패턴이다.

이노베이션 공동 대응 시대

반도체의 사례를 다시 한 번 돌아보자. 컴퓨터 완성품은 CPU라는 핵심 부품을 넣은 인텔의 독무대가 되었다. 인텔은 스스로 잘해온 것이 아니다. 외부 인력을 약삭빠르게 이용하여 이노베이션 공동 대응으로 끌어냈던 것이다.

인텔의 시장 지배 핵심은 PCI 버스다. CPU와 다른 부품을 연결하는 PCI 부품 기술을 넣어서 내부는 블랙박스로 차단하고, 외부는 인텔 인터페이스 프로토콜을 표준화해서 오픈했다. 다른 외부 설계는 인텔칩으로 연결해서 맞춰야 한다.

결국 기간부의 기술을 장악하고 외부와 접합면을 규격화하면 상호 접속성 정보 처리 상호 운용이 확보되어 그룹을 빠르게 형성한다. 내부에서 외부로 연결된 다른 부품은 완성품 전체를 종속한다. 내부의 기술 개발은 언제나 일정한 표준 프로토콜을 통해서 외부와 연결되고, 외부는 내부의 기술 발전에 따라가는 것만도 벅차다.

이러한 기술 오픈 뒤에 인텔은 다음 조치를 강구했다. 대만의 제조사에 인텔 CPU를 탑재한 메인보드 제조 노하우를 건넨 것이다. 그러면 제조사들은 보다 저렴한 메인보드를 제공한다. 그것을 계기로 저렴한 부품을 조합하면 컴퓨터 완성품을 간단하게 만들 수 있다.

이번에는 조립회사가 우후죽순처럼 등장했다. 컴퓨터 마니아들은 아키하바라에서 혼자 컴퓨터를 만들었고, 저렴한 가격에 부품을 구입할 수 있게 되었다. 이는 OS인 마이크로소프트의 윈도우즈를 탑재하면 완성된다. 또한 어플리케이션으로 '마이크로소프트 오피스'를 탑재하면 세계의 디팩토 표준(De Facto Standard) 컴퓨터가 완성된다.

컴퓨터는 순식간에 프리미엄 제품에서 공산품으로 이행했다. 당초 마니아가 몰렸던 컴퓨터는 저렴한 가격으로 선진국에 보급되었다. 사무용, 교육용, 가정용으로 세분화 되었고, 시장이 급속히 확대됐다. 게다가 NIEs/BRICs를 시작하는 신흥국들에게도 초저가로 보급되어 컴퓨터를 선진국 시장에 이어 세계 시장으로 확장 보급했다. 이노베이션은 '시장의 보급과 정착'이라는 보급 프로세스를 거쳐서 세계적으로 새로운 가치를 가져왔다.

그러나 동시에 생각해야 할 것이 있다. 시장 확대의 결과로 얻는 수익은 모두 인텔로 되돌아간다는 점이다. 잊지 말아야 한다. 기존 모델처럼 부품에서 완성품까지 수직통합하는 기업이 승리하는 것이 아니라, 그 과정을 분업한 이노베이션 공동 대응 집단이 수익을 나누고, 그중에서도 이노베이션 주도권을 가진 기업이 가장 많은 수익을 얻는 구조라는 점이다. 이러한 '국제 이노베이션 공동 대응'이 제4기의 본질이다.

수직통합형 모델의 종언

무엇보다 중요한 것은 일본 대기업의 특징이었던 '수직통합형, 자전주의 기업들의 장인정신' 모델은 이제 통용되지 않는다는 사실이다. 결국 수직 붕괴라는 이야기다. 그럼에도 불구하고 일본은 지금도 기존 이노베이션 모델로 경쟁하려고 한다. 구태의연한 모델로 전쟁에 뛰어들고 있는지도 모른다.

서구 기업이 새로운 이노베이션 모델로 시장을 공격하는데도 그것을 이해하지 못한다. 제2차세계대전에서 제공권이 전략의 핵심이 되었을 때, 의연하게 거포거함전주의로 도전하고 싸웠던 일본 해군과 똑같은 모습이다.

　일본의 기업이 고전을 면치 못하는 것은 당연하다. 이노베이션 모델 자체가 변하면 경쟁력의 본질이 변한다는 사실을 인식해야 한다. '이노베이션 모델의 이노베이션'이 왜 선진국 중에서도 일본에만 보급되지 않았나? 최근 정부의 이노베이션 정책과 기업에서의 논의가 기존 이노베이션 모델을 암묵적으로 전제하고 있다는 사실에 놀랐다. 너무나 개탄스러운 일이다. 그래서 내가 이 책을 썼다. 그렇다면 해결 방법은 무엇일까? 그 전에 새로운 이노베이션 모델에 관한 '기술 공개와 표준화'에 대해서 이해해야 한다. 그것을 다음 장에서 소개한다.

chapter 5

기술 공개가
전체 시장을 키운다

이노베이션의 딜레마

반복하지만 전형적인 일본의 패배 패턴을 보면 다음과 같다.

제품의 이노베이션 시기가 적절해도 제품이 시장에서 보급될 무렵에는 이미 경쟁력을 잃어버린다. 결국 일본 제품은 시장 확대에 반비례해서 점유율이 감소하는 것이다. 일본 기업이 실패할 수밖에 없는 이유다. 이 장에서는 그 원인 중 하나인 '기술 오픈과 시장 확대와의 관계'를 살펴볼 것이다.

제품 특성에 따른
비즈니스 모델의 변화

스리아와세의 인테그랄형과 조합의 모듈형

제조품은 만드는 방법에 따라서 '스리아와세형'과 '조합형'으로 나눌 수 있다. 이러한 특징을 제품의 아키텍처라고 부르는데 비즈니스 모델이 각각 다르다. 이 분야는 도쿄대학교 경제학부 후지모토 다카히로 교수의 연구[1]를 기점으로 경영학에서 촉망받고 있다.

일본의 제조업에서 가장 뛰어난 분야는 스리아와세형 제품으로 대표적인 예가 자동차다. 예를 들어 자동차 엔진 성능을 향상시키면 가속이 전과는 달라진다. 그러면 서스펜션부터 브레이크, 미션, 타이어까지 수많은 제품을 모두 엔진의 성능 향상에 맞춰서 설계 단계에서 제조 공정 마지막 단계까지 조정해야 한다.

여러 기능을 담당하는 다양한 부품의 상관성이 너무 크기 때문에 서로 조정해야 한다. 결국 자동차는 스리아와세를 통해서 설계 제조하는 제품이다. 이런 제품의 생산을 세밀하게 하는 것이 바로 일본 제조업의 진수이다. 제품이 아날로그를 기본으로 하는 것은 당연한 일이다. 내가 사진 산업에 종사했을 때 다뤘던 필름과 자기 테이프도 아날로그 기술을 기본으로 여러 기능을 다양한 부품으로 담당했기 때문에 제조는 개개의 공정을 세밀하게 조율하면서 완제품을 만들어냈다. 이것을 나는 '상호 조정으로 관계를 만든 공정의 집합체'라 부르고 있다.

한편, 조합형의 대표적인 예는 컴퓨터다. 컴퓨터는 CPU 성능이 향상됐다고 해서 CPU와 하드디스크를 조정할 필요가 없다. 차이가 많은 레벨이라면 곤란하지만 일반적으로 보급된 부품을 조합하면 나름대로 컴퓨터를 만드는 것이 가능하다. 기능을 제품에 대응했기 때문이다. 좋아하는 외장을 마음대로 사용해도 전혀 지장이 없다. 아키하바라 재개발 프로젝트에 참여했을 때, 컴퓨터 부품 시장을 보면 그런 느낌이 강했다. 기본은 CPU와 OS다. 인텔의 CPU와 마이크로소프트의 OS만 준비되면 나머지는 취향대로 선택할 수 있다. 그렇게 윈텔의 세계가 되었다.

클로즈와 오픈

'인테그랄과 모듈' 양자에게 중요한 것은 '클로즈와 오픈' '독자 기술과 표준'이다. 조합 패턴은 '독자 기술 비공개(블랙박스)'와 '기술 표준화를 통한 공개'다. 일본은 섬나라이기 때문에 독자 표준이나 규격이 허용된다. 일본의 수출품은 국제 표준에 근거하여 타국에 진출하고, 내수 용품은 국내 표준에 따르면서 자국의 진입 장벽을 구축한다.

이는 선진국, 특히 미국에서 문제가 되었다. 미국은 북미에서, 유럽 국가들은 EU 내에서 공통 표준을 책정한다. 중진국이 국제 표준에 따라 제품을 글로벌 시장에 내놓고 있다. 일본이 독자 표준 규격만으로 조절할 수 있는 상황이 아니다. 선진국들을 뒤쫓는 나라들은 처음부터 글로벌 시장 참여를 목표로 하기 때문에 규모부터 다르다.

지금까지 일본은 1억 3000만 명의 내수 시장이 순조롭게 돌아갔기 때문에 독자 표준을 고수해도 살아남을 수 있었다. 하지만 앞으로는 힘들 것 같다. 글로벌 시장 규모에 대응할 수 있는 상품을 개발하지 못하면 사업 자체가 성립할 수 없기 때문이다. 뿐만 아니라, 표준화가 이노베이션을 촉진하기 위해서 필요하다는 것도 알게 되었다. 어떤 기술과 그것에 기초한 신제품으로 이노베이션을 진행할 경우 다음 네 가지 단계가 필요하다.

1단계 : 기술의 표준화를 진행한다.
2단계 : 표준을 공개해서 플랫폼을 만든다.
3단계 : 각 회사가 독자적인 기술로써 경쟁하고 차별화한다.
4단계 : 같은 방향의 시장 활성화와 이노베이션을 끌어낸다.

독자 기술과 표준 기술이 나선형 관계를 형성해서 이노베이션을 가속화해야 한다는 게 내가 제안하는 취지다. 특히 정보통신 기술처럼 한 제품 다수 특허에 서로 접속해야 하는 분야에서는 이 전략이 유용하다.

소프트웨어는 대부분의 시장에서 사용하는 디팩토 표준의 OS가 있다. 그것을 전제로 새로운 소프트웨어 개발이 일방적으로 향하게 만드는데 그렇게 되면 이노베이션이 가속화된다. 전략적으로 가장 중요한 것은 국제 표준을 영리하게 형성한 비즈니스 시나리오로 이노베이션을 선도하면 시장을 확대함과 동시에 수익도 확보할 수 있다.

자사가 개발한 기술을 주체로 한 표준화를 도모하고 그것에 따라 이노베이션을 선도하면 경쟁 우위에 오를 수 있다. 최근에는 자사 기술 특허를 배타적으로 사용하지 않는다. 오히려 기술을 공개하고 타사가 적극적으로 이용할 수 있게 해서 표준화를 선도하는 '오픈화'를 검토한다. 이 경우 자사의 특허를 무료로 라이선스하기도 하지만, 사용료를 받기도 한다.

이 개념을 제창한 것이 세계 기술을 견인하면서 미국 특허 세계에서 1위를 달리고 있는 IBM이다. 4장에 소개했던 〈팔미사노 리포트〉는 IBM의 팔미사노 회장이 좌장으로서 쓴 미국 경쟁력 전략에 관한 제언서이다. 세계의 거인이라 불리는 IBM은 독자적으로 기술을 개발해서 특허로 보유하고 있고, 타사의 추월을 허락하지 않는다. 지금은 네트워크 시대를 맞이해서 사용자가 이노베이션을 만들어내는 기반인 플랫폼 형성을 자사 기술을 축으로 한 오픈 이노베이션으로 추진하는 방침으로 바뀌었다.

▶ 표준화를 위한 기초 지식

사업에서 '표준'의 문제는 갈수록 중요해지고 있다. 내가 말하는 '표준'이란 제품과 사용법이 측정하는 사양, 즉 규격을 말한다. 표준은 영어로 스탠더드라고 부르지만, 스탠더드를 번역하면 표준 또는 규격이다. 그러므로 이 두 가지 의미를 구분해서 사용하지 않는다.

어떤 종류의 기술 스펙을 사용자가 알 수 있도록 정리한 것을 '규격'이라고 부르고, 그것이 사회적으로 인정을 받았을 때 '표준'이라 부르는 사람도 있다. 반대로 사회적으로 인정받았을 때만 규격이라 부르는 사람도 있다. 이 책에서는 표준화와 규격을 같은 의미로 사용하려고 한다.

표준화에는 몇 가지 종류가 있다.

첫째는 안전 표준이다. 제품 사용자가 위험하지 않도록 규격을 설정하는 것이다. 식품 첨가물이 인체에 해를 끼치지 않게 하거나 전자제품이 위험에 노출되지 않도록 규제한다. 이런 규제를 '안전 표준'이라 부른다.

둘째는 기술 표준이다. 이것은 주로 상호 접속성을 위한 규격을 지칭한다. 부품끼리 서로 접속하기 위해 공통의 사양을 결정한다. A사의 컴퓨터를 B사의 프린터에 연결하지 못하면 난감할 것이다. 그런 불편을 사전에 해소하기 위해 접속 가능한 기술 규격을 결정하는 것을 '표준화'라고 부른다. 특히 정보통신 관계 기술은 반드시 채택해야 한다. 아무리 뛰어난 기술이라도 다른 제품과 연결할 수 없다면 해당 제품을 사용할 수 없게 된다. 이노베이션과 관련된 것은 모두 기술 표준이다.

기술 표준에는 다음과 같은 세 가지 종류가 있다.

① 공식 표준

정부가 정한 '안전 표준'이 여기에 속한다. ISO(국제표준화기구)와 JIS(일본 공업규격)의 규격이 있다.

② 사실 표준(디팩토 표준)

다양한 기술 사양이 시장에서 경쟁하다가 점차 도태되어 시장의 대다수가 선택한 규격이다. 따라서 '사실 표준'이라 부른다. 개발된 제품의 대다수는 이 표준에 따른다.

비디오가 보급될 당시 VHS와 베타맥스 방식의 기술이 경쟁을 했다. 한때 두 회사가 공존했지만 점차 VHS 방식의 제품을 사용하는 소비자가 늘어나서 사실상 표준이 되었다. 최종적으로 베타 방식은 시장에서 축출되었다. 반대로 디팩토 표준이 결정되면 다른 규격은 시장에서 축출된다. 컴퓨터의 OS도 이전에는 몇 개의 사양이 있었지만, 현재는 마이크로소프트의 윈도우즈가 시장 대다수를 점유하고 있다. 디팩토 표준은 해당 제품뿐 아니라, 부속과 소프트웨어까지 영향을 미치기 때문에 일단 디팩토 표준이 되면 순식간에 시장을 제어한다.

주의해야 할 것은 디팩토 표준이 시장에서 성립되었다고 해도 다른 기술 사양으로 측정하거나 새롭게 만들 수 있다. 다수가 윈도우즈를 사용해도 나처럼 매킨토시를 사용하는 사람도 있고, 리눅스 사양으로 컴퓨터를 조립해서 사용하는 사람도 있다. 이런 관계가 진행되면 컴퓨터 시스템 골격인 아키텍처 위에 다수의 OS가 움직이거나 어떤 OS가 다른 OS용 어플리케이션 소프트웨어를 움직이는 미들웨어(middleware)를 만드는 다양한 전개를 시도할 수 있다.

③ 포럼 표준

관계 기업이나 조직을 모아서 기술에 관한 사양을 기준으로 정하는 것이다. 단체 표준이라고도 한다. 예를 들어 현재 인터넷에서 사용하고 있는 http라는 프로토콜은 WWWC라는 국제단체가 정한 것이다. 이처럼 국제 표준은 국제단체위원회에서 결정하는 것이지만 실제로 기업의 이해와 직결되고 참가국들의 국익과 연결되기 때문에 정치적인 양상을 띠고 있다. 만일 미국 기업의 특허 기술이 표준에 채용되었다면 일본 기업은 그 특허에 대한 라이선스를 지불하고 기술 범위 내에서만 개발해야 하는 리스크가 있다.

현재 EU는 시장으로 통일된 EU만의 유럽 표준 책정이 시급하다. 국제 표준 레벨이 되면 EU 27개국이 각각 한 표썩을 갖고 있기 때문에 EU 표준 자체가 국제 표준화로 채택될 가능성이 크다.

만일 거대한 잠재 시장을 가진 중국이 표준을 선도하면 어떻게 될까? 중국의 표준에 맞지 않는 것은 국내 시장에서 판매할 수 없다는 규제를 만들면 다른 나라가 다른 사양으로 아무리 좋은 제품을 만들어도 중국 시장에 진출하지 못한다. 지금까지는 그렇지 않았지만 중국은 최근 국내 시장에서 표준을 획득한 경우 제품 기술을 모두 중국 정부에 공개해야 한다는 말도 안 되는 규제를 준비하기 위해 일본, 미국, 및 기타 유럽 국가들과 교섭 중이다.

표준은 일단 정해지면 연구개발에서 지적재산 매니지먼트, 사업 전략까지 지대한 영향력을 행사한다. 일본도 국제 표준화를 선도할 필요가 있다. 그러나 기술 대국으로서 국제 기술을 리드한 일은 거의 드물다. JPEG라는 화상파일 기술 사양은 일본이 선도해서 결정한 극소수 국제 표준의 한 예다. 그러나 국제 표준이 결정되었다고 해도 그것이 유일한 표준이 되지는 않는다. 별개의 문제이다. 휴대전화는 현재 복수 표준이 존재하고, 일본과 중국은 다른 사양으로 보급하고 있다. 휴대전화 표준이 되었다고 해도 네트워크나 기지국 쪽의 표준을 취득하지 못하면 시장 우위에 설 수 없다. 일본은 국제 표준화 전략이 필요하고 그것을 실천할 수 있는 인재 육성이 반드시 필요하다.

▶ **중국이 주도하는 국제표준화 혁명**

2008년 2월, HD-DVD 진영의 주축이었던 도시바가 사업을 철수하면서 오랫동안 지속되었던 신세대 DVD 국제 표준 경쟁은 소니를 주축으로 한 블루레이 디스크의 승리로 끝이 났다. 1년 반 뒤 퇴출당했던 HD-DVD의 기술이 일본에서 중국으로 건너갔다는 뉴스를 듣고 나는 깜짝 놀랐다. 13억의 인구를 자랑하는 중국 시장에 선진국에서 퇴출당한 HD-DVD가 중국의 표준이 되면 선진국 표준인 블루레이 디스크보다 더 많은 사람들에게 보급될 수도 있기 때문이다.

이것은 무엇을 의미하는 걸까? 〈니케이 비즈니스〉의 기사처럼 '13억 명의 갈라파고스'가 될까? 반드시 거기에만 머무르진 않을 것이다. 오히려 선진국의 '역(逆) 갈라파고스화'가 일어날 가능성이 있다. 중국이 선진국에서 퇴출당한 기술을 저렴한 가격으로 입수해서 표준화하고 저렴한 가격으로 제품을 보급한다면 잠재 구매 가능 인구 13억의 시장이 성립한다. 중국에서 저렴한 가격의 보급품을 신흥국인 NIEs/BRICs, 또는 아프리카 개발도상국에 판매한다면 규모의 경제 이점 때문에 레코더와 콘텐츠 소프트웨어도 저렴하게 판매할 수 있으니 보급을 가속화할 것이다.

뿐만 아니다. 가격이 싸면 선진국으로 역수입할 수 있다. 선진국의 표준이 아무리 블루레이라 해도 어떻게 될지 알 수 없다. 세계 표준과 국제 표준이라는 뿌리가 붕괴될 수도 있다. 기존의 국제 표준은 선진국 표준에 지나지 않았다는 것을 금세 느낄 수 있다.

지금까지 일본의 국제 표준화 전략은 30표 정도를 가진 유럽 국가와 미국이 어떻게 싸우느냐에 초점을 맞추었다. 지금부터 국제 표준은 '선진국의 국력·기술력·국가 수' 기준뿐만 아니라 '신흥국의 인구와 잠재적 구매력'에 의존해서 결정하는 모델로 이행될 것이다. 중국 13억 인구와 인도 12억 인구 등이 같은 편이 되면 어떻게 될 것인가? 압도적인 표준이 나올 것이다.

이런 징조는 이미 리먼 쇼크 이후 불황의 경제 정책 대응에서도 나타났다. 기존의 선진국 G8에서 결정했던 세계 경제는 신흥국의 약진으로 이제는 G20이 아니면 대응할 수 없다. 경제력이 시장의 잠재 구매력을 나타내는 것이 된 이상 앞으로 국제 표준화의 모델이 밑바닥부터 변화될 가능성이 제기되고 있다. 이러한 가능성을 예측했기 때문에 도시바는 기술을 이전한 것일까? 표준을 포함한 지적재산 매니지먼트는 새로운 지금 단계를 맞이하고 있다.

살을 내어주고 **뼈**를 취하다
표준 기술 공개로 얻을 수 있는 이득

기술 공개의 포인트는 '기술을 공개하면 시장이 커진다'는 것이다. 반대로 뒤집으면 어떻게 될까? '기술을 공개하지 않으면 시장 점유를 할 수 없다'는 정도가 될까? 그것만이 아니다. 기술을 공개하지 않으면 시장 자체가 형성되지 않아서 상품의 카테고리가 소멸하는 리스크도 있다. 동일 제품의 점유율 경쟁과는 차원이 다르게 상품 카테고리의 생존이 달린 사업 이야기다. 지금부터는 성공 사례와 실패 사례를 살펴보자.

즉석 라면의 보급과 공개 전략

즉석 라면은 닛신식품의 창업자인 안도 모후쿠씨가 1958년 발명한 유열건조법의 치킨 라면으로 시작되었다. 당연하게도 즉석 라면을 흉내 내려는 회사가 속출했다. 종류가 다른 즉석 라면이 우후죽순처럼 나왔던 것이다. 조악한 제품은 별로 없었다. 해적판의 공포 중 하나는 '아류 조악품'이 나온다는 오해다. 신규 식품 아이템인데 그저 그렇다면 아무리 좋은 상품을 생산해도 아류로만 취급 받을 수밖에 없다.

닛신식품은 당초 갖고 있던 특허를 진입장벽으로 쳐서 즉석 라면의 기술을 지키려고 했으나 바로 작전을 바꿨다. 당시 신기한 제품이었던 즉석 라면 자체를 한때만 유행하고 말 상품으로 여기는 경향도 있었고, 아직 일본의 생활 속에 뿌리내릴 수 있을지도 불투명했다. 게다가 소송을 일으켜서 계류 중인 동안에도 계속 조악한 상품들이 시장에 돌아다닌다면 그것이야말로 즉석 라면이라는 상품 자체가 살아남을 수 없다는 리스크가 있었다.

닛신식품은 특허 기술을 제공하고 다른 회사에서도 자유롭게 사용할 수 있도록 했다. 특허 소송을 하는 비용과 수고를 생각하고, 타사가 그 기술을 사용해서 제대로 된 제품을 만들고 조악품을 퇴출시키는 것을 생각하면 공개해야 훨씬 더 이익이 컸다. 결과적으로 시장을 키우면서 서민 생활 속에 뿌리내렸다. 현명한 판단이었다.

많은 업자들이 기술을 흉내 내서 제품을 개발했다. 덕분에 즉석 라면 시장 자체가 폭발적으로 확대됐고, 즉석 라면이라는 상품 카테고리가 순식간에 성립했다. 불과 5년이 지난 후 1963년에 닛신식품은 상장을 했다.

과연 이 사례에서 배울 점은 무엇인가? 엄청난 발명이었으니 발명자가 단독 보급하려 했다면 어찌 되었을까? 혼자서 시장 성장을 이끌 수 있었을까? 발명을 이노베이션으로 연결하기 위해서는 보급 과정이 필요하다. 꼭 필요한 작업은 조악품의 축출이다.

시장을 점차 확대할 수 있다면 그것보다 좋은 것은 없다. 이 상품의 카테고리 자체가 보급되기 전에 사라지는 리스크도 있을 것이다. 이를 마케팅에서는 캐즘에 떨어진다고 한다. 본격적으로 보급이라는 산을 오르기 전에 갈라진 틈으로 떨어지는 것을 의미한다. 그런 상품의 예는 부지기수다.

1971년 발매된 닛신식품의 컵라면은 면을 넣는 용기 자체를 세트로 만들었다. 이것은 인텔이 칩을 넣은 메인보드와 같은 개념이다. 보급을 위한 중간 시스템이다.

고급 자전거 시마노의 인사이드 모델

국제적인 자전거 부품 제조사인 시마노는 일본에서 손꼽는 오픈 전략의 성공 사례다. 시마노는 1990년대 자전거 레이스의 본 고장인 유럽에 프로 레이스 상위팀 대부분이 시마노의 부품 시스템을 사용하면서부터 세계적인 브랜드가 되었다. 지금은 경주용 자동차와 고급 스포츠용 자동차 구동 시스템 부품에서 세계 점유율 80퍼센트를 확보하고 있다.

시마노는 '자전거 업계의 인텔'이라고도 불린다. 스포츠용 자동차의 중핵 부품인 구동계나 제어계 파트에서 세계적인 점유율을 확보하고 있기 때문이다. 그뿐만이 아니다. 비즈니스를 하는 방식이 인텔과 유사하다. 시마노 자전거의 핵심 부품이 자전거 전체에서 점유하고 있는 위치는 컴퓨터에서 인텔이 점유하고 있는 CPU와 동등한 포지션이다. 시마노의 부품은 자전거 업계 전체의 핵심 부품이고, 부품이 완성품을 종속하는 위치에 있다. 시마노의 세계적인 점유율은 인텔 인사이드형 비즈니스의 성공적인 결과다.

이 자전거는 구동계 부품들을 브레이크부터 변속기까지 개별적인 시스템으로 개발했다. 결국 인텔이 CPU를 핵심 시스템으로, PCI 버스를 핵심 기술로서 개발했던 것과 마찬가지이다. 외부의 다른 부품들과 인터페이스를 표준화해서 공개한 점도 같다.

완성품 제조사들은 앞다퉈 시마노의 시스템을 바탕으로 개발했다. 다른 부품 관련 제조사에서도 부품을 공급하게 되었다. 시마노의 부품 시스템 자체는 다른 완성품 제조사에서 볼 때 조립 시 빠뜨릴 수 없는 핵심 부품이 되었다. 이른바 '시마노 인사이드'라고 할 수 있다.

이것은 내부를 흉내 내려고 해도 이미 주머니 속의 인테그랄이 충분한 기술로 스리아와세하고 있기 때문에 아무도 모방할 수 없는 시스템이다. 따라잡는다고 해도 시마노는 다음 모델로의 진화를 준비하고 있기 때문에 뒤따를 수밖에 없는 구조다. 외부는 오픈 표준이다. 주변의 부품 제조사는 표준에 맞춰 상호 접속성을 확보하고, 완성품 제조사는 안심하고 다른 부품을 조달해서 조합한다.

QR 코드 보급도 오픈 전략

기존의 1차원 코드에 비해 수평·수직의 2차원 정보인 '2차원 바코드'는 여러 종류가 있지만, 그중에서도 'QR 코드'가 가장 많이 쓰인다. 휴대전화에서 'QR 코드'를 사용하는 것은 이제 너무나 당연한 일이다.

QR 코드는 1994년 덴소(Denso Corporation, 일본의 자동차 및 자동차 부품 제조사)에서 개발됐다. 더 많은 정보를 코드화할 수 있으면서 인쇄 면적을 줄일 수 있다는 장점이 있다. 덴소가 선택한 방법은 오픈 전략이다.

특허로 방어하지 않고, 표준화를 적극적으로 진행해서 공개함으로써 각종 정식 규격으로 채택했다. QR 코드는 1997년 국제자동인식공업협회 규격, 1998년 전자정보기술산업협회 규격, 1999년 JIS 규격, 2000년 ISO·IEC 규격, 2000년 ISO·IEC 18004 정식 규격이 되었다.

무엇이 사업으로서 의미 있는 것일까? 바로 카드 리더이다. QR 코드를 보급할수록 각종 기계 설비가 필요하다. 덴소는 리더 기기에 기술을 집중해서 비즈니스를 성공하고 있다. 국제 보급을 위한 방법이 무엇일지 기대하고 있다.

PDF와 어도비의 오픈 전략

QR 코드와 같은 전략으로 세계를 제패한 회사가 있다. PDF를 만든 '어도비 시스템'이다. 컴퓨터와 메일을 사용하는 사람에게 PDF 파일은 익숙할 것이다. 매킨토시나 윈도우즈, 리눅스에서도 사용할 수 있다. 어떤 컴퓨터 환경에도 의존하지 않는 공통 파일로서 오늘날 세계에서 대부분의 공식 문서는 인터넷에서 공개한다. 현재 세계의 웹사이트에 있는 파일의 10퍼센트 이상은 PDF 파일이다.

PDF의 기초 기술은 1990년 어도비 시스템에서 개발했다. 1992년 정식 제품으로 판매했고, 1993년 PDF 파일 작성과 표시가 가능한 소프트웨어의 'Adobe Acrobat'을 세상에 선보였다. 1994년에는 외부 파일과 링크를 가능하게 했다. 외부 관련 부품과 인터페이스를 만든 것이다. 인텔의 CPU의 PCI 버스와 같다.

결국 오픈 전략의 신호탄인 셈이다. 특허를 가졌다고 해서 방어하지 않고, 적극적으로 외부에 공개해서 표준 규격으로 채택했다. 1995년 미국 국세청에서 납세 신고의 포맷으로서 웹사이트에서 다운로드하게 되었고, PDF 파일을 읽기 위한 소프트웨어를 무상으로 다운로드할 수 있게 제공했다. 오픈 전략을 한 단계 업그레이드한 것이다.

오픈 전략의 제2탄인 시장 확대는 일시에 진행되었다. 브라우저의 플라잉을 공개하는 제3탄은 이미 개시했다. PDF는 인터넷 속도에 맞춰 순식간에 보급되었고, 2008년 PDF는 국제표준(ISO32000-1)으로써 정식 승인을 받았다. '오픈 표준'의 공적을 제대로 인정받은 것이다.

리더는 무상이지만 문서를 제작하는 소프트웨어는 유료다. 그것으로 돈을 버는 것이다. 세계의 1800여 개 이상의 벤더가 다양한 분야에서 PDF 베이스 솔루션을 제공하고 있다. 오픈하면서부터 제3자 기업이 자유롭게 참여해서 같은 편이 되는 시스템이다.

어떤 스노보드 회사의 실패 사례

이번에는 보급에 실패한 예를 살펴보자. 국제 부품 제조사인 S사가 스노보드 부츠의 새로운 잠금 장치를 개발했다. 기존 스노보드 부츠는 바인딩이라는 잠금 장치로 고정했으나 바인딩은 리프트를 탈 때 일일이 탈착해야 하고 시간도 많이 걸렸다. 이에 S사는 간단하게 탈착할 수 있는 '스텝인(step-in) 방식'의 바인딩을 성공적으로 개발했다. 스키장에서는 간단하게 탈착할 수 있는 스텝인 방식이 주류지만, 스노보드는 기술적으로 스텝인 방식이 어려웠다.

초기에는 획기적인 기술로써 스텝인 방식 보급을 예측했다. 물론 S사 제품은 호평을 받았다. 그러나 여기에는 함정이 숨어 있었다. 다른 회사들도 일제히 스텝인 방식에 참여한 것이다. S사의 스텝인은 세로식이어서 여기에는 모노즈쿠리의 장인기술이 필요했다. 그러나 다른 회사들은 기술적으로 간단하고 제조도 편한 가로식 방식을 채택했다.

결과적으로 유사품의 조악한 제품들이 대량으로 유통되었다. 사용자들은 가로세로 구별 없이 스텝인 방식이 형편없다는 인식을 갖게 되었다. 시장에서는 스텝인 방식 전체가 무너져버렸다. 스텝인 시장이 확대되기도 전에 가짜 유사품들에 의해 소멸한 안타까운 사례다.

만일 S사가 자사의 스텝인 방식을 공개해서 표준화했다면 어찌 되었을까? 유사품을 만든 회사가 조악한 가로식 스텝인 방식에 참여할 수 없게 했다면 어찌 되었을까?

S사는 타사가 유사품으로 시장에 참여하지 않도록 특허로 방어할 수 있지 않았을까? 이런 지적재산 매니지먼트도 있다. '자사가 실시하지 않는 특허는 쓸데가 없다'든가 '타사 우회 기술개발을 막음으로써 전체 기술 개발에 악영향을 미친다'고 주장한다. 단순하게 타사의 진로를 방해하는 것이 아니라 유사품 방지의 의미를 가진 경우다.

식기 파는 사진 제조사

기발한 사업 아이템이 있다고 해서 지금까지 아무 관계없던 분야에 진출하면 어떻게 될까? 막대한 소모전을 치르기만 하고 사업이 망할 수도 있다. 내가 근무했던 사진 관련 기업에서는 획기적인 유리를 개발했다. 렌즈 분야에서 열에 강한 유리의 조성과 제조에 성공한 것이다. 투명한 결정성 내열유리였다. 그러나 그 소재를 관련 회사에 넘기지 않고, 사진 제조사가 직접 식기를 만들어서 팔았다. 결국 아무것도 알지 못하는 업계에 뛰어들어서 제조 판매에 착수했다. 결과는 당연히 실패였다.

이 신규 사업을 하려고 많은 유리 직공을 고용했고, 영업 사원을 끌어왔다. 그러나 사업은 제대로 되지 않았고 대대적인 구조 조정까지 해야 했다. 내가 신입사원 시절에 경험했던 '사업 안락사와 인원 합리화'였다.

만일 이 소재를 핵심 부품으로 취급하고 오픈했다면 어떻게 되었을까? 결국 사업이 실패한 뒤 유리 전문 유명 제조사에 특허와 노하우를 팔았지만 이미 타이밍은 늦었다. 이 사진 기업은 지금도 훌륭한 소재를 끊임없이 개발하고 있지만 실패에서 배운 것을 부디 잊지 않길 바란다. 아무리 소재가 기발해도 알지 못하는 업계에 뛰어드는 것은 무모할 수 있다.

득점으로 연결시키는 희생플라이

획기적인 시스템을 개발해도 규격화해서 업계 기준으로 공개 제안하지 못하거나 완전히 오픈 전략할 수 없는 경우가 있다. 그러면 상품 아이템 자체를 기본적인 카테고리로 보급할 수 없다. 얼마나 안타까운 일인가? 이처럼 자사에서 모두 커버할 경우 신상품 카테고리 자체를 소멸시킬 수 있다.

앞서 등장했던 S사는 자사의 스텝인 제품에 자신감이 있었을 것이다. 기술 수준도 높고 제조 기술도 정교해야 하는 제품이었다. 자신이 개발했고, 타사는 따라올 수 없을 것이라고 생각했다. 이것이 일본 제조업의 함정이다.

'즉석 라면'과 '스텝인 바인딩' 같은 아이템과 컨셉은 훌륭한 발상이다. 그것을 구체화하는 모노즈쿠리 기술은 높은 수준이다. 결국 제품 컨셉으로 출루해서 2루의 구체화 기술로 진출하고, 3루의 장인 정신 모노즈쿠리까지 진출했다. 즉석 라면은 훌륭한 희생플라이, 특허 공개라는 오픈 전략으로 주자를 홈으로 보냈지만, S사는 희생하지 않으려다 홈으로 돌아갈 수 없었다.

종종 아이디어와 기술에 자신 있다는 곳일수록 자신의 살을 내어주고 상대의 뼈를 취한다. 일본의 대표 기업이 표준화를 포함한 지적재산 매니지먼트를 제대로 하지 않기 때문에 업계와 시장에서 주도권을 잡지 못한다. 모처럼 개발한 제품을 상품 카테고리와 아이템으로써 성립시키지 못하고 있다.

일본을 대표하는 유명 전자회사 사장은 어느 날 내게 하소연했다. '나도 오픈 이노베이션의 유효성을 알고 있다. 그래서 사장이 되자마자 오픈 이노베이션 부서를 만들고 여러 가지 사업의 오픈 전략 가능성을 찾았지만 잘되지 않았다.' 내가 왜냐고 묻자 사장은 '사업 부장들이 끌어안고 있어서다'라고 대답했다.

모처럼 개발한 획기적인 제품이라서 시장을 독점하고 싶었을 것이다. 특허까지 멋지게 취득했다면 이런 생각은 당연하다. 그러나 자사의 힘으로만 보급하려고 한다면 벽에 부딪힌다. 그리고 그 상품은 아이템 자체가 소멸될 리스크에 직면한다.

'이번 제품은 기술적으로 뛰어나고 특허도 받았다. 사용하는 기술이 유출된다고 해도 다른 회사가 만들 수 있는 게 아니다.' 친하게 지내는 세계적인 부품 제조사의 사장도 자주 이런 말을 한다. '하지만 그것만으로 리스크가 사라진 것이 아닙니다. 기존에 실패했던 비즈니스 모델을 재검토해야 합니다'라거나 '오픈 전략을 조합한 시장 확대 대책을 검토해야 하는 건 아닐까요?'를 따져 물어야 한다.

일단 깊이 침투한 일본의 기존 모델이 지금 한계라는 것을 이해할 수 없다. 무의식적으로 저항하는 힘을 애써 외면하고 있는지도 모른다.

오픈 전략이 곧 감추기 전략

지금까지 살펴본 오픈 전략에는 중요한 비밀이 숨어 있다. 오픈을 하면 같은 편이 늘어나고, 결과적으로는 시장을 확대해서 사용자들을 확장할 수 있기 때문이다. B2B든 B2C든 적어도 한동안은 감출 수 있다. 방어하는 쪽이 감추기 이미지에 가깝다고 생각하겠지만 실제로는 공개하는 쪽이 더 감추기 쉽다. 상품 카테고리와 아이템 보급을 처음부터 선도할 수 있기 때문이다.

전체와 부분의 차이도 중요하다. 전부 감추는 쪽은 소진만 하고, 성과는 없다. 핵심 부품을 확실하게 잡으면 주변의 관련 회사를 포위할 수 있다. 하지만 보급을 다른 회사에게 맡기면 전체적으로 엔드 유저를 효과적으로 감출 수 있다. 이 패러독스를 제대로 이해하지 못하면 도리어 방어만 하면서 감추다가 실패하고 만다.

감출 때의 내 편을 서드 파티라고 부른다. 서드 파티는 경쟁 회사가 아니라 자사가 개발한 상품을 제조하는 제3자 기업이다. 과거 일본의 컴퓨터가 가능성을 숨기고 있었던 시대에 NEC의 'PC-9800 시리즈'가 압도적인 점유율을 자랑하고 있었다. 기술적으로 일본어 환경을 정비할 수 있었던 것은 PC-9800의 아키텍처 덕분이었다. 동시에 PC-9800으로 움직이는 어플리케이션 소프트를 서드 파티로 개발했다는 것도 성공 이유였다.

결국 PC-9800 진영은 소프트웨어의 정비에 서드 파티라는 같은 편을 만들어 내수 시장을 점령했다. 이후 PC-9800은 국민 컴퓨터가 되었지만 국제적인 컴퓨터는 되지 못했다. 국제적인 컴퓨터로 보급한다는 전략 자체가 없었다.

이런 NEC와 대비되는 기업이 바로 도시바다. 도시바는 처음부터 국제 표준을 기반으로 한 노트북으로 세계를 제패하고 일본 시장 개선에도 기여했다. 이런 대비적인 모습을 보면 비즈니스에서 교훈을 배울 수 있다.

윈도우즈를 전제로 한 어플리케이션 소프트웨어는 아주 많다. 애플이 '아이폰'의 OS를 개방해서 어플리케이션을 자유롭게 공개하는 것도 오픈 전략이다. 오픈을 하면 내 편을 만들 수 있다. 오픈 전략이란 감추는 전략이다. 감추기 위해서는 오픈할 필요가 있다. 그러나 일본 기업은 독자 기술을 감춰야 한다는 사고방식에서 벗어나기 힘들어 한다. '감추려면 오픈해라', '고기를 잘라서 뼈를 끊어라' 이것이 불가능하면 문제가 뿌리 깊다고 할 수 있다.

서드 파티에 대해서 조금 다른 예가 있다. 캐논의 카메라다. 캐논은 오픈 전략과 일정한 거리를 두고 있는, 전통적으로 모든 것을 자사에서 해결하려는 자전주의가 강한 기업이다. 그러나 그런 캐논도 카메라 렌즈를 연결하는 인터페이스 규격은 공개하고 있다. 결국 유상의 오픈 표준을 가지고 시그마를 비롯한 서드 파티인 전업 렌즈 제조사가 호환품을 만드는 것이 가능하다. 때문에 예산이 부족한 고객은 '고가의 캐논 본체＋저렴한 렌즈'의 조합으로 구입할 수 있다. 이것도 어떤 의미에서 희생플라이로 득점하는 것이다.

중국의 휴대전화 시장을 제패한 유럽연합

표준만 취득한다는 소박한 전략은 한계가 있다. 국제적으로 표준화했어도 사업에 성공하지 못한 예가 적지 않다. 효고현립대학교 조교수인 다테모토 히로부미는 유럽 기업이 어떻게 중국 시장을 제압했는지에 대해서 훌륭한 연구를 했다.

제2세대 이동통신 가입자 수를 보면 세계적으로 GSM 방식을 사용하고 있는 사람이 CDMA 방식(미국)과 PDC 방식(일본)보다 압도적인 점유율을 차지하고 있다. 성공 요인은 GSM 방식이 유럽뿐만 아니라, 중국이나 인도 같은 신흥국에서 사용하고 있기 때문이다. 한편 PDC 방식은 일본에서만 사용한다.

유럽은 통신의 표준화 기관을 설치해서 표준 규격화를 연구했다. 이것은 유럽의 이노베이션 정책이기 때문에 미국의 대일본 정책과 마찬가지라고 할 수 있다. 미국도 1970년대부터 80년대에 걸쳐서 대성공을 거둔 일본의 법제도를 연구해서 도입하려고 했다.

GSM 시스템의 아키텍처는 거대한 단말기 시장, 기지국 시장, 교환기 시장으로 나눌 수 있다. 각각의 시장에서 강한 기업이 존재하고 있다. 단말기는 노키아, 기지국은 알카텔·에릭슨·지멘스·노키아, 교환기는 에릭슨·지멘스·노키아와 같은 상황이다.

여기서 기지국의 노하우는 표준화되거나 외부에 오픈되어 있지 않다는 게 포인트다. 휴대전화 단말기에는 표준화 영역이 많다. 결국 휴대전화 단말기는 오픈으로 표준화한다. 다만 단말기의 표준화에 대해서 특허가 포함되어 있기 때문에 특허를 가진 기업은 라이선스로 상당한 수익을 올린다. 노키아와 모토롤라가 대표적인 기업이다.

기지국 인프라는 대부분이 표준화되어 있지 않다. 다시 말하면 블랙박스로 방어해서 침투할 여지가 없다. 유럽의 기업이 가진 인프라(기지국 제어장치와 무선 기지국의 인터페이스)를 방어했다는 것은 일본 기업이 참여할 수 없다는 것을 의미한다. 일본에서는 이들 인프라 레이어에 대해서 대부분을 공개하고 있다. 결국 표준화하고 오픈한 곳이 여러 군데 있다는 뜻이다.

유럽에서 채택한 것은 북유럽 방식이었다. 통신은 프랑스와 독일의 것이지만, 무선 기술은 오랜 역사를 자랑하는 핀란드, 노르웨이, 덴마크, 스웨덴의 북구 4개국이 제패하고 있다. 이 인프라를 블랙박스화함으로써 '선행자 우위'의 메커니즘이 생겨났다는 것에 주목해야 한다. 기지국을 블랙박스로 방어하면 휴대전화 단말기의 신규 사용자가 증가할수록 새로운 기지국이 생긴다. 새 기지국들은 어쩔 수 없이 기존 방식을 채택할 수밖에 없다.

이런 시스템이 대단한 것이다. 결국 증설하는 시장에 참여할 수 있는 것은 기존 노하우를 가진 선행자다. 휴대전화 단말기가 보급될수록 선행자가 우위에 서는 모델이 바로 표준화의 힘이다. '표준화 = 오픈'화 전략이 아니라는 점에 주의해야 한다. 블랙박스의 내부가 규격화되어도 그것을 감추면 다른 기업은 참여할 수 없다.

GSM을 가장 많이 사용하고 있는 나라는 중국이다. 교환기 시장에서 세계 최대의 사업자는 중국 이통과 세계 3위인 중국 연통, 세계 2위는 영국의 보다 폰이다. 영국은 유럽만이 아니라 중국에서 교환기 시장을 노렸다. 이 모델 전체의 발안자도 영국이다. 그들은 전략이 있었다.

그럼 일본은 어떻게 되었을까? 중국 GSM 시장 규모는 ① 교환기 ②

기지국 ③ 단말기 순이다. 단말기는 돈을 벌지 못한다. 이익이 크게 나는 곳은 교환기와 기지국이다. 단말기 시장 점유율에서 절반을 중국의 기업이 점유하고 있다. 이것에 반해서 중국의 GSM 방식의 기지국 시장 점유율에서는 서구 기업의 경쟁력이 높아서 과반수를 점유하고 있다. 외국 제조사들 일색이다.

결국 돈을 버는 시장은 유럽 기업들이 확실하게 잡고 있다. 그러나 아프리카의 CDMA 시장 점유율의 90퍼센트를 중국 제조사가 잡고 있다는 사실을 알면 놀랄 것이다. 유럽이 뛰어난 것은 시장 확대와 이익 확보를 할 수 있는 메커니즘 모델을 작동시키고 있다는 것이다. 유감스럽게도 일본 제조사들과 정부는 아무런 전략을 취하지 못했다.

기술을 공개해야 시장을 개척한다

기발한 기술로 상품을 개발하면 공개해서 다른 회사에서도 똑같은 상품을 제조할 수 있다. 그러면 상품 아이템 자체를 보급시키고 시장을 성장시킬 수 있다. 게다가 경쟁 환경 속에서 상품 아이템 자체를 시장에 정착시킨다. VHS나 DVD도 수많은 기업이 경쟁해서 시장에 보급 정착시켰다.

상품을 개발한 기업은 내부를 독자적인 기술로 단단히 숨기면서 외부로는 상호 접속성을 담보로 한 규격을 정비하고 표준화해서 공개한다. 그래서 타사가 이용하도록 한다. 그러면 관련된 주변기기가 정비되고 상품 시스템이 무리를 이뤄 시장에 보급된다. 공개하면 조악한 유사품이 돌아다니는 것을 막는다는 기업도 있으나, 상품 카테고리 자체가 소멸될 수 있는 리스크가 있다. 기업에서 단독으로 시도하는 것보다 공개하면 상품 시장을 성장시키고 가속도가 붙는다. 제품과 시장 점유율의 관계를 되짚어봐야 한다는 이야기다.

이처럼 사업에서는 지적재산 매니지먼트가 중요한 역할을 하고 있다. 과거에는 기술의 배타적인 사용이 가능한 리스크 매니지먼트가 지적재산의 주요 역할이었으나 이제는 특허를 활용해서 표준화하고 공개하면 상품 카테고리를 형성할 수 있고, 시장 확대 가능성을 높인다.

오픈 표준화를 적절하게 진행하면 조악한 유사품을 막을 수 있다. 오픈 표준화를 유도하는 독자적인 기술개발과 특허를 진행하는 지적재산 매니지먼트는 기술을 공개함으로써 기술 방향성을 유도하는 역할을 담당한다. 또한 독자 기술을 개발하는 차별화와 특허를 진행하는 타사와의 차별화를 꾀하는 지적재산 매니지먼트도 중요한 역할을 한다. 이처럼 두 종류의 지적재산 매니지먼트가 어우러지는 전략이 필요하다.

죽음을 부르는 단순 수직분리 촉진

처음의 문제로 돌아가보자. 왜 일본은 제품 시장 도입 초기에는 100퍼센트였던 점유율을 급속히 떨어뜨리는가? 오픈 전략 표준화에 따른 시장 형성과 확대가 진행되면 동시에 핵심 기술과 표준 개발에 공헌한 일본 기업의 시장 점유율이 갑자기 떨어져서 개발한 기술의 수혜를 받을 수가 없다.

예전에는 미국이 기술개발을 해서 일본이 도입하는 패턴이었다. 물려받은 모델을 연마하는 일에만 전념하니 편했다. 지금은 선진국으로서 새로운 기술로 제품을 만들어야 하지만 아직 비즈니스 모델을 다루는 지식이 없다. 일본은 예나 지금이나 모델 활용법이 미숙해 보인다.

오픈 전략의 기본은 기술을 공유해서 같은 편을 만들고 수익을 거두는 단계가 되면 구조를 변경하는 구조다. 오픈은 단순하게 수직통합을 분리하는 것에만 의미를 두지 않는다. 최근 정부가 표준화를 진행하고 정책적으로 수직분리를 재촉하기 시작했다. 상황에 따라 적절하게 대처해야 하지만 일본의 특기인 인테그랄을 표준화해서 오픈 모듈화하는 예도 있다.

어떤 의미에서는 자살행위에 가깝다. 일본의 내수 시장을 모듈화해서 외국 기업으로 유출하는 것에 지나지 않기 때문이다. 일본 기업이 조종석을 빼앗기면 어떻게 될까? 그것은 올바른 국가 정책이 아니다. 아무리 오픈 시대이고, 표준화 시대라고 해도 무작정 오픈 표준화로 돌진하는 것은 바람직하지 않다.

chapter 6

기술 경영 시대의
종말

기술 혁신의 시대에서 경영 혁신의 시대로

* 주요 키워드

삼위일체 모델이란?
   1) 제품 특성(아키텍처)에 맞는 핵심 기술개발
   2) 시장 확대와 수익 확보를 동시에 달성하는 비즈니스 모델 구축
   3) 독자 기술의 보호와 조건부 라이선스, 표준화 오픈을 적절하게 나누어 사용하는 지적재
      산 매니지먼트 전개

이노베이션으로 새로운 가치가 창출 보급되어 정착한 모델의 전형은 인텔 인사이드형과 애플 아웃사이드형이다. 이들 모델은 지금 승자의 방정식이다. 예전처럼 기술로 이기면 사업에서 이긴다는 방정식은 이미 진부한 것이 되었다.

이는 기술력이 충분조건이었던 시대는 가고 그 이상의 요소가 충분조건이 되는 시대로 들어갔다는 것을 의미한다. 경쟁력 모델이 기존 모델을 연마한 개선된 모델에서 혁신적인 모델로 변화한다. 이번에는 '이노베이션 모델을 이노베이션' 한다.

새로운 모델의 기본 골격은 기존 '발명 = 이노베이션'이 아니라, '이노베이션 = 발명×보급'이다. 여기에 논의집중하고 '세 가지 오픈 전략'과 '협업과 분업', '삼위일체형 경영'에 대해서 강조하려고 한다.

오픈 이노베이션 이후의
이노베이션 모델

미래의 이노베이션 모델은 어떤 모습일까? 앞장에서 제4기(현재)는 '비즈니스 모델과 지적재산 매니지먼트 전개에 의한 국제 사선분업 이노베이션'이라고 소개했는데 여기서 해설할 생각이다.

이 모델은 최근 자주 듣는 '오픈 이노베이션'이라 생각하기 쉽지만 반드시 그렇지 않다. 혼동하지 않게 약간의 보조 설명을 하면, 현재 일본에서 말하는 오픈 이노베이션은 2003년 헨리 체스브로의 《오픈 이노베이션》이나 2004년에 발표된 〈팔미사노 리포트〉, 또는 IBM이 오픈 이노베이션을 제창한 것들을 계기로 서서히 일본에 전파됐다.

오픈 이노베이션은 타사와 협업하면서 기술을 연구개발하여 진행하는 것을 의미한다. 최근에는 일본 정부와 산학관 연계, 학술계에서 '오픈 이노베이션' 추진이 붐을 일으키고 있다. 정말 괜찮은 것일까? 나는 약간 비딱한 시선으로 보고 있다. 실제 오픈 이노베이션은 개념이나 내용이 왜곡돼 있다. 여기서는 오픈 이노베이션을 정리하려고 한다. 그렇지 않으면 이들 승리의 방정식을 이해하기 점점 어려워진다.

수상한 '오픈 이노베이션'

오픈 이노베이션의 첫 번째 이상한 점은 말과 개념이 사람에 따라 크게 달라진다는 것이다. 오해와 곡해를 포함해서 다양하게 해석할 수 있다. 내가 알고 있는 범위에서도 내각, 경제산업성, 문부과학성, 총무성, 농림수산성에서 각각 다른 의미로 사용하고 있고, 경제산업성이나 문부과학성에서는 부서에 따라서 뉘앙스가 조금씩 다르다.

국가 연구기관 중 독립행정법인인 NEDO, 총산연, JST, 이연 등에서도 뉘앙스가 각각 다르다. 산학관연계에서 일하는 대학교 관계자도 사람에 따라 다른 이미지를 그리고 있다. 도쿄대학교에서도 부서나 연구 프로젝트마다 사용하는 의미나 사용 방법이 미묘하게 다르다. 하물며 업종이나 기업마다 오픈 이노베이션 이미지는 명백하게 달라지지 않을까?

이런 상황에서 오픈 이노베이션 붐은 결코 바람직한 것이 아니다. 산학관의 의혹이 해소되지 않은 채로 정책을 진행하기 때문이다. 물론 오픈 이노베이션이라는 말은 '정답'이 존재하지 않는다. 정의에 따라 이해를 달리할 수 있다. 중요한 것은 말의 의미를 애매하게 두지 않고 어느 정도 정리하고 나서 실행한다는 점이다.

두 번째로 개념의 배후에 있는 모델 자체의 혼란이다. 어떤 식으로 정의하든지 간에 모델 배후 상정의 개념과, 문맥 적절성도 묻는다. 대부분의 경우 오픈 이노베이션이라는 것은 기술개발 단계의 협업이다.

이것은 오픈 이노베이션이라기보다는 오히려 오픈 인벤션(자유 참가에 의한 발명, 기술개발), 좀 더 정확하게는 협업(collaborative) 인벤션이라 부르는 게 적당할 것이다. 그렇게 정의하지 않으면 최근의 '인벤션×디퓨전'을 이노베이션 모델로 보는 것을 염려하는 사람들이 나올 것이다.

세 번째는 오픈 이노베이션을 도깨비 방망이로 여기는 의견이 적지 않다는 점이다. 기술은 서로 교류하면 새로운 발명이 탄생할 수 있다. '독자적으로 모든 일을 수행한다'는 명백한 자전주의 기술만이 아니라 기술을 폭넓게 이용하는 '탈자전주의'로서의 오픈 이노베이션으로 발명이나 기술개발을 촉진하는 것은 고무할 만한 일이다. 그러나 기술이 일방적으로 유출될 리스크에 대해서는 용의주도하게 대처해야 한다.

개발한 기술을 표준화해서 공개하면 한꺼번에 제품이나 서비스로 보급될 가능성이 높아진다. 공개적으로 기술을 제공하는 '탈감싸기주의'로서의 '인벤티드 오픈'은 괜찮을 것이다. 그러나 한꺼번에 타사 제품의 유입을 초래할 가능성을 막기 위한 준비는 해야 한다.

제품 특성의 어느 부분에 부가가치를 집중해서 핵심 기술로 개발할 것인가? 가능한 기술은 어디까지 독자적으로 규정할 수 있는가? 오픈 인벤션으로 어떻게 협업 파트너의 기술을 도입할 수 있는가? 제품의 무엇을 비공개하고 어디를 공개하면 관련 부품과 완성품에 대한 주도권을 잡을 수 있는가? 상위 레이어와 하위 레이어를 어떻게 연결할 것인가? 신흥국을 어떻게 분업 파트너로 정하고 보급을 진행하며, 그것에 따라 시장을 확대해서 수익을 끌어올 것인가?

나는 이런 문제를 거꾸로 계산한 다음 시나리오를 쓰는 것 자체가 실제 이노베이션 전략을 그리는 것이라고 강조했다. 그러한 의미에서 단순하게 오픈이 좋다는 것은 아니다. 오픈 이노베이션으로 일본이 참패했다는 것을 인식하는 것과, 일본 기업도 오픈 이노베이션 전략을 써야 이롭다는 것은 결코 일치하지 않기 때문이다. 지금은 오픈 이노베이션을 인정하면서도 리스크를 제대로 검토해야 한다. 오픈 이노베이션을 받아들일 때는 몇 가지 단서가 필요하다.

▶ **분업과 협업**

분업의 생산성을 아는가? 아담 스미스의 《국부론》을 살펴보자. 핀을 만드는 공장에서 한 사람이 처음부터 마지막까지의 공정을 담당하고 제조하는 경우와, 각 공정마다 분담해서 제조한 경우는 생산성에서 수백 배의 차이가 난다. 그 공정을 표준화하면 누가 작업해도 안정적인 생산이 가능하다. 기계화를 하면 생산성은 더 높아진다. 반대로 생산성을 향상하기 위해서는 공정을 분업하여 표준 기계화한다. 그 과정을 철저하게 거쳐 대량 생산에 기선을 잡은 것이 바로 '포드 시스템'이다.

또 하나는 협업의 창발성이다. 서로 다른 조합은 새로운 발상을 이끌어내거나 새로운 제품 서비스를 이끌어낼 가능성을 높인다. 이질적인 것들이 어떤 관계성을 갖게 되면 전에 없던 무언가가 생긴다. 이 점에 대해서는 '사고 이노베이션의 힌트'를 참고하길 바란다.

대조적으로 말하면 분업의 생산성, 개선과 협업에 의한 창발성은 이노베이션과 밀접한 관계가 있다. 분업의 생산성은 기존 모델의 실수를 감소하고 안정적인 생산으로 연결되기 때문에 리스크 프리미엄으로 이끈다. 협업의 창발성은 새로운 사업 모델을 만드는 것과 관련되면 찬스 맥시멈을 이끌어낼 수 있다.

수직통합의 분할 = 탈자전주의

새로운 이노베이션 모델은 협업과 분업을 조합해서 가속도를 올리는 것이 포인트다. 사업 속도는 기술의 연구개발 단계에서 협업과 제품 보급 단계의 분업이 중요하다. 그러기 위해서는 수직통합 모델로 분할해야 한다.

기존처럼 이노베이션＝발명이었던 시대에는 한 회사가 처음부터 마지막까지 전부 담당했다. 제품을 완성에서 판매까지 모두 책임지는 것을 '수직통합'이라고 한다. 일반적으로 수직통합은 두 가지 의미로 사용하고 있다. 첫째는 제품이나 서비스의 아키텍처를 구성하는 모든 부품들을 자사나 외주로 조달한다. 토요타의 모든 구성품은 자사에서 일괄적으로 설계하고 있다. 반면 NTT는 어플리케이션과 콘텐츠까지 모든 수직구조를 정부에서 분할했다.

여기에 중요한 점이 세 가지 있다.

- 기본 제품과 모든 서비스는 자사에서 주도하여 외부 제작하여 조달한다. 토요타, NTT의 전략은 NEC, 후지쯔, 오키 등과 같은 강한 기술을 가진 기업과 연계하는 것을 전제로 하고 있다.
- 토요타, NTT 모두 그룹 계열을 생성하기 위해 지적재산을 표준화하고, 조달 회사에 공개한다. 이른바 강한 신뢰 관계에 기초한 그룹 내 오픈화다.
- 토요타, NTT 모두 기축이 되는 기술과 운용은 자사에서 맡고 있다. 토요타는 엔진 개발과 생산에 직원의 절반을 할애하고 있다. NTT도 핵심 기술개발은 연구소 밖으로 나오지 못하게 하고, 서비스 운용은 자사 전화국을 기본 라인으로 하고 있다.

수직통합의 두 번째 의미는 '기초에서 제품 개발, 자원 조달에서 생산, 마케팅에서 판매와 AS까지 모든 작업을 자사에서 담당한다'는 것이다. 결국 '선형 모델'이다. 수직통합의 전형이 자동차와 가전이다. 토요타와 파나소닉, 도시바 계열이 경쟁을 한다. 가전은 이미 대량 판매점 출현으로 수직통합 분단되었으나, 자동차는 미래에 어떻게 될지 불분명하여 큰 변화가 예상된다.

사진도 최근까지 필름 제조에서 상품 판매를 거쳐 현상 서비스까지 포함하는 계열 관계 구축이 중심이었다. 기술을 개발하고 제품 서비스를 시장에서 경쟁하는 것이 룰이었으나, 수직통합은 앞의 두 가지 의미를 전부 가지고 있는 자전주의라고 말할 수 있다. 즉, 수직통합의 종언은 '탈자전주의'의 시작이다.

기술개발에서 협업이 요구되는 이유

기술개발 단계에서의 협업은 단독 진행하지 말고, 여러 기업과 대학이 진행하는 움직임에 주목하자.

① 제품의 라이프사이클 가속화에 대응
② 기술의 고도화에 대응
③ 시장성 불투명에 의한 리스크 급증에 대응

첫째는 제품 라이프사이클의 가속화 대응이다. 기존에는 시장 주도형 모델이 성숙해야 다음 모델이 나오는 형태였다. 레코드를 보급해서 구매자들과 친숙해진 다음에 테이프로 바꾸고, 테이프가 보급된 다음 CD로 옮겨갔다. 기술적인 성숙과 시장 보급이 완비됐을 때 다음 모델이 등장했다. 그러나 지금은 DVD가 보급되기도 전에 블루레이 디스크가 시장에 들어오는 일이 벌어졌다.

내가 오랜 시간 프로젝트 개발에 참여하고 있는 아키하바라의 동향을 보면 제품의 라이프사이클을 단축하고 가속화하는 것이 얼마나 힘든 일인지 알 수 있다. 기존 모델이 성숙하여 쇠퇴하기 시작했을 때 다음 모델로 바꾸는 페이스가 아니다. 특히 전자제품은 눈이 핑핑 돌 정도로 빨리 돌아간다. 따라서 기업은 제품 라이프사이클에 어떻게 대응해야 하는지 방법을 빨리 찾아야 한다.

제품 라이프사이클이 가속화되는 상황에서 독자적인 노력만으로는 방법을 찾기 힘들다. 여러 기업이 힘을 모아 대응해야 한다. 특히 전자제품은 '한 제품 다수 특허'의 전형이다. 자세한 이야기는 7장에서 다루겠지만 이제는 한 회사가 단독으로 제품을 만들 수 없다. 반드시 협업이 필요하다.

여기에는 세 가지 단서가 있다.

첫째, 과거 혼다와 야마하가 오토바이 신제품으로 경쟁하면서 몇 개월마다 차례로 신규 모델을 발표하던 때와는 차원이 다르다. 브라운관 TV에서 액정 TV로 옮기는 것처럼 모델이 변하는 수준이다. 그러나 TV가 컴퓨터 모니터처럼 디지털 가전 모델로 변하는 것과 같은 레벨에는 아직 이르지 못했다.

둘째, 모델을 자꾸 바꾸는 것은 세계의 자원 관리 측면에서 바람직한 현상이 아니다. 과거 일본 자동차 회사의 모델 변화 주기가 서구에 비해 빠르다고 비판 받았을 때도 이것이 문제였다. 게다가 지구 환경과 CO_2 배출 규제 시대다. 장기적으로 의미 있는 모델 변화가 점점 요구

될 것이다.

셋째, 너무 속도를 내서 다음 제품을 내놓으면 시장에서 수용하지 못할 수도 있다. 윈도우즈 XP가 점점 물망에 오르고 있는데 비스타가 나왔다. '이제 겨우 XP를 능숙하게 사용하게 됐는데 비스타가 너무 빨리 나왔다'는 생각이 들었다. 비스타가 고기능이라고는 하지만 과잉 기능으로 용량이 지나치게 큰 메모리가 필요하고 컴퓨터를 가동시키는 데 시간이 많이 걸리다보니 고객들이 외면했다.

이제 원점으로 돌아가보자.

협업이 필요한 둘째 이유는 기술의 고도화와 복잡성 때문이다. 하이테크 상품이 늘어나고 있다. 겉보기에는 저급한 기술처럼 보여도 하이테크가 있는 제품이 적지 않다. 최근에는 제품이든 서비스든 인터넷과 대응해야 한다. 그러면 상위 레이어의 상위 시스템과 하위 레이어의 서브 시스템을 맞춰야 한다. 이런 의미에서 기술은 점점 더 복잡해지고 있다.

한 회사가 단독 연구개발로 모든 것을 담당하려는 자전주의로는 대응할 수 없다. 기술 발명 수준의 리소스를 다양화해야 발명도 다양화될 가능성이 높아진다. 이 점을 강하게 인식하면 기술개발 단계에서 협업을 지칭한 말로 오픈 이노베이션을 사용하는 것도 하나의 이유다. 많은 학자와 과학기술 관계자, 산학연계 관계자가 오픈 이노베이션이란 말을 협업 이노베이션으로 사용하는 것도 바람직하다.

협업이 필요한 세 번째 이유는 시장의 불투명 리스크가 급증한다는 점이다. 시대가 변할 때는 특히 세대 간의 기호나 구매 행위들이 대담해진다. 예기치 않은 제품이나 서비스를 기점으로 라이프스타일이나 비즈니스, 사회 전반에 변화가 생긴다. '시장을 읽을 수 없다'는 말은 오늘 시작된 것이 아니지만 한층 더 불투명해진 사실은 피할 수 없다.

이는 제품이나 서비스를 시장에 도입할 때 리스크가 급증한다는 것을 의미한다. '사회 동향을 거시적으로 정규 분포(도수 분포 곡선이 평균값을 중앙으로 좌우 대칭 종 모양을 이루는 분포)한다'는 말이 있다. 최근에는 작은 정규 분포가 집합체로 변하고 있다. 결국 1980년대에 언급했던 것처럼 '대중에서 개인의 시대'가 됐는지도 모른다.

고객의 가치는 어디에 있는가? 사회 가치의 변화를 어디까지 좇아야 하는가? 가치 제안을 어디까지 이끌 수 있는가? 이런 문제들을 생각하면 단독으로 모든 리스크를 감당할 수 없다. 어디까지든 리스크를 함께할 수 있는 파트너가 반드시 필요하다.

연구개발에서의 협업

발명이나 기술개발에서는 타사와 협업하는 것이 이익인 경우가 급증하고 있다. 기술 시즈의 개발을 여럿이 담당하는 것이다. 자사 기술에 의존하는 것이 아닌 타사 기술과 역할 분담을 하면 새로운 발명품을 개발할 확률이 높아진다. 협업을 통해서 창발이라는 다른 무엇을 만들어낼 가능성도 있다. 동시에 정점 고도화, 복잡화되는 기술에 대응하며 기술 개발 리스크를 분산할 수 있다.

이런 장점을 노리고 발명하는 것이므로 연구개발에서의 협업이 훨씬 더 적절하다. 어찌된 일인지 이를 오픈 이노베이션이라고 부르는 사람이 급증하고 있다. 이 점에 주목해야 한다.

왜 많은 사람들이 '협업에 의한 발명, 기술개발'을 오픈 이노베이션이라고 부를까? 여기에는 어떤 세계관이 숨어 있는 것일까? '발명＝이노베이션'이라는 제3기 모델을 상정하는 것일까? 과학기술이 이노베이션의 필요충분조건이라고 생각해서 발명 단계 협업을 이노베이션이라 부르는 것도 문제되지 않는다고 생각하는 것 같다.

'체즈 브로우와 IBM이 채택했으니까 사용하고 있을 뿐이다'라고 말하는 목소리도 들려온다. 이것은 받아들이더라도 한번 생각해봐야 한다. 전략이 없다는 것을 드러내면 안 된다.

'이노베이션＝인벤션'의 시대는 갔다. 과학기술은 필요조건일 뿐, 이노베이션에는 또 다른 충분조건이 필요하다. 바로 새로운 보급을 염두하고 있는 비즈니스 모델과 표준화를 포함한 지적재산 매니지먼트다. 그 보급 단계를 효율적으로 실행하려면 신흥국의 기업과 분업화해야 한다.

이노베이션 리소스를 인소스, 아웃소스, 크로스소스, 커먼 소스, 오픈소스 등의 방법으로 도입한다. 이노베이션의 분담이 오픈이라는 말은 다른 의미다.

동시에 오픈 이노베이션의 단점도 생각해봐야 한다. 독자적으로 기술을 취급할 때도 주의가 필요하다. 단순히 연구개발 비용을 줄일 수 있다거나 연구개발 속도가 빠르다고 해서 무작정 협업하고 나면 지적재산에 문제가 발생할 수 있다. 그런 점을 제대로 알고 지적재산 매니지먼트를 해야 한다.

좀 더 중요한 것이 있다. 오픈 이노베이션의 주도권을 누가 가질 것인가, 누가 결산할 것인가의 문제이다. 앞서 나온 지적재산에 관해서 결국은 누가 이익을 얻는지에 관한 형태가 주목될 것이다. 계약상의 문제는 제쳐 두고 제품을 염두에 두었을 때 제품 핵심 기술을 누가 담당할지에 관한 문제가 관건이다. 제품 아키텍처의 어느 부분을 공동으로 개발할 것인가? 어느 부분을 독점 개발할 것인가?

독점 핵심 기술을 제대로 감추지 않고 오픈 이노베이션을 해서는 안 된다는 말이다. 적어도 상대를 핵심 기술에서 제외하는 노력이 필요하다. 주도권은 자사가 잡아야 한다. 어떻게 기술 주도권을 잡을 것인가? 어떻게 연구개발 전략을 펼칠 것인가?

이러한 역할을 수행하는 인재를 육성해야 한다. 핵심을 제대로 파악하는 군사가 필요하다. 윈윈을 위해 유리한 싸움을 유도하는 포지션이 중요하다.

삼국지의 적벽대전에서 제갈량은 다양한 전술로 이름을 떨쳤지만 그의 위대함은 거기에 있지 않았다. 천하삼분의 계라는 장기 구상, 삼국 현립에 들어가는 전체 시나리오를 그린 다음 적벽대전을 포지셔닝했기 때문에 제갈량은 천재 군사가 될 수 있었다. 천하 국가를 건설하는 다채로운 전략으로 전술을 구사하기도 했다.

연구개발 전략도 마찬가지다. 어떤 방법으로 비즈니스에 연결할 것인가? 가능한 핵심 기술로 전략을 세우는 일이 가장 중요할 것이다. 그것을 이미 타사가 갖고 있다면 함께 싸우면서 아군에게 유리한 상황을 만들어가야 한다. 핵심 기술이 이미 함께 싸우는 파트너 수중에 있다면 어떻게 대응할지 판단해야 한다. 이런 요소들을 전부 계산한 다음 사업에서 대등할 수 있도록 묘안을 찾아야 한다.

▶ 오픈과 협업에 대한 오해

많은 일본인들이 오픈이라는 영어 단어를 오해하고 있다. 사회 교육, 특히 지적재산 매니지먼트에 관한 연수를 자주 개최하는 나로서는 그 점에 대해서 조금 강조하고 싶다. 오픈에 대한 대표적인 오해는 다음과 같다.

첫째, 지적재산 관계자는 오픈 이노베이션을 지적재산 공개로 착각한다. 지적재산의 무상 공개와 용도 한정 무상 공개는 연구개발 단계에서 늘 따라다니는 이야기 중 하나다. 하지만 그것이 오픈 이노베이션은 아니다. 오픈은 비공개와 반대되는 개념이다. 독점적으로 사용하고 싶은 기술을 감추기 위해서 블랙박스를 시도하는 비공개와 타사가 사용하도록 공개하기 위한 표준화 라이선스를 통한 오픈을 구별할 수 없다면 새로운 이노베이션 모델을 가동할 수 없다.

둘째, 특히 소프트웨어 관계자가 많이 범하는 오해로 소스 코드의 오픈을 말한다. 리눅스 타입 기술개발이라는 착각이다. 리눅스는 모두가 자발적으로 참여해서 보다 좋은 기술을 완성하는 타입이다. 이는 IBM이 오픈 이노베이션과 마찬가지로 오픈 소스의 제안을 위해서 생긴 것이다. 보통 기업이 소스 코드를 오픈하는 것은 계산이 끝난 다음에 하는 일이다. 리눅스처럼 선의에 기초한 자발적인 협업을 추진하는 일은 거의 없다. IBM은 리눅스를 응원하고 있지만 거기에는 그럴만한 이유가 있다.

- 비용 측면 : 오픈 협업은 연구개발비의 절감을 가져오기 때문이다. 공표된 자료에 의하면 IBM은 리눅스의 연구개발에 대해서 연간 10억 달러를 지불하고 있다. 타사인 리눅스에 대한 연구개발비의 합계가 100억 달러 안팎이라고 한다. 만약 IBM이 독자적인 방식으로 개발한다면 적어도 다섯 배의 비용이 들게 된다.

- OS의 라인업 증가 : IBM은 리눅스가 아닌 독자적인 OS도 보유하고 있다. 고객의 선택에 따른 제공이 가능하다. 선택 사항을 증가시키면 IBM 수주 가능성을 높일 수 있다.

- 차세대 OS 개발을 위한 기술 지식 획득 : 지금까지는 오픈 이노베이션의 일부에 지나지 않는다. '오픈'을 대체할 수 있는 말은 '협업'이다. 그러나 협업을 오해하는 사람들이 있다. 협업이 대등한 관계라고 착각하는 것이다. 영어 단어의 뜻만 해석하고 평등이라 생각하기 쉽지만 그렇지 않다.

콜레보레이션(collaboration)이라는 말은 크리에이티브한 분야에서 자주 사용한다. 재즈에서는 미셀 르그랑(Michel Legrand)에 초대를 받아서 론 카터(Ronald Levin Carter)가 리드한 경우 협연 앨범은 론 카터 트리오의 작품으로 나온다. 창발성을 이끄는 협업과, 작업분담으로 하는 분업을 잘 구별해야 한다.

개발과 보급 단계에서의
이노베이션

　제품 개발 단계를 생각해보자. 포인트는 제품 개발 단계와 보급 단계가 밀접하게 겹친다는 점이다. 기존의 개발 단계에서는 제품이나 서비스 기술을 실제로 실행한 이후 보급하는 단계로 진행했다. 이 두 가지 단계는 분명히 분리되어 있었고, 그 사이의 거리는 '죽음의 계곡'이었다. 제품은 만들었으나 좀처럼 시장이 성립되지 않거나 진입할 수 없을 때를 뜻한다. 그러나 이 거리가 짧아지고 있다. 그것이 보급 단계에서의 분업이다.

보급 단계의 분업
　새로운 이노베이션은 수직통합을 분단시켰다. 그것은 탈자전주의를 의미한다. 연구개발에서는 협업에 의한 발명이나 오픈 인벤션을 촉진한다. 제품으로 개발한 기술과 보급 단계도 새롭게 바뀌었다. 이는 두 가지 측면에서 가속되었다.

첫째, 부품을 전부 자사에서 담당하지 않는다. 인텔 인사이드로 대표되는 핵심 부품 주도형과 애플 아웃사이드로 대표되는 완성품 주도형을 말한다. 인텔 인사이드는 자사 제품을 핵심 부품만으로 특화한다. 관련 부품을 핵심 부품에 연결하고 인터페이스 프로토콜로 표준화해서 공개한다. 필연적으로 인텔 사양에 따르는 다른 부품 회사는 어쩔 수 없이 협업 파트너가 될 수밖에 없다.

이들은 자사의 핵심 부품이 어떻게 타사 완성품에 사용될지 궁리한다. 메인보드인 중간 시스템을 작동한다. 그것을 지적재산으로 개발하고 타사에 제공한다. 이러한 시스템은 대만을 염가의 메인보드 제조사로 성장시켰다. 순식간에 협업 파트너가 탄생한 것이다. 그 메인보드를 구입해서 조립하는 모델과 HP라는 제조 공정을 극단적으로 합리화한 제조사나 파브레스(Fabless, Fabrication-less, 공간 없는 생산 방식. 일본식 조어)는 컴퓨터를 공급하는 협업 파트너가 되었다. 결과적으로 시장은 확대되고 막대한 수익이 인텔로 돌아가는 구조를 만들었다.

애플 아웃사이드는 아이팟과 아이폰 등 자사의 완성품 콘셉트와 사양을 만들어서 제품을 조달한다. 이들은 아이튠즈 서비스 사업과 조합한다. 협업 파트너를 얻고 물건과 서비스의 상승효과를 노린다. 다른 한편으로는 OS를 공개해서 서드 파티를 자사의 편으로 만들어 어플리케이션 서비스를 충실하게 제공한다.

이는 아이팟과 아이폰이 완성품은 아니라는 것을 의미한다. 이들 제품도 핵심 부품에 해당한다. 인텔과 애플의 차이는 핵심 부품과 완성 부품에 있지 않다. 둘 다 준완성품으로 보는 것이 핵심이다. 완성품을 위해서 타사 기술과 어떻게 연결 할지 따져봐야 한다. 인텔처럼 동일 레이어에 있는 부품의 상호 접속성을 확보하는 방법이나 아이폰처럼 상하 레이어 사이에서 어떤 방법으로 상호 접속성을 확보할지, 동일 레이어 사이의 구조를 준완성품이라는 컨셉으로 검토할 수 있는지가 실제로 중요하다.

그것을 위해서 인터페이스와 프로토콜을 표준화해서 연결을 유도한다. 제품 개발의 차원에서 탈자전주의를 의미한다. 제품 시스템 전부를 책임지지 않는다. 인텔의 핵심 부품과 애플의 제품 모두 준완성품 수준의 탈자전주의라고 불러도 좋을 것이다.

제품을 개발해서 멋지게 디자인하고 표준화한 인터페이스 프로토콜을 오픈하면 그것에 따른 보급 시스템이 작동하기 시작한다. 저렴한 가격에 협업 파트너를 찾고, 자사 제품을 포함한 제조 노하우를 제공해서 저렴한 중간재를 만든다. 그것을 완성품 제조사에 저렴하게 공급하면 보급이 일시에 가속된다.

▸ **디퓨전이란 무엇인가?**

디퓨전이란 보급과 전파라는 두 가지 의미가 있다. 이노베이션에서 보급은 에베렛 로저스 연구와 '캐즘' 개념을 제안한 제프리 무어의 논의가 유명하다.

최근 디퓨전의 한 유형은 저명한 브랜드의 보급판과 염가판 출사다. 제품의 라인업은 디퓨전 라인과 세컨드 라인으로 나뉜다. 조르지오 알마니는 염가 브랜드인 엠포리오 아르마니가 있고, 버버리는 일본의 젊은 층을 대상으로 한 블루라벨을 내고 있다.

이러한 관점에서 보면 인텔이 내놓은 보급 염가판인 CPU의 'ATOM'을 예로 들 수 있다. ATOM에 이어서 넷북이라는 5만 엔짜리 컴퓨터가 제조됐고, 선진국에서 세컨드, 서드 컴퓨터의 수요를 개척한 것이다. 이는 신흥국으로도 보급하고 있다.

가까운 시기에 인텔은 차세대나 다음 세대에 보급할 염가판 CPU를 내놓을 것이다. 이를 통해서 인텔이 노리는 것은 컴퓨터 차세대 보급판을 유도하는 CPU일까? 컴퓨터가 아니라 차세대 디지털 기기용 부품일 것이다. 그것은 유비쿼터스 네트워크를 형성하는 디지털 가전, 벽, 건물이나 자동차 등의 생활용품에 적용할 수 있을지도 모른다.

이는 'CPU＝컴퓨터의 심장부'라는 컨셉을 변화시킬 수 있다. 그래도 인텔은 핵심 부품 주도로 완성품을 종속시킬 것이다. 다만 컴퓨터를 전제로 한 핵심 부품 주도가 아닌, 부품을 활용해서 다양한 완성품을 만드는 전략일 것이다.

'죽음의 계곡 단축 분업' 탈감싸기주의

시장 형성이 빠르고 보급이 급속도로 진행되면 '죽음의 계곡'을 쉽게 넘을 수도 있다. '죽음의 계곡'이란 무엇인가? 원리 연구에 기초한 제품 개발을 마치고 제품을 생산해서 시장에 도입해도 그것이 보급되어 시장을 확립할 때까지는 시간이 걸린다. 때문에 제품이 살아남을 수 없다는 것을 '죽음의 계곡에 떨어진다'고 표현한다. 그러면 연구개발까지의 경비를 감당할 수 없어서 모처럼 개발한 기술도 물거품이 돼버린다.

그러나 보급 과정을 분업하면 도입기와 성장기 사이의 간격을 줄일 수 있다. 이 사선형분업은 '윈윈' 관계를 전제로 한다. 그러나 그 관계가 대등하진 않다. 인텔의 세계 제패를 보아도 인텔과 대만의 메인보드 회사는 윈윈관계였지만 대등하지 않았다. 다만 인벤션 전체로 보면 윈윈이 되기 위한 역할 분담을 했을 뿐이다.

연구 시즈를 사업화하기 위해서는 보통 15년에서 20년이 걸린다. 제품으로 보면 하이테크의 실용화 사례로서 'MEMS(Micro Electro Mechanical System, 미세전자기계 시스템)에 대한 조사'가 있다. 이는 기계 부품, 센서, 액추에이터[1], 실리콘, 유리라는 무기 재료와 유기 재료 위에 전자 회로를 집적화한 것이다.

실제 제품으로는 잉크젯 프린터의 헤드, 압력 센서와 가속도 센서 등의 센서 종류와 자이로스코프, DMD 등이 있다. 이들 대부분은 원리가 발명되고 나서 제품 양산에 이르기까지의 시간이 20년 이상 걸렸다. 캐논의 신제품 역시 15년에서 20년 정도 시간이 걸렸다. 이처럼 시간적인 간격이 제품이나 사업으로서 단축될 수 있는지가 관건이다.

기초 기술 연구, 제품 개발, 사업화, 양산화의 네 가지 단계로 살펴보자. 이들 가운데 제품 개발을 마치고 사업을 시작하기까지는 어느 정도 시간이 걸린다. 기초 기술 연구에서 신제품 개발에 쓰인 투자 자금을 회수하는 상황에 들어가긴 하지만 진행은 더디다. 제품이 생산돼도 사업 자금과 운용 자금이 필요하기 때문에 죽음의 계곡이 앞을 가로막는 구도이다.

죽음의 계곡에 대처하려면 어떻게 해야 할까? 첫째, 죽음의 계곡을 어떻게 넘을 것인가를 해결하는 '문제해결형 발상'이 있다. 추가 자금 투입과 경비를 삭감하는 것이다. 펀드와 공적 자금을 구하는 것이 최근의 풍조다. 정책도 이 대처법에 맞추고 있다.

둘째, 죽음의 계곡을 없애거나 좁게 만드는 '문제해소형 발상'이다. 죽음의 계곡을 전제로 대처하는 것이 아니라 이미 존재하는 죽음의 계곡을 없애거나 기간을 단축할 수 있는 방법을 찾는다. 여기에는 비즈니스 모델을 바꾸는 것과 보급 과정에서 분업하는 방법이 있다.

인텔이 대만의 회사를 사용한 방법이다. 자사가 개발한 CPU를 조립하는 중간 시스템으로 메인보드를 만들었다. 제조 노하우를 규격화해서 그것을 염가로 들여온다. 중간 시스템을 이용해서 완성품을 저렴한 가격에 만들 수 있다. 순식간에 완성품 시장에 많은 기업들이 달려든다. 결과적으로 염가의 상품이 시장에 나돌게 되고 죽음의 계곡은 사라질 수 있다.

인텔은 죽음의 계곡을 넘기 위해 반대편에 있는 산을 눈앞으로 끌어당겼다. 신흥국의 염가 생산성을 활용해서 보급 과정을 분업하고, 그것을 발판으로 빠른 시간 안에 매출을 올려 리스크를 최소화했다. 기초 기술 연구, 제품 개발, 사업화, 양산화의 네 가지 단계 가운데 제품 개발, 사업화의 간격을 단축하는 동시에 타사를 끌어들여 사업화와 양산화에 활용했다. 기업들을 같은 편으로 끌어들여 보급 과정을 오픈하고 시장을 만든 것이다.

보급 과정에서 종래의 감싸기주의를 넘어서는 탈감싸기주의에 도전한 것이다. 다만 이 방식은 수평적인 평등의 협업이 아니라 수직통합된 이노베이션 프로세스를 분리한 것이다. 이 분리된 공정을 분업할 때는 리더와 팔로어로 나눌 수 있다. 즉, '인텔 리드 대만 팔로우'라는 형태다. 나는 이것을 '사선형분업'이라고 부른다. 기술력과 인건비의 차이에 주목해서 분업 중간 형태로 끌어들이는 것을 사선형이라고 한다.

보급 과정이 사선형분업으로 일시에 진행되었다. 발명한 것을 오픈하면서 보급이 탄력을 받게 되는데 나는 이것을 '인벤티드 오픈'이라 부르고, '오픈 인벤션'과 '인벤티드 오픈'을 대비적으로 사용하고 있다. 이것이 가능한 것은 인테그랄형 아키텍처로 만든 제품을 모듈형으로 분해하는 것이 가능하기 때문이다. 그것이 가능한 것은 디지털 기술의 진전이다. 그만큼 기술 표준이 빠르게 확립됐다. 그 표준에 기초한 풀턴키 솔루션이 비숙련공도 간단하게 생산할 수 있는 고도의 생산 설비로 완비됐다.

이노베이션 시나리오는 누가 만드나?

인텔 인사이드형과 애플 아웃사이드형과 같은 새로운 이노베이션 모델은 형태가 다르다. 그러나 이노베이션 시나리오와 다른 회사들을 끌어들이는 형태, 외부의 힘을 지혜롭게 활용하면서 주도권을 잡는 공통점이 있다.

이 모델에서는 서구 기업이 기본적인 핵심을 잡고 이노베이션의 시나리오를 그린다. NIEs/BRICs는 저렴한 제품을 만들고 있다. 경쟁력 있는 기업끼리 조합하면 시장은 빠르게 생성된다. 대부분의 경우 선진국과 선진국, 선진국과 신흥국의 조합, 즉 국제 협업과 국제 분업 형태다. 핵심 기술은 서구 기업끼리 협업해서 개발하고 기축을 정돈한다. 그런 다음 NIEs/BRICs 기업을 활용해서 염가로 생산하고 보급하여 시장을 확대한다. 기본적으로 서구 세력들이 주도하는 패턴이며, 역할이 분명하다는 점에 주목하자.

인테그랄형 기술을 모듈 부품으로 떨어뜨려서, 적절한 분업 상대와 함께 보급한다. 이 역할을 분담하는 것이 이노베이션 프로세스를 가속하는 기술이다. 서구와 NIEs/BRICs 사이에 있는 일본만이 이노베이션 프로세스에서 떨어져 있다. 선진국과의 이노베이션 협업도 신흥국과의 보급 분업도 이루지 못한다. 이것을 도식화하여 표현하면 다음과 같이 말할 수 있다.

- 서구 기업 : 이노베이션 시나리오, 핵심 기술 개발, 대규모 투자 (시작)
- NIES/BRICS 기업 : 보급형

이 패턴은 영국식 식민지 정책과 비슷하다. 과거의 대영 제국은 아프리카 식민지 지배를 인도인에게, 동아시아 식민지 지배를 스코틀랜드인에게 맡겼다. 그러나 최종적인 이익은 영국 본토로 돌아오는 구조를 만들었다. 여기에서 대만의 제조사는 당시 인도인과도 같은 처지다.

이 패턴은 기존의 인테그랄형 제품에서 압도적으로 강했던 일본이 지도록 만드는 참패 유도 방정식이다. 일본 기업은 앞으로 많은 것을 배워야 한다. NIEs/BRICs 기업을 단순한 외주처로만 보지 말고 이노베이션 프로세스의 분업 상태를 인식해야 한다.

신흥국에 맡길수록 보급이 빨라진다. '발명×보급＝이노베이션'이라면 보급을 눈앞으로 끌어들여 이노베이션이 급속하게 일어난다. 게다가 이 모델을 채용하면 이노베이션 단계에서도 다음 보급 단계를 준비할 수 있다. 즉, 학습이 이뤄진다. 연구가 끝나고 다음 제품 개발 준비를 시작하거나 연구 성과를 손에 넣고 만족감을 얻은 다음 사용처를 찾는 일은 이제 없어질 것이다.

복수의 기업이 관여하는 이노베이션을 강력하게 추진해야 한다. 발명이 이노베이션과 동의어였던 시대는 지났다. 나는 지금의 이노베이션을 '발명×보급'이라고 생각한다. 발명뿐 아니라, 보급의 조화를 생각해야 한다. 두 가지를 합해서 전략적인 시나리오를 그려야 한다. 그럼에도 불구하고 일본 기업은 지금도 기존 모델을 전제로 해서 어떻게든 기술만 개발하면 된다고 생각한다. 거기에 나는 위기감을 느끼고 있다.

오픈 전략의
3단계

　새로운 이노베이션 모델을 살펴보자. 이들 중에는 세 가지 오픈 전략이 숨어 있다. 첫째, 기술 연구 단계의 오픈이다. 이노베이션이 될 수 있는 리소스를 외부에서 도입하는 것을 말한다. 인소스, 아웃소스, 크로스소스, 커먼소스, 오픈소스 등 다양한 방법을 조달할 수 있다. 리소싱은 기존의 자전주의를 버리고 협업으로 기술을 개발하는 것을 오픈 이노베이션이라 부르지 않고 나는 협업적 발명이라 부른다.

　둘째, 제품 개발 단계의 오픈이다. 이것은 제품 특성상 아키텍처에 따라 핵심을 정하고 특화해서 기술을 개발하여 '인테그랄의 내부화와 모듈의 외부화' '독점 기술화와 표준 오픈'의 구조를 만든다. 기존에는 고도의 기술이 들어간 제품일수록 통합조율이 필요했지만, 디지털 기술을 포함한 다양한 기술의 진전으로 모듈화가 일제히 진행된다. 탈스리아와세 주의의 파도가 밀려오고 있다. 이때 어디를 클로즈하고 어디를 오픈할 것인지를 판단하는 것이 중요하다.

셋째, 보급 단계의 오픈이다. 기존에는 수직통합적으로 모든 것을 끌어안고 보급까지 강행했지만 이제는 탈감싸기주의를 벗고 타사를 같은 편으로 만들어, 협업 파트너로 활용해야 한다. 보급 프로세스를 오픈하는 것이다. 디지털 기술의 진전과 풀턴키 솔루션으로 비숙련공을 활용하면 기술력은 낮아도 인건비가 저렴한 신흥국을 참여시킬 수 있다. 이때 표준 지적재산권을 발판으로 삼아 매니지먼트를 하고 탈감싸기주의를 진행한다.

도표 6-1 새로운 이노베이션 모델의 세 가지 오픈 전략

핵심 기술개발은 일종의 스위트 스팟²을 만드는 일이다. 이를 활용해서 비즈니스의 스위트 스팟을 만든다면 골프와 마찬가지로 볼을 멋지

게 멀리 날릴 수 있다.

이처럼 새로운 이노베이션 모델에는 세 가지 오픈 전략이 있다. 여기서 둘째와 셋째가 연동하고 있는 것을 알아차렸을 것이다. 제품에서 표준화를 포함하는 지적재산 매니지먼트를 제대로 발휘하지 못하면 셋째 오픈을 말할 수조차 없다. 그러나 첫째 오픈을 하지 않아도 제2, 제3의 오픈은 할 수 있다. 이것이 8장에서 나오는 클로즈에서 오픈으로의 이행 모델에 대한 근거가 되기 때문에 꼭 염두에 두길 바란다.

이노베이션의 **주도권**을 잡으려면

오픈 이노베이션의 이해

오픈 이노베이션의 재고

지금까지 본 것처럼 새로운 이노베이션 모델은 기술과 지적재산권의 전체적인 공개만을 의미하진 않는다. 오픈이란 마음대로 사용해도 좋다는 의미로 자유롭게 공개하지만, 무료로 사용하라는 것은 아니다. 설령 무료라고 해도 뭔가가 감춰진 게 있다. 공짜가 가장 비싼 법이다.

오픈이란 자유 참여다. 만일 참가한다면 규칙을 지켜달라는 것이 오픈이다. 오픈된 문을 열면 조정석에 서구 기업이 앉아 있다. 서구 기업이 오픈 이노베이션을 하자고 하면 자신을 조정하려는 것으로 생각하라.

오픈 이노베이션은 모두가 참여할 수 있다. 포인트는 누가 이노베이션 시나리오를 그리느냐에 있다. 그리는 사람이 감독하고 주연을 한다. 자신의 프로세스를 어떤 식으로 협업하고 분업할 것인가? 누가 핵심을 잡고 전체 시나리오 주도권을 누가 가질 것인가? 이런 전략 시나리오를 짜지 않으면 이길 수 없다. 그러나 일본 기업 대부분은 기획에 서툴다.

정부가 아무리 과학 기술에 예산을 투자해도 일본 기업은 전부 해외 경쟁 상대에게만 이로울 뿐이다. 그러니 서구 기업들은 일본이 과학기술 예산을 투자할수록 반가울 것이다. 비즈니스 모델을 모르는 일본인을 이용해서 사업하려는 기회일지도 모른다. 일본을 봉으로 알고 있는 것은 아닐까? 아니면 일본을 토끼 정도로 보고 있는지도 모른다. 개와 경주를 시킨 다음 선도 역할을 한 토끼를 내쫓는다. 일본에게 획기적인 신제품을 개발하게 하고 시장에 출시될 때 급습을 한다. 표현이 지나친 것 같지만 그렇다는 이야기다.

산업계에도 상당한 온도 차가 있다. 이를 크게 세 가지 타입으로 나눌 수 있다. 첫째, 오픈 이노베이션을 오픈 인벤션, 기술개발의 협업으로 이해하는 기업이다. 둘째, 오픈 이노베이션을 이해하면서도 그것과 상관없이 기존의 자전주의 클로즈 이노베이션을 중심으로 한 정책을 내걸고 있는 기업이다. 이 타입은 기술개발에 의한 협업 리스크를 인식하면서도 너무 안이하게 서구 기업의 오픈 이노베이션 유도에 걸리지 않도록 주의하고 있다. 셋째, 오픈 이노베이션도 오픈 발명도 모두 이해하지 못하는 타입이다.

나는 첫째와 둘째를 지지한다. 산업계와 마찬가지로 오픈 이노베이션의 파도를 받아들이지만 진중한 고민이 필요하다. 일본은 파도를 타는 데 서툴다. 시대에 뒤떨어지지 않으려는 노력을 영어로는 '밴드 왜건'이라고 한다. 일본은 과거 서구의 식민지 정책을 따라잡으려고 아시아에 식민지를 두었다가 실패했다. 일본은 당황하면 성공하지 못한다. 그러나 이대로 앉아서 죽을 수는 없다. 가능한 근본 대책을 찾아야 한다.

이노베이션 주도권을 잡는 방법

당초에는 일본이 상당한 점유율을 차지하고 있었지만 현재는 참담한 상황이 된 전자제품들이 있다. 컴퓨터, DVD, 액정, 휴대전화는 모두 국제 표준을 발판으로 한 오픈 전략에 보기 좋게 당했다. 그렇기 때문에 오픈 전략을 하자는 의견에 의문이 든다.

일본은 인테그랄로 클로즈 단계에서 모듈화하여 오픈 표준으로 가는 모델을 알지 못했다. 모두가 오픈하니까 우리도 오픈하자는 것은 너무 생각이 없는 것이다. 선무당이 사람 잡는다는 말이 있다. 오픈 전략은 기술과 지적재산권의 완전한 오픈을 의미하지 않는다. 어디까지나 이노베이션 프로세스로 참여를 오픈하고, 협력하는 관계다.

비행기를 탔을 때 기내에서 보게 되는 것은 이미 그 조종석을 구미의 대기업이 점유하고 있는 모습이다. 이노베이션 주도권을 잡는 것이 가장 중요하다. 그것은 이노베이션 전체 시나리오를 그리고 행해야 주도권을 잡을 수 있는 것이다.

보급은 시장 확대를 의미한다. 시장 확대가 되었을 때 일본은 이미 실패한다는 점에 주목하자. '시장이 확대되었음에도'가 아니고, '시장이 확대되었을 때'도 아니다. '시장이 확대되는 것'과 '시장에서 일본 기업이 점유율을 잃어버리는 것'은 동전의 양면과 같다. 따라서 '시장이 확대되는 것을 계기로'라고 표현하고 있다는 점에 주목해야 한다. 국제 표준화에 따른 오픈 시장이 제멋대로 급격하게 성장하면 일본 기업은 설 자리를 잃어버린다.

물론 테크놀로지는 필요하다. 내가 관심을 갖고 지켜보는 기업은 오카야마의 하야시바라다. 대기업이 절대로 할 수 없는 테마로 20년 단위

장기 개발 계획으로 도전하는 전략을 세웠다. 그것은 테크놀로지 위주의 모델들이다. 그들은 어떤 의미에서 인텔과 비슷하게 사업하고 있다. 단순하게 인터페론을 개발해서 제약회사에 파는 형태가 아닌 정반대의 행동이다. 하야시바라는 정말 중요한 전략으로 제약회사의 판로를 열어준다. 제약회사 입장에서는 재료를 사들이는 것처럼 보이지만 실제로는 판로를 개척하는 일이다. 결국 부품제로 주도권을 잡고 있다.

소재 분야를 보면 미쓰비시의 DVD 미디어가 훌륭한 사례다. 그들의 비즈니스 모델은 자사의 DVD 미디어 분야를 꽉 잡고 있는데 그것으로 끝나지 않고 표준화를 했다. 제조 노하우까지 개발해서 그것을 대만의 회사에 제공했다. 그러자 대만 업체가 인텔의 메인보드처럼 DVD 미디어를 싼 가격에 제조했다. 순식간에 DVD 미디어 시장이 생긴 것이다.

결국 표준과 소재를 잡았기 때문에 DVD가 많이 팔릴수록 미쓰비시 화학도 덩달아 수익을 얻는 구조다. 미쓰비시 화학은 자사의 브랜드로 높은 점유율을 자랑하고 있다. 결국 소재를 얼마나 잘 활용하는지가 관건이다. 기술과 함께 소재를 제공함으로써 제품을 만들 수 있도록 유도해야 한다.

인텔은 어떻게 하면 비숙련공도 CPU를 다루게 할 수 있을지 고민했다. 그래서 메인보드라는 중간 시스템을 만든 것이다. 핵심 부품인 CPU를 붙인 메인보드를 염가로 만들면서 컴퓨터가 보급되었다. 미쓰비시 화학은 부품이 아니라 DVD 미디어를 만드는 기본 소재를 핵심 소재로 사용한 것이다. 소재 업계에서도 똑같은 모델이 작동하고 있다. 기술력이 필요충분조건인 시대는 가고 충분조건이 나타나는 시대가 왔다. 이 노베이션의 주도권을 찾는 방법이 일본 기업의 과제라 할 수 있다.

삼위일체 전략

사업과 연구개발, 지적재산 전략의 조화

과학기술이 이노베이션의 필요충분조건이었던 시대가 지났다면 새로운 충분조건은 무엇인가? 바로 비즈니스 모델과 지적재산 매니지먼트다. 최근 일본은 지적재산권 입국의 추진과 함께 삼위일체 경영(연구개발 전략+사업 전략+지적재산권 전략)을 선언했다. 그러나 실제 내용이 무엇인지 진지하게 논의한 적은 없다. 물론 우리 연구소에서는 논의하지 않은 것에 대해 반성도 했다. 나는 최근 이 삼위일체론이 훌륭한 선견지명이었다는 사실에 놀라고 있다. 삼위일체론은 새로운 시대의 이노베이션 모델이다. 삼위일체의 포인트를 잡는 것이 이노베이션의 구조를 잡는 기반이다. 핵심으로 들어가기 전에 먼저 삼위일체에 관한 기본적인 개념부터 정리해두자.

'사업 전략 + 연구개발 전략 + 지적재산 전략'의 역할

기업 경영에서 연구개발 전략, 지적재산 전략, 사업 전략의 세 가지를 연동해서 삼위일체로 만들어 경영을 뒷받침한다. 기본은 다음과 같다.

- 사업 전략 : 기술력과 서비스의 지식을 재원으로 권리화하고 관리해서 운영하는 지적재산을 뒷받침한다. 이를 토대로 사회적인 의미가 있는 사업으로 발전시켜 수익을 확보하고, 고용을 유지하는 구체적인 방법과 개요를 말한다.
- 연구개발 전략 : 신규 사업이나 기존 사업을 강화하여 경쟁 우위의 기술로 창출하는 구체적인 방법과 개요를 말한다.
- 지적재산 전략 : 신규 사업 창출과 기존 사업의 경쟁력을 높이는 데 이바지하는 지적재산 창조 지원 및 권리 형성과 관리 운영 활용에 관한 구체적인 방법과 개요를 말한다.

사업 경쟁력의 우위를 확보하고 유지해 확장하는 것처럼 각각의 역할 범위에서 활동할 필요가 있다. 사업 전략에 합당한 제품이나 서비스를 전개할 수 있는 기술을 연구개발해야 의미가 있다. 반대로 연구개발한 기술을 사업으로 전개할 때 뒷받침하려면 지적재산 전략을 세워야 한다.

사업은 기업이 가진 지식을 총동원해서 제품이나 서비스를 제공할 사명이 있다. 지적재산을 사업 리소스로 발휘해야 한다. 그 제품이나 서비스가 매력적일 때 사업이 성공한다. 이것은 필요조건에 지나지 않는다. 제품이나 서비스가 지적재산으로서 보장돼야 한다. 비즈니스 시나리오를 상정한 다음 지적재산 보호와 경영 툴로서 제대로 실행되지 않는다면 사업의 충분조건이 충족되지 않는다. 따라서 첨단 기술을 기반으로 하는 제조사에게 이른바 기술 경영과 지적재산 매니지먼트는 지극히 중요하다. 그러나 이런 노력을 실행하는 기업은 소수에 지나지 않는다.

삼위일체의 핵심

삼위일체를 형성하는 사업 전략은 어떤 것일까?

① 제품 특성에 맞는 핵심 기술 개발
② 시장 확대와 수익 확보를 동시에 달성하는 비즈니스 모델 구축
③ 독자 기술의 권리와 비밀, 공개와 조건부 라이선스, 표준화 오픈 등을 나누어 사용하는 지적재산 매니지먼트 전개

이때의 핵심 기술은 발견하는 것이 아니라 만드는 것이다. 인텔을 보면 PCI 버스가 원래부터 컴퓨터의 핵심이었던 건 아니다. 모듈화해서 핵심 기술로 만든 것이다. 버스 기술을 특화해서 개발하고 내부를 독자 기술로 인테그랄에 따라 구성하여 블랙박스로 만든다. 다른 한편으로는 외부를 모듈로 구성하여 인터페이스 프로토콜을 표준화해서 타사에 제공한다.

엄밀히 따지면 컴퓨터의 핵심이 CPU와 OS란 점은 부정할 수 없다. 그러나 앞의 예처럼 기능성 소재나 기계 부품, 네트워크 서비스도 모듈화하면서 핵심 기술로 만들 수 있다. 일단 모듈화와 핵심 기술을 경험한 우리들은 모든 것을 새롭게 볼 것이다. 기존에 없었던 많은 일들이

일어날 것이다. 휴대전화도 검색 서비스도 누가 20년 전에 오늘을 예상할 수 있었을까? 과학자는 핵심 기술을 찾는 발상을 하기 쉽지만, 실무자에게는 오히려 핵심 기술을 만드는 발상이 더 이롭다.

비즈니스 모델을 다투다

이노베이션의 주도권을 잡는 비결은 '삼위일체 경영'이었다. 여기에는 다양한 비즈니스 모델이 경쟁하고 있다. 그 대표적인 예를 소개한다.

- 인테그랄 연명 VS 모듈 진전 VS 인테그랄
- 고급화 VS 상품
- 완성품 주도 VS 핵심 부품 주도

사업 모델 간에 경쟁할 때는 입장을 분명히 해야 할 필요가 있다. 인테그랄한 곳은 모듈화하지 않도록 주의해서 연명책을 도모한다. 한편 인테그랄을 붕괴시키려는 쪽은 모듈화하려고 한다. 그러면 인테그랄의 아성이었던 곳에서 자신들이 살아남을 부분이 생기기 때문이다.

일단 모듈화한 곳에서는 다시 한 번 인테그랄 기술로 돌아가려고 할 것이다. 권토중래! 결국 인테그랄화를 열심히 생각한다. 이렇게 모델 사이의 경쟁이 심하다.

고급화를 할 것인가? 모듈화를 진행할 것인가? 상품으로 진행할 것인가? 완성품 주도의 애플 아웃사이드로 갈 것인가? 인텔 인사이드처럼 핵심 부품 주도로 갈 것인가? 이런 경쟁을 철저하게 분석해야 전략의 참맛을 아는 진정한 군사일 것이다.

▶ 17안타, 잔루 20…, 일본의 필패 방정식

야구에서 안타를 치고 출루하면 홈인할 수 있을까? 일본은 최근 이런 상황이다. '일본팀, 맹공 17안타, 20잔루, 하지만 한 점도 내지 못하고 지다!' 감독은 도대체 무엇을 했을까? 이런 감독은 '연타가 나오지 않아서 졌다'고 말도 안 되는 변명만 늘어놓는다.

경영자도 마찬가지다. '이노베이션을 하지 못해서 실패했다'고 외칠 것이 분명하다. 단타만 나와도 어떻게 해서든 점수를 내야 한다. 그것이 감독이고 경영자다. 과거에는 홈런형 이노베이션이었다. 사진, 나일론, 커피머신, 컴퓨터 등. 제2기 이노베이션 모델의 시대는 수직통합적으로 아이디어가 홈런이 되어 충분히 점수를 올릴 수 있었다. 홈런 한 방으로 점수를 내거나 상대팀 수비력이 떨어져서 무조건 안타만 치면 본루까지는 문제없이 득점할 수 있었다.

그러나 지금은 다르다. 홈인으로 돌아올 수 있는 안타나 홈런을 치면 좋겠지만 나름대로 출루한 타자를 제대로 홈인시키는 작전이 필요하다. 아무리 불펜에서 좋은 작전을 내놓아도 선수가 게임을 제대로 하지 못하면 경기에서 이길 수 없다. 불펜은 경영진일 수도 있고, 정부 정책일 수도 있다. 감독과 코치가 자유로운 게임 분위기를 만들어줘야 한다. 그것이 불펜의 역할이다. 하지만 지금은 안타를 친 선수에게 홈인 기술을 코치할 수 있는 감독이 필요할 단계다.

chapter 7

삼위일체 경영을 위한
지적재산 매니지먼트

사업력 강화의 지적재산 매니지먼트

- 사업 리스크의 최소화
- 사업 기회의 최소화

프로 이노베이션 시대의 비즈니스 모델과 지적재산 매니지먼트

- 인텔 인사이드형
- 애플 아웃사이드형
- 권총 비즈니스형
- 독립 시장형

지금까지 본대로 프로 이노베이션 시대에서 사업 경쟁력을 갖추기 위해서는 사업 전략, 연구개발 전략, 지적재산권 전략의 삼위일체가 필수라는 것을 알았다.

- 제품 특성에 맞는 핵심 기술 개발
- 시장 확대와 수익 확보를 동시에 달성하는 비즈니스 모델 구축
- 독자 기술의 권리와 비밀, 공개와 조건부 라이선스, 표준화 오픈 등을 나누어 사용하는 지적재산 매니지먼트 전개

이들이 서로 강하고 빠르게 관계를 맺는 것이 필요하다. 본 장에서는 이들 세 가지 가운데 독자에게 친숙하지 않은 지적재산 매니지먼트에 대해서 해설한다. 기업 경영에서 사업 전략과 지적재산 매니지먼트와의 관계는 필수다. 그러나 지적재산 매니지먼트를 특허 취득 실무라고 착각하는 사람이 많다. 따라서 지적재산 매니지먼트에 대한 기초를 알아야 한다. 지적재산 관계자도 본 장을 읽으면 도움이 될 것이다. 기존 출원업무 중심의 법무적인 지적재산 관리와 다른 측면을 알게 될 것이다.

기술 전쟁의 필승 전략

지적재산 매니지먼트의 기본 전제

사업 전략과 지적재산 매니지먼트와의 관계를 생각할 때 알아둬야 할 기본 사항이 있다.

모든 지적재산을 권리화하는 것은 옳지 않다

사업 전략상 지적재산은 모두 권리화하면 좋을까? 그렇지 않다. 앞서 설명한 대로 지적재산과 지적재산권은 다른 것이다. 개념이 다르다.

그러나 지적재산 매니지먼트를 '모든 지적재산을 권리화하는 것이다'고 오해하는 사람도 적지 않다. 이것은 착각이다. 지적재산을 취득하지 않는 것이 사업전략상 유리한 경우도 있다. 왜일까?

특허는 어떤 기간이나 기술에 대해서 배타 독점적으로 사용할 권리를 주는 것이다. 반대로, 특허권을 가진 사람의 허락을 받지 않고 사용하는 것을 금지하는 법적 권리다. 다만 권리 행사에는 대신 특허 공개가 따른다.

특허청이 발행하는 《특허 공보》에 기술을 공개하면 어떤 식으로든 경쟁 상대에게 새어나간다. 또 특허 기간이 경과하면 누구나 그 기술을 사용할 수 있다. 그렇다면 지적재산이 되는 기술을 만들어도 그것을 공개하지 않으면 된다. 이것도 하나의 전략이다.

예를 들어 코카콜라의 맛은 어떻게 만들었을까? 실제로 이 제조법은 특허를 따지 않았다. 1831년에 약제사 J. S. 펨버턴 박사가 개발한 이래 그 처방은 여전히 수수께끼다. 전문 연구자가 원액을 아무리 조사해도 알 수가 없었다.

만일 특허를 따려고 했다면 그 기술을 명백하게 밝혔어야 했다. 그러나 특허는 보통 20년이라는 기한이 있다. 그 기간이 지나면 누구든 콜라 제조를 허용한다. 따라서 코카콜라는 그 맛을 내는 비법을 감추고자 특허를 따지 않았다. 그러나 병과 캔에 대해서는 특허를 취득했고, 입체 상표를 등록해서 엄격히 관리하며 권리를 철저하게 지키고 있다.

최근 전기 업계에서는 액정 텔레비전과 플라즈마 디스플레이라는 중점 상품의 핵심 제조 기술을 특허로 따지 않고 비밀 노하우로 숨겨두는 경향이 있다. 특허를 따면 타사에서 쉽게 접근할 수 있기 때문이다. 웹사이트에서 최근 공보를 보는 것이 가능하기 때문에 기술은 순식간에 세계로 퍼진다. 특허권을 취득할 경우에는 이 리스크도 계산해봐야 한다. 노하우의 비밀이란 기술 정보 누설을 막기 위한 방책이다.

한편으로 광고 효과를 보는 것도 사실이다. 예를 들어 샤프의 가메야마 공장은 노하우를 비밀로 해서 제조 공정을 외부에 공개하지 않는다. 그런데 도리어 '가메야마 공장은 훌륭하다'고 홍보됐다.

도쿄 아키하바라의 전자상가에서는 그 점을 강조해서 판매하는 가게가 여럿 있다. 지적재산 매니지먼트의 중요한 역할 중 하나는 지적재산을 어떻게 관리할지 적절하게 판단하는 일이다.

일반적으로 '리버스 엔지니어링'이 판단 기준이다. 리버스 엔지니어링이란 완성품을 분해하거나 해체해서 그것이 어떤 기술과 연구로 제조됐는지 역행 조사하는 것이다. 가능한 경우 제품을 제조하기 위한 다양한 기술이 드러나기 때문에 제대로 특허를 얻어야 할 필요가 있다. 리버스 엔지니어링을 할 수 없는 경우 제품을 아무리 분해해도 기술이나 제조법을 알 수 없기 때문에 기술 정보를 공개하는 것이 특허 취득에는 오히려 손해다. 따라서 노하우를 감추어야 한다.

기계 제품은 분해할수록 어떤 부품을 어떻게 조립했는지 알 수 있다. 그렇다고 유사품을 만들 수 있는 것은 아니다. 부품의 세부 소재가 희귀해서 구하기 어려울 수 있고, 원만하게 움직이지 않아 '장인의 기술'로 부품을 조정할 수도 있다. 그래서 지적재산을 취득하는 것보다 유사품을 방지할 수 있을 것이다.

홀가먼트(무봉제의 전신망 다이츠 등을 기계만으로 만드는 기술)로 유명한 와카야마켄의 시마세이키의 전략도 마찬가지였다. 특허를 따고 특허 공보를 통해서 경쟁 상대에게 기술을 알리는 일을 막아야 한다. 그러나 일본에서는 한때 특허출원 건수와 취득 건수로 끊임없이 경쟁하는 경향이 있었다. 그래서 대부분의 기술이 외국에 알려졌다. 카드를 내미는 것도 숨기는 것도 게임 작전 가운데 하나다. 이러한 판단을 적절하게 조절하는 지적재산 매니지먼트의 힘이 요구된다.

특허는 상대적으로 불안정한 권리다

특허권은 독점 배타권이다. 자사가 연구개발한 기술은 지적재산으로서 권리를 확보하고 독점한 제품과 서비스의 실장(기술을 사용하는 것)을 할 수 있다. 반대로 말하면 타사가 같은 기술을 사용하는 것을 배제할 수 있다. 물론 타사에게 라이선스를 양도하는 것도 가능하다.

특허권은 다른 법률적 권리와 현저하게 다른 특징이 있다. 그것은 특허가 인정되어도 타사가 의문을 제기하면 공적으로 이의를 제기할 수 있다. 예를 들어 A사가 어떤 특허를 가졌다고 치자. 물론 특허청에 출원해서 그것이 인정되었다. 이때 B사의 신제품을 조사해보니 명백하게 A사의 특허 기술을 사용한 것으로 드러났다. 따라서 A사는 B사에게 권리 침해라는 경고장을 보낼 수 있다. B사의 반응이 불량할 때는 소송을 걸 수도 있다.

소송을 당한 B사는 어떻게 될까? 보통 세 가지 패턴이 있다. 첫째는 '이 기술은 A사의 특허 기술과 다르다'고 주장한다. 이 경우 전문가가 판단을 내리고 특허의 출원 해석을 둘러싼 논쟁이 계속된다. 둘째는 '아, 미안해요. 무심코 같은 기술을 사용했어요. 용서해주세요. 지금까지의 배상금을 지불할 것이고 앞으로는 적절한 라이선스를 지불할 것이니 사용하게 해주세요'라며 양해를 구할 수 있다. 이에 대해 A사는 받아들일 수도 거절할 수도 있다. '배상금은 받겠지만 이제는 사용하면 안 된다. 두 번 다시 사용하지 말라'고 할 수도 있다. 상황에 따라 다르다. 셋째는 '확실히 우리 회사 기술은 A사와 같지만 이 기술은 별도로 특허에 충족되는 것이 아니다. 원래 이런 기술이 특허가 된 것 자체가 이상하다'고 주장한다. 특허는 이런 주장이 가능하다. 특허가 무효라면 특허청에 무효 심판을 청구할 수 있다. 또 재판소에서 침해 소송을 한다면 특허권의 무효 이유로서 항변할 수 있다. 그 결과 B사가 침해했는지 아닌지의 논점과 A사의 특허가 원래 적절한 것이 아니었다는 논점으로 판단할 수 있다.

A사의 특허를 무효 처리하고, B사가 이기는 경우도 있다. 그러면 그동안 A사가 많은 돈을 지불한 출원료/심사료/연금에 관한 문제가 생긴다. 특허를 취득해서 안심하고 제품을 만들었는데 쓸모없는 것이 돼버리기도 한다.

결국 특허란 해석에 따라 판단이 달라지는 부정확한 권리다. 때문에 최근에는 특허의 질을 높이는 것이 지적재산 관계자의 주요한 관심사가 되었다. 결국 법적 권리의 안정성, '무효가 되지 않도록 확실한 권리를 보장 받으려면 어떻게 해야 하는가?' 하는 문제를 살펴야 한다. 이 논의의 일부는 칼럼에서 소개하겠다. 어쨌든 이 불안정성을 줄이려는 한편, 제품이나 사업 전략에 안전한 지적재산 매니지먼트가 필요하다.

특허는 나라별로 다르다

발명에 특허권을 부여하면 어떻게 될까? 판단은 각 나라의 특허법에 기초해야 한다. 때문에 특허권은 취득한 나라에서만 효과가 있다. 일본에서 특허를 취득해도 미국이나 인도에서 권리를 주장할 수 없다. 따라서 해외 사업을 전개할 경우에는 필요한 나라마다 특허를 취득해야 한다.

경제 글로벌로 해외 출원이 급증하고 있다. 제품을 판매하는 경우뿐 아니라 유사품을 막으려는 이유도 있다. 발명은 하루빨리 출원하는 것이 중요하지만 출원할 나라의 언어를 사용해야 하는 것은 한계가 있다. 따라서 'PCT 출원'이라는 제도를 이용한다. 이것은 가맹국으로 출원하면 모든 회원국에서 동시에 출원했다고 간주하는 특허협력조약(Patent Coperation Treaty)이다. 일본의 경우 일본어나 영어로 작성한 출원 서류 한 통만 제출하면 PCT 가맹국 동시 출원이 가능하다. 특허 여부는 각국의 심사에 따른다.

지적재산 제도와 운용은 나라마다 다르다. 특허 대국인 미국에서만 '선 발명주의'를 택했고, 다른 나라들은 '선 출원주의'를 사용한다. '선 출원주의'는 조금이라도 빨리 특허 출원을 하는 자가 권리를 부여받는다. 그러나 미국은 '선 발명주의'로 특허 출원과 상관없이 빨리 발명한 자가 권리를 인정받는다. 때문에 어떤 기술이 널리 보급되고 나서도 '사실 이 기술은 내가 발명한 것이다'라고 주장하면 상당한 리스크가 생긴다. 그럴 때는 어떻게 해야 할까?

'그때까지 기술을 사용하고 있던 제품 매출액의 상당 부분을 배상금으로 지불하라'는 엄청난 청구서가 날아올 수 있다. 이런 악의적인 소송 리스크가 미국에서는 비일비재하다. 그래서 많은 국가들이 미국에게 제도 변경을 요청해도 상원에선 통과했지만 하원은 부결시켰다며 매번 빠져나가고 있다. 페어플레이 정신을 표방하는 미국의 또 다른 얼굴이다.

또한 각 나라마다 재판 제도 운용이 다르다. 게다가 국가 정책이 바뀌면 운영도 변한다. 프로패턴트 정책(미국에서 일어난 특허권 강화의 움직임)의 움직임에 따라서 특허권자의 권리와 의미가 달라진다. 따라서 지적재산 관계자는 부시 정권과 오바마 정권의 차이에 주목하고 있다. 이런 점을 제대로 이해한 다음에 대책을 마련할 수 있는 지적재산 매니지먼트 능력이 필요하다.

중핵 기술의 특허가 좋은 것만은 아니다

제품의 핵심이 되는 기술을 보유하고 있는 것은 필수다. 특히 기본 특허는 제품을 좌우한다. 제품은 새로운 기술을 개발하거나 거액의 라이선스 사용료를 지불해야 만들 수 있다. 핵심 기술을 잡는 것이 지적재산 매니지먼트의 포인트다.

그러나 여기에는 두 가지 단서가 붙는다. 첫째, 고도의 기술에 한정되지 않는다. 보잘 것 없는 기술이 제품의 요소를 좌우하는 경우도 있다. 이것은 '길목 특허'라고 부른다. 관문을 통과하지 못하면 진행할 수 없다. 길목 특허를 잡는 것도 지적재산 매니지먼트의 중요한 항목이다. 둘째, 중핵 기술의 주변 기술과, 보완이 가능한 인접 기술이나, 다른 부품과의 관계를 연결하는 관련 기술에 대해서도 특허망을 제대로 취득할 필요가 있다. 보통 제품은 한 가지 특허만으로 만들 수가 없다. 아주 작은 특허로도 제품이 성립하는 경우를 '한 제품 소수 특허'라고 부른다. 그중에서 물질 하나로 이루어진 의약품은 '한 제품 한 특허'의 전형적인 예다. 그것을 분말이나 액체나 정제로 만들 경우 제제 조건이 다르기 때문에 특허도 달라진다. 한 제품 한 특허였어도 부수적인 관련 특허가 필요할 수 있다.

자사 제품의 중핵이 되는 기술을 갖고 있는데 관련 기술을 타사가 취득하면 어떻게 될까? 중핵 기술을 활용할 수 없을 것이다. 타사의 관련 특허가 배제될 리스크가 있다. 배제되지 않았어도 라이선스 비용을 지불하는 것이 보통이다. 그러니까 아무리 중핵 기술을 개발해서 특허를 취득해도 안심할 수 없다는 얘기다.

대학교에서 개발된 기술 특허를 아무리 기업에 이전한다고 해도 바로 사용할 수 없는 이유가 여기에 있다. 이렇게 관련 특허군을 형성하기 위해서는 다양한 기술 개발과 동시에 특허도 취득해야 한다. 그렇다면 기술 개발을 어떻게 형성하는가? 거기에 지적재산 매니지먼트가 필요하다.

반대로 말하면 중핵 기술을 빼앗겼어도 관련 특허를 갖고 있는 경우 '특허 포위망'을 깔고 유리한 교섭 조건을 끌어낼 수 있다. 클로스 라이선스를 갖고 있는 경우다. 이러한 지적재산 매니지먼트를 지혜롭게 사용하는 사람에 따라서 기업의 경쟁력이 달라질 것이다.

상표는 브랜드 전략에 빠지지 않는다

상표권은 기업의 브랜드에 가장 많이 영향을 주는 권리다. 상표는 상품 식별을 명확하게 해서 유사품을 배제하는 데 아주 중요하다. 권리 취득은 필수다. 상품을 구분해서 권리를 취득해야 하기 때문에 같은 이름이 생각지도 않았던 상품에 사용될 가능성이 있다.

크라운이란 상표는 어떤 상품들을 떠올리는가? 자동차? 초콜릿? 라이터? 분야에 따라 다른 제품이 같은 이름을 갖는 것은 그 때문이다. 이들 상품의 사용자층도 반드시 같지는 않다. 그렇다면 카테고리마다 상표를 등록해도 혼란은 없을 것이다.

애플이라면 어떨까? 비틀즈의 애플 레코드를 떠올리는 사람과 컴퓨터 애플을 떠올리는 사람의 계층이 실제로는 미묘하게 겹친다. 따라서

218

'애플의 아이튠즈가 애플 레코드 곡을 팔 때 어떻게 할까?'라는 말도 나온다. 한때 애플 레코드는 컴퓨터 애플과 상표 분쟁을 했었다. 애플 제품 중 매킨토시의 약칭인 맥은 햄버거 맥도날드의 약칭 맥과 회화에서 혼동된다.

과거 일본에서 유명했던 코믹밴드 드리프터즈가 미국의 인기 R&B 그룹 드리프터즈로부터 항의를 받았다는 소리는 들은 적이 없다. 그러나 1970년대 후반부터 80년대의 인기그룹 샤넬즈가 라츠 앤 스타로 갑자기 개명한 것은 고급 브랜드 샤넬이 경고했기 때문이라는 소문이 있다. 이는 일본의 경제적 지위와 관계가 있을지도 모른다.

상표도 당연히 국가별 권리이기 때문에 반드시 그 제품이 유통하는 나라에서 확보해야 한다. 비슷하게 닮은 상품이 버젓이 활개를 칠 가능성 때문이다. 사업의 다각화와 상품 유통의 글로벌화에 가장 많은 영향을 주는 것이 지적재산권이다.

타국의 지명을 재빨리 자국에 등록해서 악용하는 사례도 있다. 최근 중국에서는 일본 지명을 상표로 등록하는 사건이 연이어 발생하고 있다. 중국의 사과 상표로 아오모리라는 지명이 출원되었다. 다행히도 중국 당국이 신청을 각하했다. 상표가 얼마나 글로벌화 되었는지를 잘 나타내고 있다. 상표권은 선 등록이기 때문에 사업할 때는 선수를 칠 필요가 있다. 다만 권리를 취득해서 장기간 사용하지 않으면 상실할 수 있으므로 주의해야 한다.

의장은 디자인으로 기술을 지키면서 브랜드를 형성한다

의장은 유형물의 형상과 색채로 만든 지적 창조물이다. 디자인의 통일성은 브랜드 가치를 높이는 효과를 갖고, 의장권은 권리를 독점적으로 보호한다. 유사품에 대해서 효과가 빨리 나타나는 권리다. 따라서 이 권리도 사업할 때 선수 치는 것이 중요하다.

의장에 대해서 틀에 박힌 해설이 횡행하고 있으므로 주의해야 한다. '기술=특허권, 디자인=의장권, 로고=상표'라는 공식이다. 아마도 법률적으로는 이런 공식에 가깝지만 비즈니스 측면에서 보면 반드시 그런 것만은 아니다. 의장권은 상표권과 함께 브랜드 전략상 극히 중요한 위치를 차지하고 있으면서 특허와 함께 기술 보호에 큰 역할을 담당한다.

자동차의 타이어 소재에 대해서는 특허를 취득할 수 있다. 타이어 표면의 여러 구멍으로 구성된 모양에 따라 타이어 성능이 크게 변한다. 따라서 얼마나 효과적인 트레드 패턴을 개발하는지는 각 회사가 경쟁하는 분야이다. 이른바 트레드 패턴은 최첨단 기술의 성과이다. 정숙성과 안정성은 리브 패턴, 제동력과 구동력은 러그 패턴, 견인성은 블록 패턴을 조합한다. 이러한 패턴 자체를 기술 성과로서 특허권과 더불어 의장권으로 보호한다.

신칸센의 선두 차량은 코처럼 생긴 모양이다. 이것도 유체 역학 기술의 결정체인데 특허와 의장권을 모두 갖고 있다. 결국 의장권은 기술을 보호하는 데 특허권과 태그를 조합해서 상승효과를 가져온다. 이러한 별도의 권리를 상승적으로 조합하는 것을 나는 지적재산권 믹스라고 부른다.

그러나 이러한 권리를 제대로 이용하지 못하는 사례도 있다. 최근 어떤 기업이 낸 획기적인 게임기는 유사품이 나돌고 있다. 어떻게 된 일

220

일까? 이 기업은 과거 텔레비전 게임기로 세계를 제패했다. 당시 기계용 소프트웨어는 유사품이 나오지 않았다. 소프트웨어가 독특한 의장권을 갖고 있었기 때문이다. 따라서 타사가 유사품을 만들 수도 없었고, 그럴 경우 재빨리 법적인 조치를 취했다. 지적재산 믹스의 좋은 예이다.

하지만 이번 상품의 카트리지는 흉내 내기 쉬운 정사각형 디자인이다. 때문에 의장권을 제대로 가질 수 없다. 갑자기 유사품이 나오기 시작했다. 현재 이 기업은 불공정 경제 방지법을 적용해서 유사품에 대응하고 있다. 피해는 측정할 수 없다. 미리 준비하면 걱정 없는 것이다. 이것이 지적재산 매니지먼트의 힘이다.

어쨌든 기술 특허뿐 아니라 상표 의장에 대한 권리화를 진행해서 사업 경쟁력을 보호하고 강화하는 것이 중요하다. 지적재산 믹스를 하려면 지적재산 매니지먼트 능력이 반드시 필요하다.

▶ 특허의 기술적 가치와 경영적 가치

최근 특허는 양보다 질이라는 말을 자주 듣는다. 그것으로 충분할까? 프로패턴트를 주장하는 목소리가 높아지는 가운데 기업은 특허의 양만 채우려고 한다. 그런 대기업을 중심으로 한 특허 출원 건수가 급증했다. 일본은 항상 40만 건 전후의 출원을 자랑하는 특허 출원 대국이다.

그러나 특허 출원 대국은 특허 대국과는 다른 말이다. 특허 대국은 지적재산 대국이지만, 그것이 지적재산 입국으로 이끈다고 단정할 순 없다. 과학기술 대국이나 지적재산 대국이 되어도 사업으로 성공하지 못하면 과학기술 입국이나 지적재산 입국이라 판단하기 어렵다.

특허에는 기술적 가치와 경영적 가치가 있다. 특허의 질이란 법적 안정성을 지칭하는 경우와, 기술의 크기를 지칭하는 경우가 있다. 여기에서 양과 질에 대한 논의를 정리해보자

〈논의 1〉 양을 늘리면 질 좋은 것을 발견할 확률이 높다

나는 이 논의를 '특허 출원, 후지산 들판론'이라 부르고 있다. 들판이 펼쳐지지 않으면 산이 평평해져 높아지지 않는다. 언뜻 맞는 이야기다. 총 쏘는 솜씨가 서툴러도 많이 쏘면 얼추 맞는다는 것과 마찬가지다. 지적재산을 많이 창출하고 권리화하다보면 그중에서 빛나는 것이 나올 확률이 높다.

개수만 늘리려고 특허 출원을 많이 하다보니 감추어야 할 기술을 출

원하는 경우도 끊이지 않는다. 게다가 출원 비용도 만만치 않다. 이런 것을 감안해서 기업은 균형을 맞출 필요가 있다.

〈논의 2〉 미사용 특허가 쓸모없다고만 할 수 없다

'쓸데없는 특허를 출원하지 마라'는 논의가 있다. 이러한 배경에는 최근 기업이 보유한 특허 중에서 미사용 특허가 50퍼센트 정도라고 발표한 예가 있다. 쓸데없는 특허는 아무리 많이 갖고 있어도 소용없다. 특허청만 바쁘게 할 뿐이다. 출원 수가 많으면 심사가 지연되고, 자연히 기업은 단순 비용만 증가한다.

여기서 말하는 쓸모없다는 건 어떤 의미일까? 대부분의 경우 미실시 특허는 쓸데없는 특허라고 생각한다. 그러나 경쟁 상대의 기술 진행을 방해하는 진입 금지 특허와 상대의 기술을 막아버리는 방어책 특허가 있다. 반드시 미실시가 미사용을 의미하지는 않는다. 실시하지 않지만 전략적으로 사용하는 특허가 있다. 그런 특허는 티도 나지 않고 큰 목소리를 내지도 않는다.

대량 특허를 출원해도 어떤 기술이 얼마나 진행될지 알지 못하는 경우도 있다. 즉, 나무를 숲 가운데 숨기는 전략으로 이러한 위장 특허 출원도 있다. 미사용 특허를 옹호하는 경우, 관련 기술 진행이 늦춰지니 산업 기술의 진전을 촉진하는 특허 사상에 반한다는 반론이 나온다. 확실히 리스크는 있다. 다만 방어책 특허는 유사품의 진입을 막는 경우도 있다.

어떤 기술을 개발했을 때 타사가 간단한 기술로 같은 모양의 제품을 만들 가능성이 제기된다고 하자. 그때 간단한 기술에 대해 특허를 선행하는 일도 있다. 방어책으로써 유사품을 만들지 못하도록 하는 것이다. 그 비용은 유사품에 대한 대항책보다 저렴하다.

무엇보다 미래의 사업을 목적으로 한 기술을 축적하고 있을 때 특허는 당연히 미사용이다. 만일 미사용 특허가 제로라면 기업의 미래는 없다. 기본 특허는 실용화까지 20년의 시간이 걸린다. 특허 기간의 과반을 미사용인 채로 둔다는 말이다. 예를 들어 7년 매미, 17년 매미와 같은 종류인지 모른다. 땅속에 파묻혀 몇 년을 지내다가 지상에서는 불과 일주일의 생명을 사는 존재들처럼 엄청나게 치열하다.

외부에서 보면 '미사용 특허＝쓸데없는 특허'라고 하지만 그렇지 않다. 반대로 미사용 특허가 반드시 미래에 쓸 수 있는 특허는 아니다. 단순하게 무엇인가 될 수 있기에 보유하려는 것도 아니다. 그러면 미사용 특허는 장래 사업 준비 특허＋장래 불확정 특허가 될 것이다. 따라서 포트폴리오를 만들어서 특허를 제대로 파악하는 작업이 필요하다. 이른바 특허의 재고 조사다. 쓸데없는 특허를 버릴지, 팔지, 라이선스로 등록할지로 나누어야 한다. 이것도 지적재산 매니지먼트의 일환이다.

〈논의 3〉 특허는 무조건 수라고 이야기하는 경우가 있다

ICT 업계에서는 크로스 라이선스와 패턴트 풀 등을 만들 때 숫자가 모든 것을 말하는 경우가 적지 않다. 현실에서 ICT 관련 크로스 라이선스를 할 때도 어림잡아 숫자로 센다. 이것은 보통 수천수만 단위로 실시된다. 특허를 일일이 분석한 다음 개별 교섭을 할 수 없기 때문이다. 그런 경우를 상정한다면 특허의 양에 대해서 일률적으로 부정할 수는 없다.

〈논의 4〉 기업 이미지 향상을 위해 특허를 출원하기도 한다

이것은 광고에서의 특허를 이미지 향상에 이용하는 예다. 신제품은 특허 출원 중이라든가, 특허 취득이라고 하면 기술적으로 고품질 이미지를 얻을 수 있다. 한편 주주의 설명이나 해명에도 사용할 수 있다. '우리들은 노력하고 있다. 기술개발도 진행하고 있다. 특허도 출원하거나 취득하고 있다. 그래서 연구비가 헛되지 않다'고 말하면서 정당화할 수 있지만 정직하지 않은 경우도 있다.

위와 같이 출원을 많이 해야 좋은 것은 아니지만, 미실시하거나 미사용하기 때문에 쓸데없는 것은 아니다.

'특허의 질=특허의 법적 안정성'이라면 양쪽 모두 특허의 질이 높을수록 좋다. 이것을 이해한다면 양과 질의 균형을 논의하는 것이 나을 것이다.

전략으로서의
지적재산 매니지먼트

지적재산 매니지먼트는 지적재산의 소관이 아니다

지적재산 매니지먼트라면 특허권의 권리 출원 업무와 취득할 특허를 관리하는 것이라고 착각하는 사람이 종종 있다. 확실히 지적재산 매니지먼트 중에서도 특허권의 권리를 어떻게 취득하고 관리하는지가 관건이다. 그것만이 아니다. 여기서 주의해야 할 것은 지적재산과, 매니지먼트라는 개념에 대해서 제대로 알아야 한다는 것이다.

첫째, 지적재산 혹은 지적재산에 관해 '지적재산과 지적재산권'을 혼동하지 않아야 한다. 지적재산이란 지식에 의해서 생긴 것 가운데 가치를 인정한 것을 총칭한다. 한편 지적재산권이란 그것들을 법적으로 보호하는 산업재산권(특허권, 상표권, 의장권 등)과 저작권이라는 법적 권리이다. 지적재산에 관련된 책을 보면 지적재산과 지적재산권의 개념을 구분하지 않고 쓴 책이 많다. 전문가는 구분할지 몰라도 일반인들은 어렵기

226

때문에 상세한 개념 정리가 필요하다.

둘째, 매니지먼트 개념에 대해 좀 더 자세히 해설해야 한다. 보통 매니지먼트는 경영으로 번역하지만 기본적으로 '어떤 사물이나 물건을 적절하게 다룬다'는 의미다. 사업 매니지먼트도 있고, 가정 매니지먼트도 있다. 영어 회화에서 많은 물건을 갖고 있는 사람에게 그 물건을 매니지먼트할 수 있는가? 라고 묻는다. 전혀 이상하지 않다.

기업 경영으로 말하면 매니지먼트 레벨은 세 단계로 나눌 수 있다. 목표, 관리, 운용이다. 현장의 맨 앞에서 작업을 적절하게 수행하는 것은 운용 매니지먼트이고 감독이라 부른다. 운용을 매니지먼트하는 것이 관리다. 이를 통틀어서 기업 경영을 하는 것이 목표 경영이다.

에어컨을 예로 설명하면 쉽게 이해할 수 있다. '운용'은 방의 온도를 18도로 유지하는 것이다. 규제에 따라 일정 온도를 지키는 작업이다. '관리'란 적절한 방의 온도를 설정하는 일이다. 그리고 '목표'는 방의 온도를 에어컨에 의지할 것인지를 결정하는 것(차가운 콜라를 마실 것인지, 스웨터를 입을 것인지, 창을 열 것인지 닫을 것인지 등)이다.

목표는 방향을 정하다는 의미도 포함한다. 서양에서 임원은 디렉터라고 부른다. 결국 기업이나 사업의 방향을 잡는 사람이란 의미다. 실무는 말 그대로 관리자다. 일본의 임원은 '도리시마리야쿠'라고 부른다. 관리하는 사람이란 뜻이다. 그래서인지 실무 관리에 능한 관리과장이 많다. 그러나 사업의 방향을 잡는 전략적인 디렉터를 좀처럼 발견할 수 없어서 유감이다.

요약하면 매니지먼트 개념은 방향을 잡은 수준에서 실무 관리 레벨까지를 총칭한다. 이처럼 지적재산과 매니지먼트를 합한 지적재산 매니지먼트는 지적재산 전체를 대상으로 한다. 특허 출원 실무와 라이선스 실무, 소송 실무 등의 운용 수준부터 취득한 특허를 포트폴리오로 관리하는 수준, 나아가 사업에 활용하는 방안을 검토하는 목표 수준까지 포함한다.

여기서 활용은 기존의 지적재산을 구성하고 사업으로 형성하는 단계에서 시작한다. 신규 지적재산을 창출한 사업 품목으로 연결하는 단계, 지적재산을 사업으로 전개해서 시장 확대와 수익 확보를 구상하는 단계까지 포함한다.

지적재산 매니지먼트는 특허 출원 관리나 포트폴리오의 관리도 중요하지만 사업 경영에 있어서는 일부에 지나지 않는다는 점도 알아야 한다.

사업 리스크 최소화를 위한
지적재산 매니지먼트

사업 경영의 포인트는 단적으로 리스크 미니멈과 찬스 맥시멈이다. 이러한 두 바퀴 포인트로 사업 경쟁력을 지속적으로 유지하고 강화해야 한다. 거기에 지적재산 매니지먼트가 공헌하는 역할이 있다. 이 장에서는 지적재산 매니지먼트가 사업 경쟁력에 공헌하는 주된 내용을 열거할 것이다. 지적재산의 대표인 특허를 중심으로 설명하면서 지적재산 매니지먼트를 제대로 하지 않으면 직면하게 될 리스크에 대해 소개한다.

지적재산 분쟁 리스크

타사의 지적재산권에 의한 진입 장벽을 사전에 파악하고 대처해야 소송당할 때 제대로 대처할 수 있다. 타사의 특허를 침해한 경우에는 고의 여부에 상관없이 특허권 침해로 간주되어 사업이 중지된다. 앞에서 서술했듯이 무효 소송으로 대항하는 게 일반적인 방법이지만 과거 자사들의 기술이 타사를 침해했다면 소송에서 진다. 그러면 사업을 유지할 수 없다. 게다가 사업으로 얻은 수익을 기초로 막대한 손해배상을 지불해야 한다.

세계의 경영자들에게 이런 리스크를 알려준 것은 1970년대부터 80년 대까지 일어난 코닥과 폴라로이드의 특허권 분쟁이었다. 1976년 당시 코닥 신제품이었던 즉석 사진은 열두 건의 폴라로이드 특허 기술을 사용한 것이라고 선고되었다. 1985년 상고심에서도 일곱 건의 특허 침해가 인정되어 코닥은 패소하고 말았다. 코닥은 사업을 접었을 뿐만 아니라 수백 억 엔에 이르는 배상금을 지불했고, 재고품을 폐기했다. 브랜드 이미지의 실추도 포함해 상상을 초월하는 절망이었다.

이처럼 타사의 기술 침해 요소를 방지하기 위해 사전 교섭으로 문제 해결 방안을 검토하는 것이 중요하다. 특허 소송은 결과 예견이 어렵고, 패소할 경우 막대한 손해를 보기 때문이다. 그것에 비하면 사전에 여러 가지 대책을 강구하는 것이 훨씬 효과적이다.

미리 준비하면 걱정이 없다. 이긴다고 해도 소송비와 인적 부담이 막대하니 분쟁을 일으키지 않는 게 가장 확실한 방법이다. 다만 분쟁이 일어난 이상 싸워야 한다. 특허권을 침해당한 경우에는 소송을 피할 수 없다. 이때는 타협 없는 철저한 싸움이 필요하다.

내각관방지적재산전략본부의 초대 사무국장을 지낸 아라이 히사마쓰는 말했다. '과거의 일본 기업은 타사가 제품을 모방해서 기술을 침해당하면, 이제 우리 회사도 남들이 흉내 낼 정도라며 기뻐했다.' 참으로 한심한 일이다. 침략했을 때 저항하지 않으면 만만하게 본다. 반대로 철저하게 싸우면 저 회사와 싸우면 호되게 당한다며 조심한다.

IBM 같은 해외 기업이 이런 정책과 활동에 철저하다. 일본의 국제적 중소기업인 하야시바라 그룹도 철저하게 싸우는 것으로 유명하다. 일단 싸우는 자세를 보이면 상대는 내 발을 밟지 않게 조심한다.

'침해하지도, 침해당하지도 않는다'는 방침의 지적재산 매니지먼트, 침해당했어도 소송에 적절히 대응하는 지적재산 매니지먼트, 침해당했어도 당황하지 않고 차분하게 대처해서 철저하게 싸우는 지적재산 매니지먼트가 있다. 이러한 전략을 확실하게 준비해서 실행에 옮겨야 한다.

의제품에 의한 리스크

가짜나 유사품은 매출에 영향을 미친다. 이런 상품은 조악하기 때문에 고객에게 피해를 입히거나 브랜드 이미지를 실추할 수 있다. 예를 들어 매스컴에서 건전지 폭발 사고를 보도했다고 치자. 그것이 정품이 아니라 유사품이라 해도 일단 실추된 브랜드 이미지를 회복하기 어렵다.

고쿠요의 지우개 '가도게시'는 열 개의 정사각형을 조합해서 스물여덟 개의 각을 내어 세밀한 부분까지 지워지도록 만든 독특한 제품이다. 게다가 소재가 스틸렌계 에라스토마(고무탄성제)라서 잘 지워진다.

나는 중국제 유사품을 받은 적이 있다. 모양은 완전히 똑같다. 그러나 전혀 지워지지 않았다. 질이 좋지 않은 고무를 사용한 것이다. 하물며 의약품이나 건강식품의 유사품은 정말 위험하다. 생명이나 건강을 해쳤을 경우 되돌릴 수가 없기 때문이다.

최근 중국에서 온 스팸메일 중 비아그라를 싼 가격에 판매한다는 광고가 있었다. 그러나 이미 가짜 약으로 많은 사람들이 생명을 잃었다고 들었다. 건강과 생명을 절대 간과해서는 안 된다. 그러나 고도의 유사품제조 기업을 같은 편으로 만들 수는 있다. 중국에서 오토바이 유사품방지 대책에 애를 먹던 혼다는 고급 기술을 갖고 있는 유사품 제조사를 외주사로 삼았다. 이는 문제 해결 방법은 아니지만 해소할 수 있는 일석이조의 방법이었다. 이처럼 유사품 대책은 기업에게 지극히 중요한 지적재산 매니지먼트의 하나다.

연구개발 중복에 의한 리스크

어느 회사가 어떤 특허로 기술을 개발하고 있는지를 아는 것은 경영상 지극히 중요하다. 자사가 이미 갖고 있는 기술이 아니라 현재 연구 개발하고 있는 기술을 아는 것도 필수다. 제대로 파악하지 않으면 자사가 개발한 기술이 이미 타사 특허 내용일 수 있다. 특허 조사가 불충분하다보니 자사의 다른 부서에서 이미 같은 특허를 출원했다는 이야기도 종종 들린다. 이는 연구개발 매니지먼트가 소홀하기 때문이겠지만 책임을 추궁하는 것으로는 불충분하다. 지적재산이 이들 연구개발에 관한 정보를 파악하고 있으면 사전에 경고할 수 있을 것이다.

이런 일이 일어나는 곳은 당연히 대기업이다. 연구개발 매니지먼트에서 원천 관리가 필요조건이지만 동시에 지적재산 물가관리가 충분조건이 된다. 양자를 연계시켜 중복 리스크를 없애야 한다. 이를 위해서는 지적재산 매니지먼트가 꼭 필요하다.

손자가 말하길 '적을 알고 나를 알면 백전백승이다. 적을 알지 못하고 자기를 알면 일승일패. 그를 모르고 나를 모르면 싸울 때마다 위험하다'고 했으니, 지적재산 매니지먼트는 병법이다. 군사가 꼭 필요하다는 말이 이제 이해될 것이다.

표준화에 의한 리스크

기술과 특허의 동향을 파악하지 않으면 신기술을 개발하고 특허를 취득해도 표준화가 별도의 기술로 전개될 수 있다. 이러한 리스크가 급증하고 있다. 표준화야 말로 프로 이노베이션 시대에 가장 중요한 광의의 지적재산 매니지먼트다. 표준화에 따라서 라이벌 업계가 좌지우지된다. 오픈 전략 시대의 리스크에 대해서는 5장을 참고하길 바란다.

기술 노하우 누설에 의한 리스크

특허를 취득하면 특허 공보에 기술이 공개된다. 이 리스크를 피하려면 기술 노하우를 숨기는 방법이 있다. 다만, 숨긴 노하우의 누설을 막는 방법에 만전을 기해야 한다. 산업 스파이뿐만 아니라, 퇴직한 종업원들의 입단속까지 철저하게 관리해야 한다.

서류에 의한 것이 아닌 경우에는 소송하는 일이 불가하다. 기억까지 규제할 수 없기 때문이다. 퇴직한 기업에서 체득한 지식을 모두 잊으라고 할 수는 없지 않은가? 이것 또한 지적재산 매니지먼트 능력이 필요한 이유다.

사업 기회의 극대화를 위한
지적재산 매니지먼트

지적재산 매니지먼트를 제대로 운용하면 다음과 같은 사업 기회 증대와 경쟁력 강화에 공헌할 수 있다.

사업의 진입 장벽 형성

특허권의 독점적인 사용은 기존 사업 경쟁력을 높이고 신규 사업 창출에 도움이 된다. 당연히 바람직한 일이다. 이것은 지적재산 매니지먼트의 기본 중의 기본이다. 사업의 중심이 되는 기술을 광대하고 빠르게 권리화하는 것만으로 불충분하다. 관련 기술을 특허군으로 형성해야 타사가 침투할 엄두를 내지 못한다.

그러나 아무리 핵심 기술을 가지고 있어도 그 기술을 제품에 도입할 때는 주변 기술이 필요하다. 그 특허를 다른 기업에게 빼앗기면 우위에 오를 수 없다. 그러므로 기본 기술의 연명을 도모하는 특허군을 형성하면 사업을 대담하게 전개할 수 있다. 지적재산에 의한 사업과 지적재산권에 의한 진입 장벽 형성은 지적재산 매니지먼트가 할 수 있는 공헌이다. 이러한 지적재산 매니지먼트를 타사에 휘둘리지 않도록 중심을 잡는 것이 중요하다. 이것도 지적재산 매니지먼트다.

경쟁 상대의 개발 진로 차단

자사의 기술을 지키고 타사가 사용하지 못하도록 막는 것은 적극적인 의미를 갖는다. 자사의 핵심 기술을 타사가 대체 기술로 개발할 가능성에 대비한 특허를 취득해둬야 한다. 아군 진영을 형성하면서 적들의 진영이 형성되지 못하도록 손을 쓴다.

특허라는 방어책을 놓아두면 타사는 기술을 우회해야 한다. 그렇지 않으면 정면 돌파나 사용 신청을 호소하며 라이선스 사용료를 지불해야 할 것이다. 이런 점에서 보면 특허는 절대 무용지물이 아니다. 상대가 원하는 기술을 관리하기 위해서 상품의 동향을 먼저 파악하고 있어야 지적재산을 유리한 교섭으로 이끌 수 있다. 이것도 지적재산 매니지먼트 능력이다.

지적재산의 창출 활동 지원

지적재산을 보호하고 권리화하는 것은 '기술을 전개해서 확보하는 것'이다. 특허 지도와 기술 지도로 타사의 특허 상황을 감시하고 파악하면 연구개발 활동의 방향성과 가속의 필요성에 대해서 적절하게 예측할 수 있다.

결국 지적재산 매니지먼트 활동은 연구개발 전략에 커다란 기여를 한다. 이들이 적절하게 사용하는 지적재산 매니지먼트 능력이 있다면 경쟁력은 강화되고 사업 기회는 증대될 것이다.

타사 기술로 비용과 시간 절감

IT 업계에서는 자사의 기술만으로 제품을 개발하는 것이 거의 불가능하다. 하나의 제품에 몇 백에서 몇 만 개의 지적재산이 필요하기 때문이다. 휴대전화만 해도 일만 개 이상의 지적재산이 붙어 있다. 따라서 라이선스와 크로스 라이선스, 특허 풀 제도를 이용하여 타사의 기술을 도입하는 것이 효과적이다. 비용이나 시간적인 면에서 부담이 크게 줄어들기 때문이다.

① 일방적인 라이선스

특허권자로부터 필요한 특허 사용을 허락 받는 방법이다. 유상인 경우가 대부분이지만 최근에는 자사 기술의 표준화와 협업 파트너를 늘리기 위한 목적에서 허용하는 경우도 있다.

② 상호 라이선스

서로의 특허를 사용할 수 있도록 허용하는 방법이다. 사용할 수 있는 특허의 가치에 차이가 있을 때는 차액을 지불한다. 이는 서로의 사업 경쟁력 강화와 업계 표준을 유도하여 윈윈하는 계기가 된다.

③ 집단 라이선스

정보에 관련된 제품은 수백에서 수만 가지 특허를 조합하기 때문에 교섭이나 사용료를 개별적으로 산정하는 일은 사실상 불가능하다. 다수의 특허권자와 일대일로 라이선스 계약을 하는 것은 시간과 비용 측면에서 곤란한 일이다. 따라서 복수의 특허권자가 제품에 관여된 모든 특허를 사용할 수 있게 하는 방법이다. 이는 수영장에 특허를 던져놓는 것과 같다. 풀장에 참가하면 유상이지만 번거로운 수속 과정 없이 관련된 특허를 모두 사용할 수 있다.

특허 풀을 이용하면 창구를 통일해서 라이선스 계약이 가능하다. 따라서 비교적 싸면서도 효과적인 라이선스를 사용할 수 있다. 또한 이것은 기술 표준의 모체가 된다. 기존에는 표준으로 사용하던 기술 특허를 방치하는 경우도 있었다. 그러나 특허 풀 이후에는 표준화 기술로 취득한 특허가 늘고 있다. 때문에 얼마나 많은 특허 기술을 넣을 것인지가 정치적인 사업 전략이 되었다.

그러나 특허 풀을 전략적으로 사용하면 문제가 된다. 신규로 참여하는 사람에게 라이선스 사용료를 비싸게 설정할 수 있기 때문이다. 이것은 독점 금지법에 저촉될 수 있다. 최근에는 특허 풀 개방 분위기로 전환되고 있다. IBM, 노키아, 소니 등 기업 중심의 '에코 패턴트 커먼즈'가 대표적이다. 이것은 환경 보호 특허를 무상으로 개방하고 서로 사용하도록 하는 것이다. 하나 이상의 특허를 개방하면 기업이든 개인이든 에코 패턴트 커먼즈의 회원이 된다. 실용화하지 못했던 기술이라도 업종 간 무상 지적재산 공유를 통해서 새로운 가능성을 찾는다.

④ 공개 라이선스

최근에는 조건을 충족시키면 자유롭게 사용할 수 있는 특허 공개법도 등장했다. 이것은 소프트웨어 세계에서 먼저 나타난 모델이다. 프리웨어 소스 코드를 무상 공개해서 누구나 소프트웨어의 개량이나 재배포가 가능한 리눅스다.

라이선스 양도 수익

라이선스를 양도하면 수익에 공헌한다. IBM은 연간 10억 달러 이상의 라이선스 수입을 벌어들였다. 특허는 자사가 사용하는 것을 기본 전제로 하지만 예외도 있다. 개발한 기술이 사업으로 연결되지 않은 특허는 미사용으로 남거나 타사의 우회로를 막을 수도 있다.

첫째, '동일 기술+다른 용도'다. 다시 말하면 자사와 관계없는 분야에서 기술을 사용하는 것이다. 이것은 예상외의 수입을 안겨줘서 이른바 '맛있는 특허'가 된다.

둘째, '동일 기술+동일 용도'다. 어떤 의미에서는 라이벌을 도와주는 격이지만 동일 업계의 타사와 힘을 합하여 시장 확대를 꾀할 수도 있다. 특히 협업 파트너를 만드는 표준화 포인트에 유리하게 작용할 것이다. 블루레이 vs HD-DVD 규격과 같은 표준 간의 경쟁을 떠올리면 쉽게 이해할 것이다.

실시하지 않는 특허를 미리 알고 연구개발할 수도 있다. 그 대표적인 예가 대학교 공공기관에서 라이선스를 양도하는 형태로 실시하는 경우다. 최근에는 대학교나 연구기관이 스스로 벤처를 만들어서 도전한다. 이들 기관에서의 기술 이전은 결과적으로 수입원이 된다.

프로 이노베이션 시대의
지적재산 매니지먼트

비즈니스 모델과 지적재산 매니지먼트는 어떻게 대응해야 할까? 프로패턴트 시대부터 프로 이노베이션 시대로 이행한다면 먼저 지적재산 매니지먼트를 이해하고 나서 프로 이노베이션 시대의 지적재산 매니지먼트 의미를 재고해야 한다.

사업에 특허를 활용하는 방법

특허권을 가지고 있는 것은 정말 유리하다. 특허는 기본적으로 독점권이다. 사업에 특허를 활용할 때 독점권을 이용해서 진입 장벽을 구축할 수 있다. 이것이 첫 번째 이용법인데 또 다른 방법도 있다.

특허란 '눈에 보이지 않는 기술에 대한 권리'다. 여기에는 법칙과 노하우가 있다. 따라서 그 정보를 아무리 사용해도 줄거나 없어지지 않는다. 특허권은 무형 재산권이고, 자사와 동시에 타사에서도 사용하게 할 수 있다. 이러한 관점에서 보면 특허는 다양하게 활용할 수 있다.

특허를 취득한 기술을 제품이나 서비스로 이용하는 것을 '특허 발명 실시'라고 한다. 이에 대해서 자사나 타사, 실시하거나 실시하지 않았을 때를 대립 축에서 매트릭스로 그리면 도표 〈7-1〉과 같다.

도표 7-1 **특허 발명의 사용법**

		타사	
		실시하지 않는다	실시한다
자사	실시한다	진입 장벽 이용 독점적 배타 실시 (고전 모델)	라이선스 이용 개방적 실시 (보급 활용 모델)
	실시하지 않는다	장해물로 이용 미래 준비 (전략적 미사용 모델)	수익적 이용 비사업 자원 (지적재산권 수입 모델)

① 자사는 실시하고 타사는 실시하지 못하게 하는 경우

특허 발명의 원칙적인 이용 방법이다. 이른바 고전적 모델이다. 특허권은 독점권이기 때문에 제3자는 특허를 보유하고 있는 회사나 개인의 허가를 얻어야만 기술을 사용할 수 있다.

특허 기술은 자사가 독점 배타적으로 사용하고, 타사는 사용하지 못하게 한다. 즉 진입 장벽으로서 이용할 수 있다. 자사와 같은 제품을 타사가 모방해서 사용할 수 없게 하고, 자사는 그 기술을 이용해서 자유롭게 연구개발을 진행할 수 있다.

다만 자사의 기술을 독점적으로 사용해서 확보한 시장에 타사가 참여 의사를 밝힌 경우 진입 희망자는 대체 기술을 개발할 것이다. 그렇게 되면 독점적으로 점유하고 있던 시장에 타사 제품이 유입될 가능성이 생긴다. 양자의 기술이 크게 다를 경우 우위 모델을 놓고 경쟁할 수도 있다.

대형 TV의 액정, 플라즈마, 유기 EL 등의 경쟁이 이에 해당한다. 차세대 DVD의 블루레이 HD-DVD와의 주도권도 그렇다. 잉크젯 프린터와 레이저 프린터도 그러한 예의 하나다. 어느 쪽 기술이 주도권 모델이 되느냐에 따라 차세대 기술의 방향이 변할 수 있기 때문에 타사에서 대체 기술이 나오지 않도록 중도 오픈을 하는 전략도 있다.

다만 자사가 기본 특허를 독점하고 있어서 특허만으로 제품이 성립되지 않아도 방심해서는 안 된다. 타사에게 관련 기술을 빼앗기게 되면 이른바 포위망에 갇히게 된다. 자사의 기술만으로는 제품을 만들 수 없기 때문이다. 특히 한 제품 다수 특허가 될 수밖에 없는 전자제품에서는 특허를 갖고 있다 해도 관련 특허와 크로스 라이선스해야 한다. 특허를 취득했어도 주변 기술을 이용하지 못하면 아무 소용이 없다. 제품에 꼭 필요한 특허를 취득하면 마치 오셀로 게임(othello game)[1]의 마지막 구석을 차지하는 것처럼 단숨에 역전할 수 있다.

통과해야 하는 기술을 특허로 취득한 경우를 길목 특허라고 한다. 자사에서 기술을 독점적으로 사용해도 성공을 담보하는 것은 아니다. 제품의 기능적인 매력, 마케팅의 우열, 적당한 가격도 고려해야 시장에서 환영 받아 성공한다.

② 자사나 타사 모두 사용하지 않는 경우

자사나 타사 모두 특허 기술을 사용하지 않는 경우다. 이런 특허는 전략적으로 사용하지 않는 것이다. 단, 방치되는 특허는 예외다. 이러한 전략적 특허는 방어책으로 이용한다. 자사가 진행하는 사업에 타사가 모방 기술로 진입할 가능성을 미리 차단하는 것이다. 타사의 기술이 자사에 비해 수준이 낮은 경우라도 방심해선 안 된다. 그 기술로 유사품을 만들게 되면 시장에서 자사의 이미지가 실추될 수 있기 때문이다. 5장에서 소개한 닛세이 식품의 기술 오픈 성공 사례와 모사의 스노보드 바인딩의 실패 사례를 예로 생각해볼 수 있다.

자사가 사용할 가능성이 있는 특허라면 획기적인 기술일수록 완제품으로 가는 데 시간이 더 걸린다. 그 사이에 타사가 앞서 간다고 해도 오직 자사의 특허를 믿고 진행해야 한다. 이런 의미에서 특허는 독점 배타적이라고 할 수 있다.

③ 자사는 사용하지 않고, 타사에게 넘겨준 경우

특허가 사업으로 연결되지 않은 경우, 자사 특허를 타사나 연구소에 유상으로 양도해서 수입을 올릴 수 있다. 사업하려면 인력, 물건, 투자액, 설비, 유통망 등이 필요하기 때문에 엄두를 내지 못한다. 개인이 발명해서 사업을 할 수도 있지만 대학교나 연구소에서 벤처 라이선스로 특허를 사용하기도 한다.

더불어 지역에 따라 한정된 라이선스를 하는 곳도 있다. 자사의 유통망이 없는 지역일 경우 영업망을 제대로 갖춘 타사에게 사업을 허락하는 것이다. 일본의 점안액 제조사가 외국 위장약 제조사에 라이선스를 하는 사례도 있다.

④ 자사와 더불어 타사에게도 사용권을 주는 경우

자사가 특허를 사용하면서 타사도 사용하게 하는 경우다. 힘들게 취득했는데 왜 타사는 사용하지 못하게 하는 것일까? 크로스 라이선스와 패턴트 풀로 사용하기 때문이다. 이는 전자제품처럼 한 제품 다수 특허의 경우이다. 서로의 특허를 사용하지 않으면 자사 제품을 제조하거나 판매할 수 없는 경우 크로스 라이선스한다. 또한 수십 개의 회사들이 모여 패턴트 풀을 형성해 서로의 기술을 공유한다. 특허의 가치에 차이가 있을 경우에는 차액을 지불한다.

자사의 모델을 주도적으로 키우고 싶을 때는 디펙토 표준을 얻기 위해 특허를 개방한다. 결국 자사 특허를 개방함으로써 참여자를 늘리는 전략이다. 독점권을 행사하면 시장을 점유할 수 있지만 정체될 수도 있다.

즉석 라면 시장을 형성한 예와 같이 타사에 라이선스하거나 무상으로 개방하면 시장 전체가 확대될 수 있다. 결과적으로 자사가 독점해서 점유하는 시장 규모보다 훨씬 더 큰 이익을 볼 수 있다. 특허를 감추기만 하면 우물 안 개구리에 머물게 되고, 타사에 뒤처질 수도 있다.

파트너를 얼마나 많이 만드는지가 관건이다. VHS와 베타맥스의 경쟁, 최근 블루레이와 HD-DVD의 경쟁도 이런 경우다. 자기 진영을 정비하기 위해 라이선스 공여를 적극적으로 추진했다. ③ 자사는 사용하지 않고 타사에 넘겨준 경우와 ④ 자사와 더불어 타사에게도 사용권을 주는 경우처럼 특허로 타사의 기술을 제공하는 것에는 몇 가지 장점이 있다.

라이선스에 따라 보급이 탄력을 받고, 파트너를 많이 만들 수 있다.

제대로 하면 유상 라이선스이기 때문에 수입을 기대할 수 있다. IBM의 경우 연간 10억 달러의 라이선스 사용료를 벌어들이고 있다. 또한 라이선스를 통해서 기술의 사용을 제한할 수 있다. 계약할 때 범위를 명확하게 한정할 수 있으며, 마음대로 개조하지 못하도록 제약이 가능하다. 다만 너무 지나치면 독점금지법에 저촉될 수 있기 때문에 적절한 조절이 필요하다.

제약하지 않아도 타사가 개발을 포기하게 하는 유도 효과도 있다. 유사품을 억제하는 효과도 기대할 수 있다. 신제품의 시장 진입 초기에 자사 제품의 유사품이 대량 판매되면 브랜드 이미지가 실추되어 시장 형성이 어렵다. 이럴 경우 타사에게 라이선스해서 적절한 기술을 보급하는 편이 더 낫다. 시장을 형성하지 못하면 원금도 이자도 건질 수 없기 때문이다.

반대로 라이선스를 받는 쪽도 장점이 있다. 타사의 특허 침해 리스크를 피할 수 있다. 침해 소지가 있는 기술을 개발해서 문제를 일으키는 것보다 깔끔하게 라이선스를 하는 편이 더 안전하다. 사업의 자유를 확보할 수 있고, 비용과 시간을 절약할 수 있으며, 기술에 관한 부수적인 지식을 얻을 수도 있다. 또한 제품 라인업을 여유 있게 할 수 있다. OEM과 마찬가지로 물건을 많이 갖춰놓으면 사업에 플러스가 된다.

이렇듯 자사는 사용하고 타사에게 사용하지 못하게 하는 고전적인 방법보다는 자사도 사용하고 타사에게도 사용하게 하는 라이선스가 보급을 활용하는 기술이라는 것을 알아보았다. 이것이 미래 이노베이션 모델의 주요 포인트가 될 것이다.

특허 취득의 사용과 질

특허는 남보다 빠르게 취득하고 법적인 안정성이 높아야 한다. 그러나 특허가 사업을 성공시킨다는 보장은 없다. 사업의 관점에서 보면 특허는 양과 질만이 아니다. 먼저 특허 취득의 질에 대해서 간단히 살펴보겠다.

특허의 기본은 '기술개발의 질'이다. 기본이 되는 기술이 빈약하면 특허가 사업에 미치는 효과는 미약할 수밖에 없다. 범위를 한정해서 안정성을 늘리면 사업의 안정성도 높아진다. 기술은 특허를 취득할 때 강하고 안정될 수 있다. 그러나 기술 자체의 실력을 넘을 수는 없다. 사람이 단련하면 강해질 수 있고, 성형 미인이 될 수도 있지만 본질을 넘을 수 없는 것과 마찬가지다.

특허를 따려면 남들보다 더 빨리 취득해야 한다. 취득 방법의 질을 높여서 법적인 안정성을 확보해야 한다. 또한 노하우를 개방해서 공유할지, 비밀리에 숨길 것인지의 판단이 중요하다. 이것이 매우 어려운 과정이다. 기술 정보 유출 리스크와 기술 추월 가능성을 평가해서 종합적으로 판단해야 하기 때문이다. 이것은 내가 '지적재산 믹스'라고 부르는 지적재산 매니지먼트다.

다른 지적재산권과의 맞춤 기술이 가능한지도 파악해야 한다. 같은 기술이라도 특허뿐만 아니라, 의장권까지 취득하면 효과를 높일 수 있다. 이것은 '지매 믹스'라고 부르는 지적재산 매니지먼트다. 가장 중요한 것은 '특허 장점의 질'이다. 어느 부분을 핵심 기술로 개발할 것인가? 길목 특허로 가질 것인가? 이런 작전을 바탕으로 특허의 기술을 제안해야 한다.

한편으로 기술이 있기 때문에 특허도 있다는 지적재산 매니지먼트가 있다. 그러나 다른 한쪽에서는 특허를 따면 비즈니스 요소가 될 수 있다고 생각하는 지적재산 매니지먼트가 있다. 그런 매니지먼트는 비즈니스 요소가 될 수 있는 부분을 얼마나 서둘러서 핵심 기술로 만들 수 있을지를 고민하다가 결국 사업과 연구개발로 연결하는 지적재산 매니지먼트가 필요하다.

특허 취득, 비밀, 공개

앞에서 특허 사용법의 질을 취득, 포위, 공개로 나눈 세 가지 포인트에 대해서 이야기했다. 각각의 방법은 '때, 장소, 방법'으로 분류해서 선택해야 한다.

- 취득하는 곳, 취득 하는 때, 취득하는 방법
- 포위하는 곳, 포위하는 때, 포위하는 방법
- 공개하는 곳, 공개하는 때, 공개하는 방법

이들 아홉 개가 중요한 포인트다. 언제 어디서 어떤 특허를 취득하고, 포위할 것인지는 기존의 지적재산 매니지먼트다. 그러나 지금은 언제 어디서 어떻게 공개할 것인지, 가장 효과적으로 쓰일지를 생각하는 것이 필요하다.

지적재산 매니지먼트 이노베이션

- 지적재산 매니지먼트로 경쟁력을 높일 수 있는 것
- 지적재산 매니지먼트가 아니면 경쟁력을 높일 수 없는 것
- 지적재산 매니지먼트와 외부 요소를 결합해서 경쟁력을 높일 수 있는 것

지적재산 매니지먼트 믹스와 지적재산권 믹스에 따라 경쟁력은 각각 다르다. 소극적일 수 있지만 간접적으로 경쟁력을 갖추기 위한 수비력 강화에 가까울지 모른다. 그러나 이들은 결합하면 경쟁력을 높일 수 있다. 제품 특성에 맞춰서 핵심 기술을 개발하는 기술 매니지먼트와 시장 확대와 수익 확보를 동시에 달성하는 사업 매니지먼트를 통합조율하면 상승효과를 가져올 수 있다.

도표 7-2 **삼위일체의 본질**

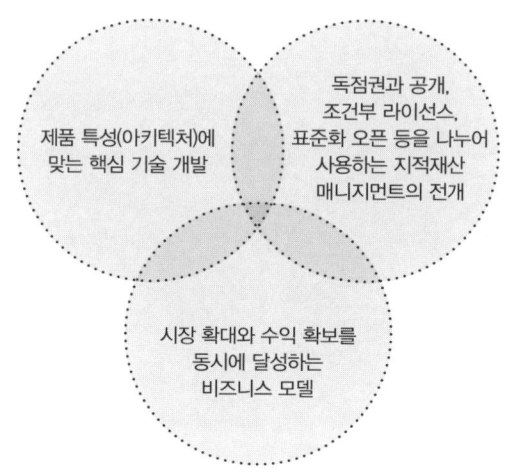

이들의 조합은 인테그랄적인 통합조율이고 삼위일체의 요점이다. 삼위일체로서 세 개의 원이 많이 겹치는 부분이 커져야 한다. 다른 관점에서 보면 지적재산 매니지먼트는 기술 매니지먼트와 사업 매니지먼트를 연결하는 축이고, 또 다른 관점에서 보면 양자가 기술을 넘겨주는 부분을 담당하는 '바통 존'이다.

지적재산 매니지먼트는 이노베이션이 필요하다. 그것을 자각하고 있는 관계자가 어느 정도 존재할지 궁금하다. 삼위일체 경영에서 지적재산 전략을 세우고, 매니지먼트할 수 있는 인재를 키워야 한다.

▶ 기술과 브랜드 : 유형 자산에서 무형 자산으로

현대는 정보 사회다. 단순히 컴퓨터가 발달해서도 아니고, 휴대전화가 나와서도 아니다. 패러다임과 인프라가 끊임없이 진화하기 때문이다. 19세기 물질 중심에서 20세기 에너지 중심으로 바뀌면서 정보가 주역이 되는 세대다. 바로 지금, 세기의 혁명이 일어나고 있다.

정보가 주역이 된다고 해서 물질과 에너지가 필요하지 않은 것은 아니다. 컴퓨터는 물질이고, 전기 없이는 움직이지 않는다. 중요한 것은 컴퓨터로 처리되는 정보다. 물질, 에너지, 정보가 결합하는 구조인 것이다.

19세기부터 21세기에 이르기까지 각 세기에 탄생하는 개념에 따라서 우리들은 세계를 보는 방법을 달리한다. 정치와 산업을 움직이고, 사회적인 기반을 정비한다. 인간에 관한 세계관이 변하는 것이다. 19세기의 인간은 사물로 간주되었다. 인간을 장기의 집합체로만 생각했다. 장기부터 미세한 세포를 거쳐 분자생물학에 이르기까지 인체를 해부하고 분석했다.

20세기의 인간은 에너지 대사 시스템으로 간주되었다. 칼로리와 영양을 논했다. 이러한 대사증후군에 관한 논의는 이전에도 있었다. 그리고 21세기에는 인간을 단지 네 종류의 염기 서열에 의해 구성된 정보 시스템으로서 인식했다. DNA와 게놈을 말한다. 결국 우리들은 정보 개념을 사회축으로 이행하고, 패러다임 전환의 한가운데에 서 있다.

정보 사회란 정보 개념을 축으로 모든 것이 재구성되는 사회다. 그중에서도 특별히 가치가 있는 궁극의 정보를 지식이라고 부른다. 정보 사회를 필연적으로 지식 사회라 부를 수 있다. 정보 사회는 단순히 정보를 교환하는 사회가 아니라 지식이 가장 큰 가치를 지니고 중시되는 사회다. 지식의 가장 최신 형태가 기술과 브랜드, 즉 지적재산이다. 이것은 정보 지식 사회에 지적재산은 붐이 아니라 역사적인 필연이라는 것을 의미한다.

기술이란 무엇인가? 인과관계의 집합체라고 할 수 있다. 발명과 발견을 이러한 형식으로 표현하면 특허 명세서의 포인트다. 그렇다면 브랜드란 무엇인가? 상표와 의장으로 만든 품질·가치·신뢰 이미지의 집합체라고 정의할 수 있다. 지극히 농후한 가치를 낳는 정보의 극치라고 말할 수 있다. 이처럼 정보 사회는 지식과 연결되고, 필연적으로 지적재산이 축을 형성한다.

'유형 자산 경영'에서 '무형 자산 경영'으로

사회가 변한다는 말은 기존 사회와 다른 새로운 사회를 의미한다. 사회 전체의 모델이 변하면 그것을 구성하는 서브 모델도 차례로 변한다. 공업 사회에서 정보 사회로 변하면 생활 모델은 물론 비즈니스 모델과 매니지먼트 모델도 모두 변한다. 최근 사회가 빠르게 변화되는 것은 그 때문이다.

특히 경영 관계자는 '유형 자산 경영'에서 '무형 자산 경영'으로 경향이 움직이고 있음에 주목해야 한다. 기업 가치 평가가 기존 현금이나 토지, 건물 등의 유형 자산에서 지적재산 같은 무형 자산을 기초로 하기 때문이다. 여기서 말하는 지적재산이란 예를 들어 신기술이나 참신한 디자인 등 인간의 지식을 대변하는 것을 말한다.

기업의 가치 결정 논의는 활발하게 이뤄지고 있다. 과거에는 유형 자산에 따라서 평가했다. 그러나 서양에서는 이미 기업 가치의 70퍼센트 이상을 무형 자산이 차지하고 있다. 최근에는 경제 불황으로 거품이 빠졌지만 유형 자산보다 무형 자산의 가치가 훨씬 높이 평가된다. 세계적인 기술력을 가진 기업도 건물이나 설비가 아니라 지적재산으로 평가받고 있다. 동시에 브랜드 파워와 사명, 로고, 상표, 디자인이 중요한 평가 대상이 되고 있다.

브랜드 가치는 전형적인 무형 자산이다. 세계적인 기업의 브랜드를 얼마에 살 수 있을까? 독자들은 캐논의 브랜드를 얼마에 살 수 있는지 알고 있는가? 경매에 붙인다면 상표 가치는 얼마일까? 정보와 지식 사회의 도래로 패러다임이 바뀌고, 그것에 따라 기업의 모델도 변한다. 지적재산이 주역이 되는 시대가 왔다.

지적자산의 위치 변화

이번에는 기업의 지적재산에 대해 이야기해보자. 사회와 함께 기업도 변해야 한다. 기업의 기능 중에서 지적재산 관련 부서의 역할은 크게 바뀌었다. 기업 활동에서 지적재산 기능의 제1기는 지적재산의 권리 단계다. 이것은 사업 리스크를 피하는 것에 주안점을 둔다. 기업 활동의 하위 기능으로 사업의 방어 목적으로 특허를 취득하는 수준이다. 보통 '특허부'라고 불렸고, 연구개발이나 법무 기능의 하위에 존재했다. 기술자가 지적재산 법무나 의장 상표를 담당하는 시대다.

제2기는 광의의 지적재산 단계다. 프로패턴트 시대에 대응한다. 단순한 사업 리스크의 경감이나 방위 목적으로만 특허를 취득하지 않고 적극 활용하는 단계다. 기본적으로 특허권을 행사한다.

적극적으로 권리 주장을 하는 데에는 이유가 있다. 특허권을 사용하는 것처럼 위장하면서 타사를 견제하는 것이다. 실제로 소송을 하기도 한다. 승소하거나 시담(민사상의 분쟁을 재판하지 않고 당사자끼리 해결하는 일)을 유리하게 풀기 위한 실마리로 활용한다. 또한 대량의 특허를 크로스 라이선스나 특허 풀로 유리하게 진행하는 일에 사용한다. 마지막으로 자사의 특허군과 특허망을 조합하려는 것이다.

기업에서 지적재산을 주요 기능으로 보기 시작했다. 한마디로 특허는 방위적인 권리를 공격적으로 활용하는 것이다. 지식이 기업의 재산이라고 생각하는 시대. 부서의 명칭도 '지적재산부'로 바뀌었다. 지금 일본의 대기업은 대부분 1기에서 2기로 바뀌는 단계. 서양 기업들은 이미 2기에 진입했고, 그보다 앞선 기업들은 3기로 변화를 시도하고 있다.

3기는 어떤 모습일까? 지금까지 반복하며 서술했던 '프로 이노베이션 시대 지적재산의 역할'이 바로 세 번째 단계다. 기업 전체를 사회 가치 향상 기능으로 보고 지적자산의 창출과 보급을 전제로 사업 창조와 경쟁력을 강화한다. 지적자산을 형성하려면 지적재산의 활용이 필수적이다. 무엇보다 삼위일체론에서 지적재산 매니지먼트의 역할을 크게 부각했었다. 삼위일체 모델을 다시 한 번 복습해보자.

• 제품 특성에 맞는 핵심 기술을 개발

252

- 시장 확대와 수익 확보를 동시에 달성하는 비즈니스 모델 구축
- 독점권을 숨기거나 공개하여 라이선스를 시도하는 지적재산 매니지먼트의 전개

비즈니스 모델을 축으로 지적재산 매니지먼트를 전개해야 한다. 사업 전략과 핵심 기술로 맺은 사업 매니지먼트와 연구개발 매니지먼트를 융합할 수 있다. 인맥부터 판매 루트까지 기업은 많은 자산을 가지고 있다. 이것을 토대로 새로운 자산을 들여올 때 기존 자산과 어떻게 조합해서 새로운 사업을 전개할 수 있을지 심사숙고해야 한다. 그때는 지적자산 중에서도 지적재산이 가장 중요한 역할을 할 것이다.

도표 7-3 **자산의 구성도**

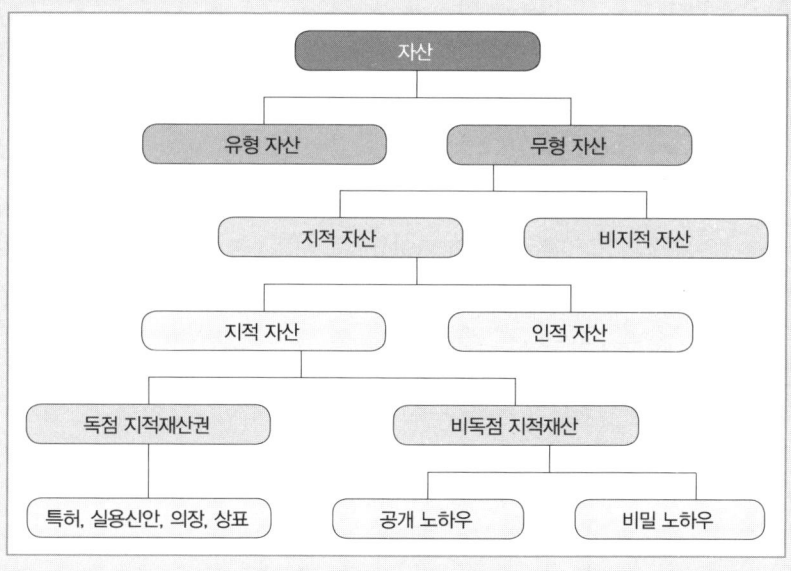

비즈니스 모델의 **변화**를 이끄는
지적재산 매니지먼트

상품 서비스의 특징에 적절한 비즈니스 모델을 기본으로 삼위일체 경영을 해야 한다. 그것이 기본이다.

- 제품 특성에 맞는 핵심 기술을 개발
- 시장 확대와 수익 확보를 동시에 달성하는 비즈니스 모델 구축
- 독점권을 숨기거나 공개하여 라이선스를 시도하는 지적재산 매니지먼트의 전개

이들은 서로 통합조율해야 한다. 삼위일체 전략이 곧 '인테그랄형 제품'이다. 서로 관련된 활동의 집합체를 하나로 구성해야 의미가 있다. 중요한 점은 반드시 상호 피드백을 하면서 통합조율해야 한다는 것이

다. 이 세 가지 영역을 잘 아는 인재가 필요하다. 세 영역을 전체적으로 검토하고 진행하면서 아우르는 전문가를 중심에 배치하길 바란다. 참고로 비즈니스 모델과 지적재산 매니지먼트의 관계에 대해서 새로운 견해를 제안한다.

제품 하나의 특허 수와 지적재산 매니지먼트

기존 제품 서비스의 특징과 지적재산 매니지먼트의 관계는 특허 건수에 따라 다르다. 특허 수가 지적재산 매니지먼트 형태를 다르게 만든다. '한 제품 소수 특허'의 대표적인 예는 의약품이다. 바이오 제약 업계는 보통 하나의 특허로 하나의 제품이 성립되기 때문에 타사에게 라이선스를 주지 않는다.

물론 예외도 있다. 국내 시장에만 판로가 있는 점안액 제조사는 해외 시장에 위장약 제조사와 크로스 라이선스로 제휴할 수 있다. 그래서 점안액 제조사가 위장약을 손에 넣을 수 있고, 해외 기업은 위장약과 더불어 점안액을 추가로 판매할 수 있다. 한 제품 소수 특허가 성립하는 제품은 고전적인 지적재산 매니지먼트를 기본으로 한다. 특허를 받아 기술을 철저하게 보호하는 것이다.

한편 '한 제품 다수 특허'의 대표인 전자제품에서는 하나의 제품에 수백에서 수만 가지의 특허가 관련된 경우가 많다. 휴대전화에는 1만 가지의 특허, 의장, 상표와 같은 지적재산으로 구성되어 있다. 한마디로 '지적재산 뭉치'다. 이들 대부분에 독점권이 설정돼 있어서 지적재산 권리자는 다수가 존재하고 권리 관계도 복잡하다. 따라서 '요소 기술의 기반화'를 빠뜨릴 수 없다. 기업 한 군데에서 모든 기술을 담당하는 것은 사실상 불가능하다. 이는 관련된 특허들을 독점해야만 가능하다. 결국 여러 기업이 기술을 제휴해서 서로 이용하는 틀을 만들지 않으면 그어떤 기업도 사업할 수 없다. 크로스 라이선스와 특허 풀을 서로 사용하는 제도다.

기반을 마련하기 위해 상호 교류하면서 기술 표준화를 하는 것이 중요하다. 조명 기구는 전구가 맞지 않으면 아무 소용이 없다. 컴퓨터도 타사의 프린터와 연결이 안 되면 보급도 어렵다. 기술 규격을 통일해서 경쟁과 협조의 균형을 유지해야 한다.

무엇보다 비즈니스 모델의 관점에서 지적재산 매니지먼트를 고려해야 한다. 시대가 급속도로 변했기 때문이다. 공격적 수비를 해야 하는 프로 특허 시대에서 지적재산 매니지먼트는 사업 창출과 보급에 관련된 지적재산 매니지먼트로 바뀌어야 한다. 발명에 기여할 뿐 아니라 보급에도 기여하는 지적재산 매니지먼트에 주력한다.

- 인텔 인사이드형 : 핵심 부품 주도로 완성품을 종속한다.
- 애플 아웃사이드형 : 완성품 이미지 주도로 부품을 종속한다.

위의 두 가지 전형적인 예에 대해서는 3장을 참고하자.

피스톨형 상품 : 본체와 소모품 조합으로 사업 구성

제3형을 나는 '피스톨 비즈니스'라고 부른다. 이는 피스톨과 탄환의 관계를 말한다. 권총이 보급되면 소모품인 탄환이 자연스럽게 시장을 형성한다. 피스톨은 무료로 제공할 수도 있다. 단, 탄환은 사업의 비용을 회수할 정도의 단가와 판매량 확보를 해야 한다.

바로 기본품과 소모품을 상호 보완 세트로 묶어서 시장 형성하는 상품이다. 과거에는 카메라와 필름이 있었고, 최근에는 프린터와 잉크의 관계를 생각하면 이해하기 쉬울 것이다. 기본품과 보완 서비스도 있다. 필름과 현상 서비스의 관계를 말한다. 한때 휴대전화기를 공짜로 나누어주던 때가 있었다. 가입만 하면 통화요금으로 커버할 수 있었기 때문이다. 지금도 아키하바라에 가면 통신 서비스 가입을 조건으로 넷북을 저렴하게 구입할 수 있다.

기본품과 소모품의 성능을 조합하는 것이 포인트다. 통합조율형 세트가 특징이며 카메라와 필름 현상 서비스가 전형적인 형태다. 카메라와 필름 사이즈는 이제 35밀리가 표준 사양이 되었다. 니콘이나 캐논의 고급 레프 카메라나 코니카 콤팩트 카메라도 35밀리 필름이면 어느 회사 제품이라도 사용 가능하다. 후지나 코닥에서 나온 35밀리 필름을 35밀리 카메라에 사용할 수도 있다. 결론은 카메라가 보급될수록 필름의 소비가 증가한다.

필름 제조사는 물리적 형상들을 표준에 맞추기만 하면 카메라 제조사에 관계없이 수익을 올릴 수 있다. 필름 성능을 올릴 때는 현상 처리를 고정시키는 것을 전제로 한다. 어려운 이야기지만 필름의 감도와 색채는 필름만으로 결정되는 것이 아니라 현상 과정에서 많이 변한다. 현상 과정이나 현상액의 신선도에 따라 색이 변하기도 한다. 역시 '후지는 녹색이 예쁘다'는 말을 들을 때 우리는 살짝 웃는다. 이것은 포장 이미지에 영향을 받았다는 이야기다.

현상법을 바꿔서 합법적으로 따라오지 못하게 하는 작전도 있다. 코닥과 후지는 현상법이 다르다. 특히 전문가용 슬라이드 필름의 현상은 정말 까다롭다. 코닥은 E3 처리 방식으로 프로의 세계를 제패했다. 후지가 따라왔을 때 코닥은 필름만 새롭게 바꾼 것이 아니라 현상 처리법을 통째로 바꿔서 E4 방식을 만들었다. 결국 후지의 추격을 지연시켰다. 후지는 동등한 현상 방식인 CR56 개발로 양쪽 현상소에서 처리 가능하도록 했다. 그러면 뒤를 쫓는 후지가 이익을 얻는다. 후지는 필름을 고성능으로 만들어서 코닥의 아성을 무너뜨렸다.

필름도 마찬가지다. 표준화된 현상 처리법이 있다면 세부 공정 이노베이션은 언제든 가능하다. 카메라 제조사는 필름과 관계없이 카메라 성능을 높일 수 있다. 이것을 표준화하면 공통 플랫폼이 생겨서 각각의 고성능을 도모할 수 있다.

그러나 최근 한 회사에서는 프린터와 잉크 카트리지 두 가지로 사업을 하고 있다. 캐논의 잉크는 다른 회사 제품에 사용할 수 없다. 또 캐논의 새로운 프린터는 기존 잉크를 사용할 수 없다. 규격화했지만 지적재산권을 오픈하지 않았다. 본체를 기본 가격으로 팔고 소모품으로 돈을 버는 전형적인 방식이다. 이럴 경우 잉크 카트리지의 유사품이 나오지 않도록 지적재산 매니지먼트를 해야 한다. 본체와 소모품의 지적재산 매니지먼트는 매우 중요하다.

지적재산 매니지먼트에서 주목 받는 것이 있다. 사용이 끝난 카트리지를 리필해서 판매하는 비즈니스의 출현이다. 환경적으로는 의미가 있다. 그러나 캐논은 카트리지의 형상에 관한 특허를 취득했기 때문에 리필 특허권의 침해라는 판단으로 승소했다. 리필 비즈니스에 관한 논쟁은 앞으로도 있을 것이다. 과거 복사기 카트리지 토너를 리필해서 재

활용품으로 판매하는 것이 문제가 됐다. 또 일회용카메라를 타사가 회수해서 필름을 교체한 뒤 싼 가격으로 판매했다가 분쟁이 일어났다. 앞으로도 이러한 비즈니스 모델은 본 제품 사양이 표준화되고 공개되면서 소모품 시장의 확대와 고도 사양과 독점권으로 수익을 도모할 것이다. 독점할 것인지 오픈할 것인지 판단하는 것은 정말 중요하다.

독립시장 상품 : 단품 활용 시장을 만들다

제품 하나로 단독 시장을 형성하는 사업이다. 시장 규모가 한정된 경우 독점 시장을 제패할 수 있다. 의약품과 기능성 재료가 여기에 속한다.

① 의약품

대상 질병에 한정된 약품을 개발한다. 환자에 관한 통계 자료를 토대로 약품을 개발하기 때문에 니즈 기점형의 대표적인 예이다. 한 제품 한 특허나 소수 특허가 대부분이다. 질병에 따른 효과적인 약품을 개발해서 싼 가격으로 제조, 보급할 수 있는지가 관건이다.

먼저 지적재산 매니지먼트의 기본은 특허다. 효능이 있는지, 인체에 악영향과 부작용을 일으키진 않는지 반드시 시험해야 한다. 그래서 연구개발비는 엄청나다. 의약품을 비롯한 생명과학 분야의 지적재산 특성을 다음과 같이 정리할 수 있다.

한 제품 소수 특허다. 새로운 소재를 개발해서 특허로 취득하면 제품 경쟁력이 생긴다. 그 특허를 자사 기술로 사용하고 타사에게는 라이선스를 주지 않는다.

기초 연구 비용이 많이 들기 때문에 소재가 개발되면 모방하기 쉽다. 따라서 지적재산 보호가 중요하다. 최근에는 안정성 확인 기간을 포함해서 연구개발한 제품을 출시했을 때는 이미 특허 유효 기간이 거의 끝날 무렵일 수도 있다. 개발 자금 회수가 어려워서 제약회사의 개발 의욕을 소멸시킬 수 있다. 그래서 지금은 통상 특허 기간이 20년인 의약품의 경우 최장 25년까지 연장할 수 있다.

최근에는 같은 약재가 다른 증상에도 효능이 있다는 것을 연구해서 특허를 따기도 한다. 분말이었던 약을 캡슐에 넣거나 물약으로 만들어 제품 형상에 관한 제약 특허를 받는다. 나는 이런 방법을 '지적재산권 믹스'의 한 형태로 '특허권 믹스'라고 부른다.

특허 기간이 끝난 약은 다른 회사에서 제조할 수 있다. 이런 후발 의약품을 과거에는 카피 약이라고 했는데 최근에는 제네릭 의약품이라고 한다. 연구개발 비용이 거의 들지 않기 때문에 비교적 가격이 싸다. 제네릭 의약품은 고령화 사회의 엄청난 의료 비용을 삭감하는 데 기여할 것이라며 주목 받고 있다. 서구에서는 이미 시장의 3분의 1을 점유하고 있다는데, 일본에는 이제야 보급되고 있다.

지적재산 보호와 공공성의 균형이 필요하다. 효능과 안정성을 확인할 때 대체가 부족한 범용 시험이 필요하다. 예를 들어 특정 증상만 나오는 실험용 마우스가 개발됐다고 치자. 마우스를 만드는 기술을 특허로 독점하면 다른 연구자는 자유롭게 사용할 수 없다. 그러나 인류에게 마우스는 공공적인 의미를 지닌다. 따라서 개발 비용 회수를 위해 특허권을 주장하는 것과 공공성을 중시해서 누구나 사용하도록 허용하는 것 사이에 균형을 맞출 필요가 있다.

에이즈 특효약이 개발됐다고 치자. 상당히 고가일 것이다. 선진국의 환자는 부담할 수 있어도 개발도상국의 환자는 구입하기 어려울 것이다. 현실적으로 조류 인플루엔자나 신종플루가 발생할 수 있다. 이에 대항하기 위한 백신을 만들어야 한다. 선진국은 기술적으로 대처할 수 있지만 개발도상국은 어떻게 할 것인가? 긴박한 상황에서 현지 생산을 가능하게 할 수 있어도 특허권에 문제가 생긴다. 지적재산 보호와 공공성의 균형을 어떻게 맞출지가 과제다.

의료 기술, 의약, 식품 분야에서 용도의 개척이 급속도로 진행되고 있다. 현재 이 분야에서는 IPS 세포 개발과 응용의 전개, 유전자 조작 생물자원의 개발, 나노테크놀로지를 이용한 DDS(Drug Delivery System)실용화 문제가 있다. 이것은 나노 사이즈의 알약을 환자에게 직접 투여하는 기술이다. 환부에만 약을 주입해서 다른 부위에 퍼지지 않기 때문에 부작용이 적고 효과적으로 치료할 수 있다. 그러나 지적재산 보호와 공공성이 문제가 되고 있다.

일본은 연구 수준이나 기술 개발 수준이 높지만 제품을 사업으로 보급하는 창출력은 약하다. 그럼에도 여전히 이런 고민조차 하지 않고 있다는 게 더 큰 문제다. 의약품의 지적재산 매니지먼트에서는 또 하나의 중요한 과제가 있다. 특정 부위에 효과를 볼 수 있는 의약품을 어떻게 저비용으로 생산하는가 하는 문제다. 이 문제를 해결하려면 저가로 보급할 수 있도록 프로세스 이노베이션해야 한다.

절대 또는 상대적인 고성능 프로덕트 이노베이션과 상대적으로 저가인 프로세스 이노베이션은 서로 바꿀 수 있다. 성공 사례는 바로 오카야마현의 하야시바라 그룹이 실행했던 '히토 인비보 증식법에 의한 인터페론 제조'였다. 독창적인 기술은 지적재산으로 창출하고 독점해서 세계적인 특허망을 형성한다. 그러나 하야시바라는 연구개발 성과를 특허만으로 지키지 않았다. 지적재산을 전략적으로 특허의 제조 노하우를 조합해서 리스크를 최소화했다. 하야시바라는 연구개발형 기업으로 획기적인 소재를 만들어서 'B to B' 형태로 타사에 제공하는 기업이다. 특허는 유효 기간이나 모방을 해도 입증할 방법이 애매하기 때문에 특허를 노하우로 보충하는 전략을 세웠다.

천연 히토 인터페론 개발을 하야시바라 독자의 '히토 인비보 상태 증식법'으로 연구했다. 이는 햄스터로 사람의 인터페론을 배양하는 방법으로 독자 개발한 하야시바라 햄스터종이 필요하다. 이 온순한 햄스터종을 만들기까지 하야시바라는 약 20세대, 4년의 시간을 소요했다. 만일 타사가 특허법을 복제해도 햄스터의 대량 사육 노하우를 체득해야만 약물을 생산할 수 있다. 이는 제조 노하우를 특허 받지 않고 타사의 진입 장벽을 막는 지적재산 매니지먼트다.

하야시바라는 어떤 특허든 기술 이용에 필요한 요소를 반드시 자사에서 제공할 것을 원칙으로 한다. 앞에서 기술한 인텔 인사이드형과 마찬가지로 자사에서 제공하는 소재를 핵심 부품화해서 그것이 없으면 완성품을 만들지 못하도록 '내부에서 외부를 컨트롤 한다'는 작전임을 알아야 한다. 이처럼 특허를 축으로 하면서도 노하우의 조합으로 지적재산 매니지먼트의 다양한 방법을 궁리하는 기업이 높은 수익을 올린다.

의약품과 마찬가지로 니즈 기점형은 환경 분야의 특성이기도 하다. 이러한 환경 정책을 목표로 하는 기술개발은 수요가 명확한 분야다. 여기에는 두 가지 기술 영역이 존재한다.

첫째, 연료 전지와 같은 첨단 기술 영역이다. 선진국은 막대한 비용을 투자해서 개발 경쟁을 한다. 때문에 개발 리스크가 커진 만큼 지적재산 매니지먼트를 대담하고 진중하게 진행해야 한다.

둘째, 수질 정화 기술 영역이다. 지역 특성에 따라 대응해야 하는 '지역 기술 영역'이다. 이는 기술을 쉽게 모방할 수 있기 때문에 노하우를 감춰서 지적재산권을 지켜야 한다. 이 영역은 중견 기업들이 자리 잡고 있기 때문에 국내 특허는 많지만 해외 특허가 적고, 앞으로 지적재산권 분쟁이 일어나지 않도록 미리 선수를 칠 필요도 있다. 또한 국제 표준 책정에 대한 참여도를 늘리지 않으면 세계 시장에 진입하기 어려울 것이다.

② 기능성 재료

기능성 재료도 '한 제품 소수 특허'의 대표적인 상품이다. 이 분야의 특성은 의약품처럼 니즈 기점형이 아니라는 점이다. 의약품과 반대로 고기능 물질을 개발하고 나서 용도를 검토하는 형태다. 시장 니즈와 관계없이 기술 내부의 논리로 소재를 연구개발하고 용도를 탐색한다. 지극히 일반적이기 때문에 기초 연구와 실용화 개발이 괴리되는 현상도 있다. 실용화까지는 긴 시간이 필요하고, 실용화로 가다보면 특허권의 유효 기간이 끝나기 때문에 리스크가 있다.

1991년 특허를 취득한 카본 나노튜브의 대대적인 용도 개발이 이제야 진행됐다. 그런데 특허가 거의 만료될 시기에 와 있으므로 실용화 과정 기간에는 지적재산 매니지먼트로 방법을 찾아야 한다. 이처럼 절대 우위를 확보하는 고전적인 지적재산 매니지먼트를 철저하게 해야 하지만 고기능 재료가 모두 그런 것만은 아니다.

앞서 DVD 미디어로 성공한 미쓰비시 화학의 재료는 고가다. 국제 표준으로 도입하는 데 성공했으니 싫든 좋든 그 재료를 사용해야 한다. 미쓰비시 화학은 두 가지 방법을 썼다. 첫째, 재료를 사용해서 DVD 미디어 제조법을 대만의 제조사들에게 제공했다. 결과적으로 많은 제조사가 참여해서 DVD 미디어는 가격이 떨어졌고 시장을 확대하는 데 성공했다. 이것은 제조법을 붙인 부품 판매를 통해서 중간재를 만들고 완성품을 보급시켰던 인텔 인사드이형과 닮은 전략이다.

둘째, 미쓰비시 화학은 자회사인 미쓰비시 화학 미디어를 통해 자사의 고급 DVD 미디어를 브랜드로 알렸다. 저가품 보급 시장을 개척하는 한편 프리미엄 상품으로 부가가치 시장도 동시에 형성했다. 이처럼 표준화에 착수하면서 제조 노하우를 제공한다는 이중 오픈 전략을 도입한 새로운 지적재산 매니지먼트는 앞으로 참고해야 할 중요한 단서다.

기능성 재료로서 주목할 만한 것이 수질 정화 필터다. 일본의 필터 기술은 세계적으로 최첨단이다. 그러나 발명 단계의 지적재산 매니지먼트뿐만 아니라, 보급 단계에서의 지적재산 매니지먼트를 어떻게 활용할 것인가? 표준화를 포함한 지적재산 매니지먼트를 이용하면 세계적으로 협업 파트너를 모아 시장을 확대하고 지배할 수 있게 될 것이다. 고전적인 방법으로 발명 단계에서 보호만 하지 말고 보급 단계의 표준화를 포함하는 지적재산 매니지먼트가 중요하다는 점에 주목해야 한다.

chapter 8

전투에서 이기고
전쟁에서 패배하는
일본

* 주요 키워드

이노베이션 = 발명 협업×보급 분업
이노베이션 시나리오 작성

이노베이션 모델
(가변적·발전적 이노베이션 모델)

이노베이션 로드맵 작성
신흥국 활용

마지막 장은 지금까지의 논의를 요약하고 정리하면서 진단 결과를 서술할 것이다. 그리고 프로 이노베이션 시대의 사업 방법에 대해 문제를 검토하고 처방전을 쓸 것이다. 처방전은 독자들이 응용하고 실천할 것이므로 스스로 진단해야 한다.

알고 배우고
생각하라

    기존의 사업 경쟁력은 모델을 개선하는 것에 있었다. 그런데 이노베이션 모델로 바뀐 다음 경쟁력은 기존 모델보다 새로운 가치를 제공하는 모델을 창출하는 데 비중이 실렸다. 뿐만 아니라 보급도 큰 역할을 한다. 프로 이노베이션 시대가 도래한 것이다.

    경쟁력을 가진 이노베이션 모델도 변했다. 수직통합적인 자전주의 경향으로 자사의 구심력이 강했다. 그러나 1990년 이후에는 점차 원심력으로 바뀌었다. 지금은 수직분리된 모델로 이행했다. 탈자전주의 시대인 것이다. 이것은 동시에 기존 '이노베이션 = 발명'이고, '과학기술이 이노베이션의 필요충분조건'이었던 시대에서 '이노베이션 = 발명 × 보급'이고 '과학기술은 필요조건이지만 충분조건으로서 비즈니스 모델과 표준화를 포함한 지적재산 매니지먼트의 통합조율 시대'로 이행하는 것을 의미한다. 훌륭한 기술을 개발하면 자연스레 이노베이션이 일어난다는 테크놀로지 푸시 모델 신화는 이제 졸업해야 한다.

제품 특성상 아키텍처에는 통합조율형과 조합형이 있는데 일본의 제조업 특기는 전자였다. 하지만 전자제품은 모듈화로 인해서 조합형으로 제품의 아키텍처 자체가 변화했다. 이것은 인텔의 예처럼 의도적으로 바꾼 것이다.

내용은 다음과 같다.

- 제품 특성에 맞는 핵심 기술개발과 시장 확대
- 수익 확보를 동시에 달성하는 비즈니스 모델 구축
- 독자 기술을 공개와 비공개, 조건부 라이선스, 표준화 오픈으로 지적재산 매니지먼트로 전개

삼위일체형 사업 전략은 핵심 기술개발을 특화하면서 타사와 협업하는 연구개발 매니지먼트다. 오픈 표준화와 완전 블랙박스화를 적절히 조합하는 제품 구조이면서 부품과 완성품을 연결하는 중간재를 매개로 NIEs/BRICs 기업을 아군 진영으로 한꺼번에 보급시키는 분업 구조다.

주목할 것은 블랙박스로 위장한 자사의 독점 기술을 비밀로 봉쇄하고 한편으로는 부품과 인터페이스로 공개해서 상호 접속성을 확보한다는 점이다. 다만 봉쇄한 내부 독자 기술은 인터페이스를 매개로 외부에서 접속하는 프로토콜을 확충한다. 삼위일체는 서구 기업과 NIEs/BRICs 기업이 이노베이션을 위해 함께 싸웠던 국제 사선형분업이다. 이것이 가능했던 것은 디지털 기술의 진전과 풀 턴키 솔루션 생산 설비의 출현 덕분이었다.

이를 배경으로 NIEs/BRICs 기업이 이노베이션 경쟁에 참여했다. 이것이 일본 기업을 쫓아내는 방정식이 되었다. 획기적인 제품 기술은 거의 일본에서 개발된 것들이었다. 그러나 NIEs/BRICs 제국의 참전으로 제품이 전 세계로 보급되어 생활에 새로운 가치를 가져오는 이노베이션을 일으켰다. NIEs/BRICs 기업의 이노베이션을 위해 일본은 제대로 대응할 수 없다. 일본 기업은 지금 사면초가다. 해결 방법은 무엇인가?

이노베이션을 알고 배우고 생각하라

프로 이노베이션 시대에 관해서 제대로 인식해야 한다. 새로운 이노베이션이 작동하고 있다. 단순히 오픈 전략의 성공 이야기가 아니다. 프로 이노베이션을 진행하는 선택 사항이 바로 오픈 전략이다. 이것에 서툰 일본이 어느 날 갑자기 흉내만 낸다면 먹잇감으로 전락할 것이다. 갑자기 주도권을 잡으면 안 된다. 인텔이든 애플이든 여러 시행착오를 겪은 다음 현재의 지식을 얻었을 것이다. 인텔은 하루아침에 이루어지지 않았다.

일본인들이 오픈 전략에 익숙하지 않다는 것을 자각하는 일이 첫걸음이다. 오픈 전략을 이해하면 타사에 주도권을 빼앗기지 않을 것이다. 그것을 알게 된 다음에는 무엇을 할까? 우리는 배워야 한다. 오픈 전략에 너무 신중한 나머지 주저하면 안 된다. 오픈 전략이 효과를 거두는 것은 확실하기 때문에 공개 가능성을 철저하게 진단해야 한다. 공개 방법론을 구체화하는 시나리오를 쓰고, 어떻게 이행할 것인지 제대로 살피고 연구해야 한다.

오픈 전략은 흉내만 내는 것이 아니라 확실하고 신속하게 제대로 배위야 한다. 선행 모델을 먼저 시험해서 적어도 화면으로 시뮬레이션해 볼 필요가 있다. 위기감을 느끼는 순간 선행자를 따라잡는 것은 일본의 특기다. 공개 이노베이션을 발명했다고 해서 착각하지 말아야 한다. 이 노베이션 프로세스를 전부 공개하는 것이 아니라는 점에 주의하자.

오픈 전략을 펼칠지, 기존 모델을 뛰어넘는 이노베이션 모델을 창출할지 심사숙고해야 한다. 가능하면 일본의 특징을 활용한 프로 이노베이션 작전을 연구해서 국제적으로 운용해야 한다.

이노베이션 시나리오를 그려라

이노베이션 프로세스에 관한 시나리오는 아주 간단하다. 이노베이션에서 보급까지의 프로세스 전체 시나리오를 그린다. 이 시나리오를 단독으로 사용할 수 있다면 전통 방식인 비밀 자전주의로 하지만, 그렇지 않다면 타사와의 협업을 검토한다. 협업이나 분업을 검토할 때의 주안점은 자사가 주도권을 잡고 이노베이션을 리스크 없이 실행하는 데 있다. 만약 주도권을 잡지 못하면 인텔 인사이드형 핵심 부품에 종속되는 완성품 제조사가 되거나, 애플 아웃사이드형 이미지만 풍기는 하청 업체가 될 수 있다. 협업이나 분업을 한다면 상대를 어떻게 선택할 것인지 결정한다. 그때 삼위일체형 사업 구상을 제대로 그려내야 한다.

이노베이션 로드맵

'기술 로드맵＋지적재산 로드맵＋사업 로드맵＝이노베이션 로드맵'

로드맵은 예측이 아니다. 인텔의 창시자인 고든 무어가 1965년에 제창한 것으로 '반도체의 집적 밀도는 18~24개월 안에 배로 증가한다'는 내용이 있다. 경험을 미래에 투영한 것이다. 일단 기술이 알려지게 되면 관련 업계에서 여러 종류로 벤치마킹해서 연구개발을 한다.

기술 로드맵은 작성 과정과 독해 과정에 관련된 사람들의 학습이 가장 효과적이다. 작성하면서 읽는 과정에서 배우고, 생각하게 되기 때문이다. 기술 로드맵은 중립적이거나 객관적인 것이 아니다. 전략적으로는 기존 로드맵을 배우면서 차별화를 검토하는 데 의의가 있다. 기존 로드맵은 지식 범위 안에서 만든 것이므로 참고만 한다.

여기서 그냥 '맵'이 아닌, '로드맵'이라고 부르는 것에 주목하자. 기술적인 면에서는 보통 로드맵이라고 부르지만, 지적재산 영역은 로드를 빼고 특허맵이라고 한다. 이들은 특허에 관한 컴퍼스이기 때문이다. 결과적으로 이미 특허가 된 것을 지도로 만든다. 과거의 맵도 중요한 전략 구축을 위한 정보원이다. 맵에서 허점을 찾아내거나 아무도 주목하지 않는 것을 뒤집어서 활용할 수도 있다.

나는 기존 로드맵을 특허권으로 독점하는 것뿐만 아니라, 비밀로 감추는 전략까지 지적재산에 포함하는 것을, 타사에 공개함으로써 표준화하여 조합하는 것들을 강조한다. 내가 이노베이션 모델로서 '발명 협업×보급 분업'이라고 쓴 것을 기억해보면, 이노베이션과 보급을 연결하는 것은 +가 아니라 ×였기 때문이다. 이것의 의미는 이노베이션 단계에 앞서 보급 단계를 시나리오로 그렸다는 것이다. 결국 이노베이션을 위한 특허맵은 그림뿐만 아니라, 보급 과정까지 보면서 지적재산 로드맵을 그려야 한다.

이노베이션 시나리오에서는 삼위일체를 도모하기 위해 세 개의 로드맵을 제대로 구성해야 한다. 일단 작성한 로드맵은 영원한 β판임을 명심해야 한다. 한 번 그리기 시작하면 수정하기를 주저하지만 환경은 시시각각 변화하기 때문에 순차적인 학습 성과를 반영한다. 종종 '계획의 수정'이 필요하다.

이것은 가설 수정과는 다른 탐구 학습이다. 옳고 그름을 묻는 것이 아니라 사업 전략에 적절한지를 묻는다. 부정이 아니라 적절성을 물어야 한다. 이노베이션 시나리오에서는 어디를 보여주고, 최고점으로 하는가? 어떤 복선을 깔아두는가? 이것이 시나리오의 작전 포인트다. 전체 상황을 한눈에 볼 수 있는 맵이 필요하다.

기술의 개발 단계, 제품 아키텍처 형성과 보급을 어떻게 공개하고 차단할 것인가? 일본에는 이러한 구상력을 가진 경영자가 거의 없는 실정이다. 시나리오 작가의 상상력과 군사적인 사고력이 필요하다. 더불어 구상, 기획, 계획의 세 가지 무대에서 일본은 계획에 대해서는 우수하지만 구상에 대해서는 아직도 훈련이 필요하다.

▶ 제품과 서비스를 결합하라

환경이 급격히 변화될 때는 어떻게 살아남을 수 있을까? 시스템 이론에서는 다양성의 확보와 변화의 스피드를 원칙으로 설명한다. 시스템이 환경에서 살아남기 위해서는 안팎이 동등한 다양성을 갖고 있어야 한다. 내부 변화 스피드도 외부 변화 스피드를 따라가야 한다. 시스템이 변하지 않으면 환경 변화에 대응할 수 없어서 결국 사멸한다. 하지만 환경의 모든 다양성에 따라 변화하는 것은 불가능하다. 일본 진화론의 대표적인 학자인 이마니시 긴지가 주장한 서식권 분할에 가까운 특성을 파악하고 선택과 집중을 한다. 물론 틀리면 낙오자가 되어 자멸하거나 다른 종에게 공격당한다.

표준화를 이해하라

이노베이션 시나리오를 그릴 때 중요한 것은 표준을 사용하는 방법이다. 비즈니스 관점에서 보면 표준을 사용한 시장 형성과 경쟁 우위 확보가 중요하다. 우수한 규격에 대해 열세인 규격이 어떻게 포지션을 확립하는가도 매우 중요하다.

'기술의 차별화는 자기 목적인가?' 순수 학술적으로는 과학기술의 기전 자체에 가치가 있다. 나 또한 연구자로서 학술 가치는 그 자체에 있다고 생각한다. 우리가 검토할 것은 과학기술 대국에서 과학기술 입국으로 건너가는 상황이다. 이때 과학기술의 연구개발, 기술의 차별화가 수단이다. 무엇을 위해서 차별화를 할 것인가? 비즈니스 관점에서 보면 '기술의 공개와 차단'은 패러독스다. 새로운 이노베이션 모델은 패러독스를 전면에 내걸었다. 기존의 지적재산 매니지먼트처럼 기술을 공개 또는 차단해서 특정한 곳에 라이선스하는 것만으로 숨길 수 없다. 공개를 해서 파트너로 참여할 수 있도록 자연스럽게 유도하는 것도 좋은 방법이다.

기술 차별화는 비즈니스 경쟁력을 지키는 수단에 지나지 않는다. 그 자체가 목적이 아니다. 비즈니스에서 고객에게 제공하는 가치를 우위로 만드는 차별화가 더 중요하다. 기능 우위, 가격 우위는 지금까지 말한 대로다. 거기에 편의성 우위와 이미지 우위가 추가된다. 이처럼 고객의 가치 형태를 만드는 비즈니스 모델의 종합적인 경쟁력이 필요하다.

비즈니스 모델 경쟁력 강화를 위한 기술의 차별화도 다양하다. 연구의 역할은, 미래 사업 기술의 비전에 맞는 비즈니스 핵심 기술을 특화하는 일이다. 사업이 성공하지 못하면 기술은 묻히고, 보급을 못하면 사회에 도움이 될 수 없다.

지적재산 매니지먼트도 중요하다. 기술을 다루는 지혜가 필요하다. 기존 모델은 자사 기술을 특허로 독점하여 자사 사용·타사 차단을 하면서 진입 장벽을 쌓는 것과, 모두가 사용하지 못하도록 하는 것도 중요했다. 특허 시대에는 자전 기술을 특화하고 타사를 배제했다. 또한 라이선스를 양도함으로써 얻은 수입으로 특허 활용을 중시했다.

프로 이노베이션 시대는 자사 미사용 특허를 타사에게 공개하고, 자사가 사용하는 특허를 적극적으로 타사에 공개함으로써 사업 우위 형성을 촉진하고 있다. 결국 경쟁력은 상호 보완적인 협력 관계다. 특허를 적절한 표준에 포함시키는 것도 사업 전략과 지적재산 전략을 연결하는 중요한 역할이다.

표준을 포함한 지적재산 매니지먼트는 관점을 달리할 수도 있다. '제품 특성'에서 제품이 성립되는 기술을 핵심이라 부르지만, 대응하는 비즈니스 모델은 요소라고 부른다. 비즈니스의 요소는 제품 도입기부터 라이프사이클까지 성장기에 따라서 달라질 수 있다. 죽음의 계곡에 떨어지지 않고 보급 단계로 이행하는 것을 지적재산 매니지먼트라고 한다. 지적 창조 사이클에서 지적재산을 프로세스 매니지먼트하는 것과 기술 개발을 사업 활용으로 연결하는 것이 무엇보다 중요하다.

오픈에서 클로즈로 가는 이행 모델

'인테그랄과 모듈', '표준 기술과 독자 기술', '오픈과 클로즈'의 개념은 어떻게 조합할까? 결국 'A or B'의 이야기다. 모듈인가, 인테그랄인가로 귀결된다. 실무에선 의미 없는 질문이다. 따라서 다음과 같은 네 가지 선택 모델을 제시한다.

선택1) 클로즈 발명 & 클로즈 보급

자전주의 모델이다. 기술을 차단하는 수직통합형이다. 토요타와 캐논은 성공한 기업이지만 앞으로도 잘할 수 있을지 검토가 필요하다. 예외도 있다. 홀가먼트로 유명한 시마세이키도 기술을 차단하는 전략을 고수하는 타입이다. 이들의 편직기 구조는 부품 내장이 70퍼센트를 넘고, 부품을 조정하려면 장인기술이 필요하다. 획기적인 바늘 발명을 육성하고 있어서 이들에겐 보급이 급하지 않다.

276

선택 2) 오픈 발명 & 오픈 보급

오픈을 허용하는 모델이다. 여기서 말하는 오픈은 '클로즈'와 '오픈'을 나누어 사용하는 것을 말한다. 정확하게 말하면 오픈과 클로즈의 믹스다. 발명 단계나 보급 단계에서도 오픈과 클로즈를 믹스한다.

이것은 '아이를 집 안에서 과보호로 키울 것인지, 밖에서 함께 어울려 놀게 할 것인지'를 결정하는 일과 같다. 그러나 모든 것을 '수직 대 사선', '인테그랄 대 모듈', '클로즈 대 오픈'이라는 대립과 선택으로만 생각하는 것은 적절하지 않다. 언제 무엇을 어떻게 연결할지 구상하는 쪽이 더 현명하다. 일본의 특기인 '수직, 인테그랄, 클로즈'에서 적절한 기회로 이행해야 선택 3의 모델이 나온다.

선택 3) 클로즈 발명 & 오픈 보급

이노베이션 프로세스 모델은 발명 단계에서 기술을 차단하고 보급 단계에서 공개하는 분업으로 이행하는 단계를 거친다. 일본 기업의 기술력으로 세계를 깜짝 놀라게 하는 획기적인 제품을 만들기란 어렵다. 인테그랄 스리아와세로 수준 높은 제품을 만들어서 순식간에 보급하고, 정착, 상승한다. 이론적으로는 반대의 패턴도 있다. 그것이 선택 4다.

선택 4) 오픈 발명 & 클로즈 보급

이노베이션 프로세스에서 발명 단계는 기술을 공개해서 협업하고, 보급 단계는 정보를 차단하는 자전주의로 이행한다. 선택 3과 4는 중간에 경로를 바꾼다. 'or'가 아닌 'from to'의 관계로 본다. 일반적으로 일본은 선택 3 '차단에서 공개로 이행하는 모델'이 적합하다. 독자 기술로 연구한 내용을 공개하는 프로세스를 논의해야 한다.

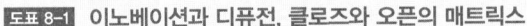

도표 8-1 이노베이션과 디퓨전, 클로즈와 오픈의 매트릭스

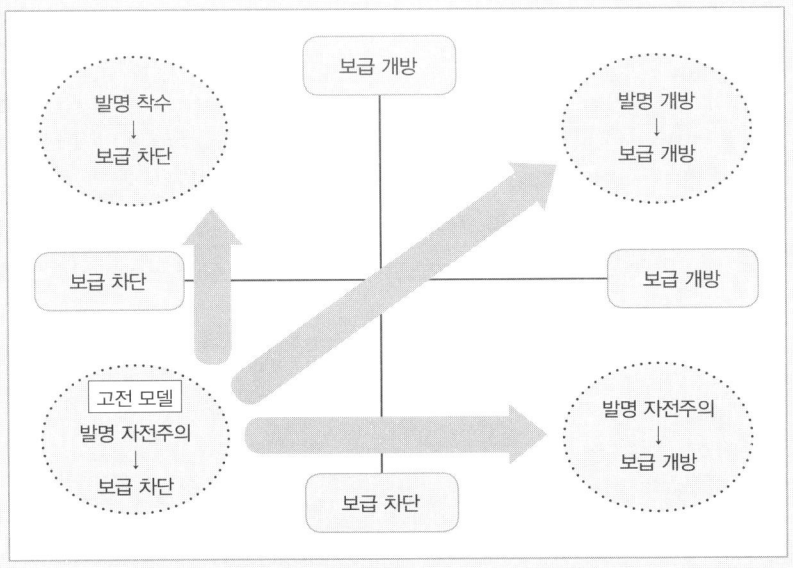

이것은 제품의 라이프사이클과 연동한다. 성숙하면 떠나보내라. 그리고 사선형분업을 잘하는지 지켜보라는 것이 내 처방전이다.

완제품 시스템 구성을 언제 어떤 모듈로 이행할 것인가? 반드시 이행해야만 하는가? 기술 정보의 차단과 공개는 언제 할 것인가? '완제품/차단, 모듈/공개 표준화'로 만든 다음 메인보드를 대만의 제조사에게 하청해서 보급하기 쉽도록 만든다. 재료는 표준과 보급의 이중 구조로 고민한다. 미쓰비시 화학의 DVD 미디어 소재는 국제 표준을 만드는 것부터 시작해서 비숙련공도 생산이 가능한 제조 공정으로 보급하기 쉽게 정비했다.

1단계에서는 고도의 첨단 기술이 필요하다. 디지털카메라는 '완제품/차단, 모듈/공개 표준화'로 내부에 정보의 틀을 모았다. 감히 모방하기 어려운 생산 방식이다. 단면구조에서는 생산을 장인 기술로 만드는 것이 포인트다. 시마노 고급 스포츠용 자전거 부품은 박스 세트 형태의 '완제품/차단, 모듈/공개 표준화'로 만들었다. 박스 세트에는 지극히 어려운 장인기술이 통합조율되어 있다. 보통 기계는 구조를 알 수 있어도 모방하기는 어렵다.

독자 기술이나 표준 기술을 양자 선택의 문제로 보면 안 된다. 이노베이션 시나리오에서는 독자 기술을 때와 시간에 맞춰 보급해야 상승효과를 가져온다. 그것이 표준화 전략이다. 독자 기술을 표준화하지 않는 곳도 있다. 서구 많은 기업들이 중국 내에서 휴대전화 중계소를 차지할 때 기술을 공개하지 않고 비밀로 지키는 데 성공했다. 그것도 선택 사항이다.

가변적인 이노베이션 발전 모델

제품의 라이프사이클 측면에서 일본 기업의 특기는 완성도에 있기 때문에 제품을 제대로 만든다. NIEs/BRICs 기업과 사선형분업으로 보급 단계에서 주도권을 잡는 형태다. 라이프사이클은 비즈니스 모델을 고정한 뒤에 도입기, 성장기, 성숙기, 쇠퇴기를 겪는 동안 다른 방책을 마련한다. 라이프 단계별로 방법은 다르지만 수직통합 모델이나 수평분업 모델은 비슷하다.

비즈니스 모델은 라이프사이클이 동일하지 않아서 단계마다 변할 수 있다. 알이 깨어나서 애벌레가 되고 번데기를 거쳐 나비가 되어 날아간다. 라이프사이클 단계에서 형태와 생태가 변한다.

비즈니스 모델은 시간의 흐름에 따라 변화한다. 모델이 이중 구조의 새로운 이노베이션을 가능하게 한다. 가변적이거나 발전적인 이노베이션 모델이라 불러도 좋다. 비즈니스 모델을 최적의 상태로 만드는 것이 이노베이션의 포인트다. 동시에 비즈니스 모델마다 지적재산 매니지먼트가 달라야 한다는 것을 시사하고 있다. 프로페턴트 시대에서 프로 이노베이션 시대로 이행함에 따라 지적재산 매니지먼트의 의의와 역할도 함께 변화해야 한다.

'준완성품'으로 생각하라

어떤 제품은 완성 제품의 부품인 동시에 완성품 그 자체다. 애플 아웃사이드형을 완성품 주도라고 부른다. 하지만 '아이팟'은 이에 해당되지 않고, '아이튠즈'와 함께 시스템을 형성한다. '아이폰'도 네트워크로 연결되지 않으면 의미 없는 부품 중의 하나다. 한편 '아이폰'은 누구나 자유롭게 OS를 사용하면서 어플리케이션을 개발하게 한다. 서드 파티가 마음 대로 소프트웨어를 개발하면 '아이폰'의 이용 가치는 점점 높아질 것이다.

부품과 완성품을 별도의 관점에서 준완성품으로 검토할 수 있다. 프로토 패턴트 시대에는 평면적인 지적재산 매니지먼트만으로 부족하다는 것을 의미한다. 제품 특성과 아키텍처에 기초한 비즈니스 모델을 입체적으로 조립해서 종합 매니지먼트로 발전시켜야 한다.

▶ **전략 전쟁에서 승리하려면**

인텔의 'CPU'나 애플의 '아이폰'은 부품이기도 하고 완성품이기도 해서 준완성품 개념으로 본다. 전략을 세울 때도 다음 두 단계에 대한 검토가 필요하다.

첫째, 준완성품의 가치를 어디에 집중할 것인가? 인텔은 컴퓨터의 가치를 CPU에 집중했다. CPU의 핵심을 정보를 주고받는 인터페이스에 두었다. 거기에 프로토콜을 공개하고 협조 전략을 세우는 한편 내부를 차단해서 타사가 침입하지 못하게 했다.

둘째, 준완성품은 다른 레이어와 어떻게 관계를 맺을 것인가? 컴퓨터의 가치를 집중시킨 것은 상위 레이어인 OS다. 그것을 지배하는 기업은 '마이크로소프트'다. 여기와 공동 대응을 해서 인텔의 CPU를 움직이는 적절한 OS는 윈도우즈라 한다. 윈도우즈를 움직이기 위해서는 인텔의 CPU가 최적의 조건이다. 결과적으로 인텔 연합군으로 컴퓨터 세계를 제패한 것이다. '아이팟'과 '아이폰'은 이미 설명한 대로 '아이팟'은 상위 레이어로 네트워크에 접속해서 '아이튠즈'와 연계하여 비즈니스하고, 다른 미디어 플레이어와 차별화를 시도한다. 한편 '아이폰'의 하위 레이어인 OS를 공개해서 어플리케이션 소프트를 서드 파티가 자유롭게 제조하도록 하고, 그것을 토대로 다른 제품들과의 차별화를 확대한다.

결국 동일 레이어에서 경쟁을 제어하려면 다른 레이어와 협조해서 전략을 세워야 한다. 인텔 인사이드나 애플 아웃사이드는 실제로 레이어 사이의 주도권 경쟁 이야기를 한쪽에서 말하는 것이다.

과거에 소니는 AV 기기와 음악과 영화 콘텐츠를 지배하려고 했다. 게임기와 소프트로 세계적인 주도권을 구축했다. 그러나 지금은 네트워크라는 상위 레이어의 등장으로 애플의 뒤를 따르고 있다.

예외도 있다. 중국 휴대전화 시장은 휴대전화기, 기지국, 통신서비스 운용의 전체 시스템 중에서 어디를 부가가치가 높은 분야로 할 것인지 문제가 되었다. 그것은 어떤 의미에서 시스템 레이어 사이의 주도권 경쟁이라고도 볼 수 있다.

완성품 제조사 주도로 만든 자동차가 전기 자동차와 함께 인테그랄에서 모듈화되었을 때 핵심 부품 주도인지, 완성품 주도인지에 대해서 생각해보자. 만일 전기 자동차로 변화된다면 충전망은 별도의 네트워크가 될 수 있다. 전기 자동차는 네트워크의 하위 레이어이다. 자동차가 휴대전화기와 동등한 위치를 갖게 될 수도 있다. 여기에 숨은 뜻을 알아야 한다. 시스템과 네트워크라는 개념을 사용하면 이해가 될 것이다.

주도권을 잡기 위해서 동일 레이어상의 경쟁만으로는 안 된다. 일본의 특기인 장인정신은 통용되지 않는다. 동종 업계의 동일 레이어상에서 부가가치의 집중 구조를 다투는 한편, 다른 업종끼리 다른 레이어에 부가가치를 집중시키려고 경쟁하고 그 결과 가로 세로, 사선 사이에서 충돌이 일어난다. 이른바 '배틀 로얄'이다. 전자제품 분야, ICT 분야에서 이런 방법을 선행하고 있다. 부품이나 재료, 의약품과 의료기에도 침투하고 있다. 일단 다른 업종 간의 성공 사례를 배우기 시작하면 군사는 다음 단계를 목표로 움직이기 시작할 것이다.

제품과 서비스의 연계다. 플랜트라도 레이어의 이동을 시작했다. 최근에는 쓰키시마 기계라는 일본 유수의 플랜트 회사가 플랜트 건설만이 아니라 하수도 설비 운용 서비스에 진출하고 있어서 화제다.

PFI법의 도안을 활용해서 종래의 하수 처리 시설의 설계와 건설이라는 플랜트 사업에 배수 처리 시설의 유지 관리 및 운영, 정수장 발생토의 재생, 반송수(처리 공정에서 발생하는 상등액, 세정액 등 수처리 시설로 되돌려 보내는 물)를 관리하고 있다. 결국 쓰키시마 기계가 파는 것은 '사용 서비스'다.

이것은 일종의 IBM 비즈니스 모델의 플랜트판이라고 할 수 있다. IBM이 제조업에서 서비스업으로 전환했다. 매출의 70퍼센트 이상이 솔루션 비즈니스다. 제조업에서 컨설팅으로 이행한 것이다. IBM은 아웃소싱 사업을 수주하고 있지만, 자사의 슈퍼컴퓨터를 활용할 수 있는 서비스로 포지셔닝한다. 결국 제조업을 포함한 서비스업인 것이다. 다른 컴퓨터 벤더도 솔루션 비즈니스에 진출했다. 그런 점에서 IBM은 한발 앞서 나갔다고 할 수 있다. 비지니스를 중심에 놓고 서비스업으로 전개하는 새로운 모델을 만들었다.

그렇다면 가지마 건설이 제네콘처럼 건설업을 경영하는 한편 디벨로퍼로서 도시를 개발하는 기능을 확충하는 것도 여기에 해당한다.

IBM과 쓰키시마 기계에서 배울 점은 서비스 산업과 관계를 맺고 새로운 비즈니스 모델로 진출한다는 것이다. 지금은 동종 업계 이상의 협조와 경쟁이 복잡하게 얽힌 시대로 진입하고 있다. 그것을 역이용해서 이노베이션 주도권을 잡을 수 있을까? 군사와 경영자의 역량이 점점 더 필요한 시대가 되었다.

신흥국을 파트너로 만들고 시장으로 보다

이노베이션 시나리오를 그릴 때 협업자이자 신흥국인 NIEs/BRICs 기업을 어떻게 볼 것인가?

첫째, 시장으로서의 NIEs/BRICs다. 일본은 자동차 시장이 발달했다. 선진국 시장만을 본다면 성숙 단계에 들어섰다. 그러나 지금의 NIEs/BRICs는 미래에 어마어마한 자동차 시장으로 일본을 앞서게 될 것이다. 그것을 누가 잡을 것인가? 일본은 또 다른 발상을 해야 한다. 가솔린 자동차를 중심으로 한 일본의 자동차 산업에서 논의하는 것 자체가 무의미할지도 모른다.

일본은 국내 이노베이션이 특기다. 이것이 아쉽게도 국제 이노베이션으로 연결되지 않는다. 국제 시장을 보면서 이노베이션을 생각하는 것과 국내 이노베이션만 생각하는 것에는 엄청난 차이가 난다. 세계의 신흥국이 경제 발전을 이루면 일본 시장의 지위는 상대적으로 내려간다. 일본은 현재 1억 3000만 명의 시장을 갖고 있지만 이것은 점점 축소된다. 신흥국을 시장으로 보지 않는 것은 일본 기업에게 어떤 결과를 가져올 것인가?

둘째, 인적 자원과 광물 자원으로서 NIEs/BRICs를 보아야 한다. 이들 국가는 풍부한 노동력과 자원이 확보되어 있어서 상대적으로 생산 비용이 싸다. 서구는 이들 나라에서 많은 유학생을 받아들이고 있다. 자국의 발전을 도모할 수 있는 글로벌 인재를 육성하려는 것이다. 반면에 일본은 아직도 유학생을 충분히 받아들이지 못하고 있다.

셋째, 이노베이션 파트너로서의 NIEs/BRICs다. 이노베이션의 어느 단계에서 파트너로 도입할 것인지를 생각해야 한다. 먼저 발명 파트너는 즉, 과학기술 개발을 할 때 협업할 수 있는 레벨인지 살펴야 한다. 그 다음으로 보급 파트너는 제품을 글로벌하게 전개할 수 있는 사선형 분업을 함께할지 묻는다. 현재는 후자의 정도가 적합할 것이다. 보급 파트너는 어느 정도의 기술만 있으면 된다. 비숙련공도 생산할 수 있는 풀턴키 솔루션 생산 설비만 갖추면 낮은 인건비로 파트너를 찾을 수 있다. 또한 서로 무엇을 원하고 실행할 수 있을지 검토해야 한다. 세상은 실행 가능성과 희망으로 움직여야 서로가 충분히 조율하면서 진행할 수 있다.

넷째, 학습 모델로서 NIEs/BRICs를 보아야 한다. 한국의 삼성은 확실하게 '기본 기술은 마련하는 것'이라고 주장한다. 선행자가 조달한 기술을 더 싼 가격으로 다시 만들어서 그것으로 신흥국 시장을 잡는 전략이다. 따라잡기 전략의 진수다. 선진국의 기술을 사용해서 신흥국 시장을 잡는 것이 바로 현재의 신흥 선진국 전략이다. 일본은 핵심 기술을 독자적으로 개발해야 한다고 생각하지만, 사업적인 측면에서 보면 기술의 첨단성이 아닌 사업 유효성을 따져야 한다.

NIEs/BRICs에는 일본이 못하는 비즈니스 방법들이 많다. 인도의 카피약 비즈니스도 방법 중의 하나다. 과거 일본은 서구에서 성공한 모델을 재탕하는 것을 특기로 삼았다. 그러나 지금은 중국이나 인도에게 배워야 하는 모델이 여럿 있다. 일본에게 신흥국 시장의 존재와 기술 격차의 존재가 이노베이션 시나리오에서 중요할 것이다.

경영자의 안이한 대처가 부른 일본의 위기

임원들에게 결여된 위기의식, 지금은 자연스러운 환경인가?

현재의 이노베이션 모델 환경은 1970년대부터 80년대까지 일본이 석권했던 모델이 악화된 것에 지나지 않는다고 보는 경영자가 많다. 그러나 서구의 정부와 기업이 솔선해서 모델을 바꿨기 때문에 그러한 환경이 조성됐다는 것도 알아야 한다. 이노베이션의 변용은 과학기술적인 측면에서 변하는 것이 아니다. 비즈니스를 제대로 이해한 전략적 사고의 결과다.

정부나 대기업의 싱크탱크의 간부조차 '대기업이라도 임원이 되면 이해할 것이다. 위기감을 갖고 있다'고 말하거나, 제조업에서 제품의 구조가 인테그랄에서 모듈로 바뀌고, 수직통합에서 수평분업으로 바뀌고 있다는 것을 말이다.

그러나 이 상황을 곤란하다고 받아들이는가? 아무래도 겉보기에 지나지 않다는 느낌이다. 위기의 본질을 충분히 이해하지 못하면 진짜 위기감이라고 말할 수 없다. 새로운 이노베이션 모델 구조를 이해하지 않는 임원과 정부의 고위 관리직 싱크탱크가 얼마나 많을 것인가? 이노베이션을 만드는 기술력만 기르면 된다는 경영자는 왜 이렇게 많은가? 그들에게 '왜 기술력이 있으면서 사업에서 실패하는가?'라고 물어보면 제대로 대답하지 못한다. 연신 열심히 하겠다고만 한다. 그 옛날 일본의 군사적 발상은 이제 버려야 한다. 나는 우리 일본이 기존의 모델에게 갇혀 있는 한 아무리 열심히 해도 악순환이 계속될 것이라고 본다.

겉보기에도 위기감은 있는 것일까? 어째서 위기감의 근원을 제대로 확인하고 기업에서 대처하지 않는 것일까? 방법을 찾지 않는다면 진짜 위기감을 느꼈다고 할 수 없다. 이처럼 이노베이션 모델이 바뀌었다는 것과, 비즈니스 모델과 표준화를 포함하는 지적재산 매니지먼트가 기축된 것을 인식하는 대기업 경영자가 거의 없다. 놀랄 정도로 모른다. 인식을 갖지 않고 위기감이 있다고 평가하는 것에 나는 더 큰 위기감을 느낀다. 이 사업 모델의 구조를 이해한 뒤에 위기감을 해결해야 한다.

'세상이 언제 이렇게 변했지? 그래서 우리가 실패했구나. 하지만 열심히 하자'라고 말하는 것을 보면 평범한 청년의 넋두리같다. 적어도 대기업과 국제 비즈니스에 관련된 기업 경영자는 좀 더 깊고 예리하게 생각해야 하지 않을까? 진짜 위기감을 느끼는 경영자도 있을 것이다. 구조를 이해한 다음 어떻게 만들 것인지, 인재를 어떻게 키울 것인지를 질문한다. 진짜 위기감을 느끼면 질문과 상담 수준이 저절로 높아진다.

▶ 진주만과 말레이 해전 패배를 기억하라

'진주만·말레이 해전 사고'는 내가 만든 조어다. '승전한 이유를 제대로 인식하지 않고, 패전한 원인을 제대로 분석하지 않은 채 적절하게 대처하지 않는 것'을 의미하는 말이다. 일본군은 태평양 전쟁 초기 진주만에서 정박 중이던 미 해군을 침몰시켰다. 그리고 영미 연합군을 먼저 공격한 전투가 말레이 해전이다. 일본의 해군 항공부대가 세계 제일을 자랑하던 영국 전함 프린스오브웨일즈를 침몰시킨 유명한 해전이다. 어떤 의미에서 영미 연합군에게는 진주만 공습보다도 충격적인 사건이었다. 정박 함선이 기습당한 것이 아니라 군사 기동 중에 있던 최신예 주력함이 항공 부대에 당했기 때문이다.

하늘은 바다를 이긴다. 세계의 군사 관계자들은 충격을 받았다. 연합군은 거함전 중심 전투 시대가 끝났음을 깨닫고 항공모함 중심의 전투로 이행해야 함을 인식했다. 그리고 제공권을 차지하기 위한 자원을 일제히 투입하기 시작했다. 영미는 패전 원인을 철저하게 분석해서 '제공권을 지배하는 사람이 이긴다'는 새 모델로의 이행을 서둘렀다.

일본군은 하늘에서 승리하고서도 전함 야마토와 무사시에 주력했다. 그리고 마지막에는 죽창으로 저항하려고 했다. 과거 일본군의 사고는 현재 일본 기업의 사고법과 중첩된다. 종래 모델을 고집하는 것을 넘어서 기존 모델에 대한 자각이 없다. 게다가 새로운 모델의 이행을 알아차리지 못하고 아예 모델을 만들 생각조차 없다. 너무 자학적인 이야기인가? 나는 그 정도로 위기감을 느끼고 있다.

실패 속에서 승리하는 패턴

새로운 비즈니스 모델을 추진했던 기업에는 공통점이 있다. 인텔이나 애플, IBM도 모두 처절하게 실패했던 경험이 있다. 그들은 모두 실패 속에서 승리하는 패턴을 찾아냈다. 인텔도 과거에는 일본 메모리에 뒤졌다. 컴퓨터에서도 IBM의 부품 하청 업체로만 취급 받다가 인텔 인사이드와 같은 획기적인 모델을 낳았다.

IBM도 메인 프레임에서는 일본 제조사들의 장인정신에 위협을 받았다. 그것을 피하려다가 순식간에 인텔에게 당했던 것이다. 컴퓨터 시장에서만 보면 일본의 도시바가 서구의 랩탑 시장을 석권했다. 따라서 제조업에서 서비스업 변환으로 현재 오픈 이노베이션의 전도사로 등극한 것이다.

애플은 윈텔 연합군에게 뼈저린 실패를 경험했다. 카리스마의 리더인 스티브잡스도 한때 자신이 만든 애플에서 추방당한 아픔이 있었다. 그는 재기해서 현재의 고수익을 올리는 애플을 만들었다. 그들은 모두 한 번씩은 실패를 경험했다. 실패했기 때문에 철저하게 노력했고, 프로 이노베이션을 주도하기에 이르렀다. 결국 시행착오와 학습의 역사가 승리를 가져온 것이다.

학습 경험을 갖지 않고 이노베이션 점프를 하는 것은 리스크를 동반하는 일이다. 저돌적으로 오픈 이노베이션을 하라는 말이 아니다. 학습 경험을 쌓는 데는 시간이 그리 오래 걸리지 않는다. 그러나 유감스럽게도 일본은 자습을 못하는 나라다. 실패했을 때 영국인들은 자신들을 돌아보고 반성했다. 미국인도 중국인도 그렇다. 제대로 반성하지 않으면 알고 배우고 생각할 수 없다. '알고 배우고 생각하는' 세트가 중요하다. 그것은 공부가 아니다. 나는 성찰이라고 표현하고 싶다. 포인트는 성공하든 실패하든 자신과 타인의 경험을 철저하게 성찰해서 깊게 알고 배우고 생각하는 것이다.

▶ 새로운 이노베이션 모델에 적응하지 못하는 이유

일본인은 결과보다 과정을 중시한다. 실패를 해도 열심히 노력했다면 서로를 위로하고 잊어버린다. 결국 진지하게 성찰하지 않는다. 일본은 승리한 이유도 실패한 원인도 알려고 하지 않고, 물처럼 흘려버린다. 그러나 노무라 가쓰야는 '이상한 패배는 없다'고 말한다. 패배 이유를 제대로 반성하지 않으면 다음 경기로 연결되지 않는다. 반성이란 승복하는 것이 아닌 성찰하고 배우는 자세다.

일상에서는 이러한 문화가 의미 있고 인간관계의 기본이 되고 있으나, 사업이나 정치와 같은 공적인 활동에서는 정말 백해무익하다. 일본은 서구 기업과 NIEs/BRICs의 이노베이션 공동 대응에 실패한 것을 자각하지 않는다. 경영자에게 책임 전가를 할 뿐이다. 전임 경영자의 실패 원인을 파악하는 것과 경영자 한 사람을 추궁하는 문제는 별개다. 그러나 일본은 그러한 논의 자체를 두려워한다. 그렇게 회피한다면 국제적으로 통용되는 사업을 할 수가 없다.

따라서 배움이라는 문화를 보급하고 싶다. 과거의 요시가와 에이지 같은 국민 작가도 '나 이외의 모든 사람은 나의 스승'이라고 말했다. 배우는 마음을 갖자. 그러면 다양한 방법이 보인다. 인텔 인사이드, 애플 아웃사이드라는 기본 개념 구조를 통해서 관련 제품이나 사업을 별도의 관점에서도 볼 수 있다. 다양한 해석이 가능하다. 이것이 개념의 힘이다.

다양한 방법들 : 전략적 선택 사항의 다양화

모델을 하나밖에 모르는 것이 문제다. 경영에서는 다양한 전략적 선택 사항을 제시하고 그것을 적절하게 활용하는 것이 중요하다. 내 전공 분야 중 첨단 인재육성에서는 '프로페셔널이란 무엇인가'에 대해서 논의한다. 프로페셔널에게 듀 프로세스(due process 적절한 절차, 합헌적 절차)를 요구한다. 어떤 상황에서도 과정의 정석을 아는 것이다. 이것은 필요조건이다.

구체적인 안건에도 다양한 선택 사항들이 있다. 나는 그것을 전략 선택지라고 부른다. 다양한 전략을 보유하는 것이 프로페셔널의 조건이다. 이것은 세계유도대회에서 '업어치기만으로 이길 수 있는가?'를 생각하면 이해하기 쉽다. 업어치기가 특기인 것은 바람직하지만 그것만으로는 국제 시합에서 싸울 수 없다. 허벅다리 걸기, 허리 후리기 등의 다른 기술들도 전부 배운 다음 업어치기를 특기로 내세워야 한다. 프로페셔널 트레이닝으로 가능한 한 많은 카드를 가지고 있다가 어떤 카드를 어느 타이밍에 낼 것인지 적절하게 배워야 한다.

지금의 기업 임원들 대부분은 젊을 때 일본의 황금시대를 지낸 세대다. 거품 경제와 붕괴를 거쳐 잃어버린 10년을 지냈다. 그러나 그런 업다운을 통해서 한번 몸에 밴 모델은 절대로 벗어날 수 없다. 하지만 고정관념을 버려야 살아남는다. 환경은 바꿀 수 있는 것이지 변한 것이 아니다. 일본의 경영자와 정책 담당자가 구식 모델을 고집하는 사이에 서구와 NIEs/BRICs의 협업 공동 사업은 진화하고 있다.

과거 일본은 사업을 잘했다. 창조와 과학기술은 빌린 것이었으나 제조업을 중심으로 발전했기 때문에 사업에 성공했다. 그럼에도 불구하고 최근에는 '과학기술은 뛰어나지만 사업화를 못해서 실패했다. 일본 기업은 사업에 서툴다' 일본 기업은 사업을 잘하는가? 서툰가? 이 두 가지 논의에 시간축과 모델 단계라는 보조선을 그으면 답이 나온다. 어떤 의미에서는 모두 맞다.

과거 경쟁력이 개선 모델인 시대에는 사업을 잘했다. 그러나 현재는 아니다. 개선 모델에서 이노베이션 모델로 경쟁 모델이 변했기 때문이다. 지금은 제3기 이노베이션 모델과 싸우고 있다. 그래서 사업에 서툰 것처럼 보이는 것이다. 사업이 변했음에도 여전히 구식 모델에 집착하고 있기 때문이다.

▶ '과학기술 대국'이라는 이름의 함정

'일본은 과학기술 대국이 아닌가?'라는 말을 한다. 일본은 분명 과학
기술 대국이지만 과학기술 입국에는 이르지 못했다. 과학기술 대국이
되는 것도 지극히 명예로운 일이지만 그것이 사업에 연결되지 않으면
의미가 없다. 인재 이외의 자원이 부족한 일본을 입국으로 연결하는 정
책이 필요하다. 대국에서 입국에 이르는 길을 기업 레벨에서 생각한 것
이 바로 이 책이다.

중요한 것은 정책 담당자가 이러한 사업의 실태를 이해하는 것이다.
그것이 첫걸음이다. 양동이에 구멍이 나 있는 것을 알면서도 거기에 계
속 물을 넣으려고 하지는 않을 것이다. 과학기술 예산을 헛되게 짜지
않을 것이다.

'이노베이션은 매니지먼트할 수 없으니 이노베이션이 아니다'라는
말도 들린다. 그러나 지금은 이노베이션=발명이 아니라 '이노베이션
=발명×보급'이다. 구식 모델로는 사업에서 승리할 수 없다. 더불어 여
기서는 발명+보급이 아닌 '발명×보급'이라고 쓴다. 프로세스가 팬히
두 가지 된 것이 아니다. 지적재산 매니지먼트로 발명 단계와 보급 단
계가 서로 연결된다. 보급은 이노베이션 단계에서 상정해둘 필요가 있
다. 지금은 매니지먼트하지 않으면 이노베이션이 되지 않는 시대다. 그
러므로 이노베이션 매니지먼트가 중요하다. 이것을 사업 레벨에서 생
각한 것이 바로 이 책이다.

혹자는 이 책을 '전자제품을 중심으로 한 제조업 이야기 아닙니까?'라고 묻는다. 그러나 다른 분야에서도 공통된 이야기다. 통신 서비스가 이에 가까운 패턴이다. 기존 NTT는 수직통합형의 기업이었지만 지금은 요상하게 분해되었다. 서구에서는 수직분리 레이어에서 경쟁력을 강화하려고 한다. 일본의 경우는 어느 레이어에서 국제 경쟁력을 강화하려고 할까?

'구글 매쉬업'이라는 서비스가 있다. 구글의 지도를 사용하고, 다른 정보 서비스를 조합해서 서비스 상품으로 만들었다. 구글의 지도를 저렴한 가격으로 공개해서 사용한 서비스를 다른 사람이 개발하도록 하는 것이다. 결과적으로 애플의 OS를 오픈하는 것과 마찬가지로 자사가 애쓰지 않고도 승리하는 방법이다. 이것은 CPU를 메인보드에 도입한 것으로 보급의 가속도를 높였다. 매쉬업으로 형성된 서비스가 중간재나 플랫폼으로 보급이 가속된다.

더불어 구글의 검색 서비스 뒷면에는 상당수의 첨단 수학 모델이 작동하고 있다. 그러나 수학 사이언스의 진전으로 구글 서비스 모델이 가능했을까? 그렇지 않다. 인터넷 검색에 관한 새로운 컨셉을 개발했기 때문에 수식 모델도 가능한 것이다. 보통은 사이언스에서 테크놀로지가 생겨나지만, 이것은 테크놀로지에서 사이언스로 거슬러 올라가는 발전이었다. 과학기술도 그런 시대로 진입했다.

서비스라면 일본 관광도 어려움을 맞고 있다. 일본에는 좋은 자원이 많이 있음에도 불구하고 관광 사업은 성공하지 못했다. '기술력으로 이겨도 사업에서 실패하는 것'과 같은 양상이다. 관광 업계의 안팎은 여전히 닫혀 있다. 이제는 '독자 기술 보호와 표준 오픈'으로 변신해야 한다. 국제 표준에 따른 외부 인터페이스에서 해외 관광객을 유치한다. 일단 일본으로 오면 특유의 자연과 문화의 정취를 느낄 수 있다.

일본은 애니메이션 천국으로서 세계로 널리 보급하고 있다. 그러나 국제적인 성공을 했는가? 콘텐츠 대국이 콘텐츠 입국이 되지 않는 원인을 생각해야 한다. 모두 '○○이 있음에도 사업에서는 이기지 못한다'와 같은 구도다. 기본 자원은 있지만 사업에서는 실패한다. 여기에서 ○○에 기술이나 관광 자원이나 친절한 서비스, 아이디어, 캐릭터를 대입하면 일본의 사업이 비슷한 문제를 갖고 있다는 것을 알 수 있다. 재원이 있음에도 활용하지 못한다면 무용지물이 아닌가. 이제 일본의 근본적인 문제점이 보이는가?

다윈이 말했다. '강한 종이 약육강식에서 살아남는 것이 아니다. 또 우수한 종이 살아남는 것도 아니다. 살아남는 것은 계속 변하는 종이다'라고 말이다. 결국 모델을 바꿔서 환경에 적응하라는 말이다. 동시에 일본 진화론의 창시자인 이마니시 킨지의 진화론도 생각난다. 그는 서식권 분할론[1]을 통해서 생물은 주어진 환경을 스스로 바꾸고 그것을 차례로 발전시킴으로써 다른 생물과 서식권을 분할한다는 이론이다. 세계에서 어떤 식으로 이길 수 있는가는 실제로 약육강식의 논리가 아니라 다른 국가나 기업과 서식권 분할을 어떻게 하는가에 달려 있다.

이것이야말로 협업 이노베이션의 진수다. 선진국과의 이노베이션 협업과, NIEs/BRICs와의 보급 분업에 의한 협업 이노베이션 공생 서식권 분할이다. 우리는 지금 경쟁력 강화를 위해 협조를 강화하는 시대로 진입했다.

이노베이션을 이끄는
생각의 기술

세노오식
'창발' 사고

이노베이션을 창출하려면 어떻게 사고해야 할까? 내가 만든 두 가지 모델을 소개한다. 지식의 새로운 영역을 창출하는 모델과 창발의 여섯 가지 방법이다. 이들은 실제로 내가 컨설팅할 때 활용한다.

지식의 새로운 영역 창출 모델

지금까지 지식의 창출은 기존 체계의 연장이었다. 뿐만 아니라 지식의 새로운 영역에는 전부 여섯 가지 개념을 생각할 수 있다. (도표 A 참조)

- 교체 – 학술 지식
- 제휴 – 융합 지식
- 틈새시장 – 간극 지식
- 유도 – 상위·부감 지식

- 초월 – 횡단 지식
- 진보 – 선단 지식

다만 이것들은 이념형이기 때문에 현실에서 복합적으로 일어날 수 있다. 〈도표 A〉 중에서 기둥은 기존의 학문 체계에 해당한다. '이학, 공학, 화학, 생물학, 의학, 약학'이나 '경제학, 경영학, 법학, 사회학, 경제학'이 들어갈 수 있다. 이 기둥을 사업 조직체나 제조업으로 보면 어떨까? 이러한 프레임워크를 사용하면 새로운 발견이 차례로 일어날 것이다.

도표 A **지식의 새로운 영역 창출 여섯 가지 모델**

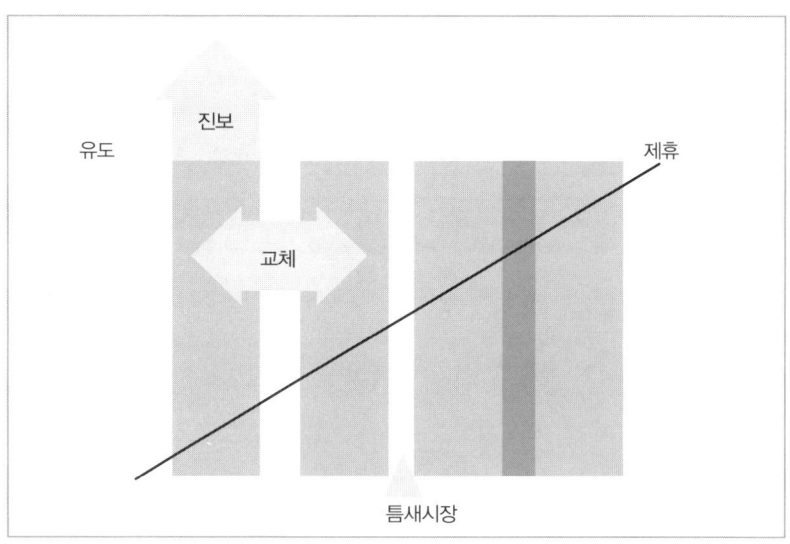

이노베이션과 창발

사람이 함께 일하는 것에는 상반된 이유가 있다. 첫째, 분담·분업이다. 아담스미스는 분업은 생산성을 높인다고 했다. 핀을 만들 때 처음 공정을 한 사람이 전담하는 경우와 분담하는 경우를 비교하면 분업 쪽이 훨씬 더 높은 생산성을 얻을 수 있다. 포드 시스템처럼 공정을 연결하는 벨트컨베이어를 도입하면 생산성은 향상될 것이다. 산학의 공동 연구에서도 공정분담론이 등장한다. '대학이 연구하고, 기업이 개발한다'고 하기도 하고, '대학이 연구하고, 제품 생산은 기업이 한다'고 말한다. 모두 역할 분담이다.

둘째, 협업이다. 서로 다른 지식을 가진 사람들끼리 공동 연구를 할 때 새로운 지식이 창조된다. 이것은 창발이라는 이노베이션 시즈를 만들어낸다. 19세기부터 20세기 중엽까지 과학의 비약적인 발전 원동력을 요소환원주의라고 불렀다. 이 개념은 요소로 분해해서 자세히 조사하면 전체를 알 수 있다는 세계관에 기초한 것이다. 이 요소환원주의는 분석을 통해 과학을 발전시켰다.

그러나 요소를 조사해도 알 수 없는 현상은 어찌할 것인가? 그것이 요소환원주의의 한계다. 따라서 태어난 것이 요소가 아니라 그들의 상호관계성에 주목해서 시스템 방법론을 연구한다. 사상을 인과관계에 따라 설명한 기존의 과학적 사고를 창발 관계에 따라 설명한 것이다.

내 본래 전공인 시스템 철학과 시스템 방법론에서는 여러 가지 시스템 개념을 정의한다. 일반적으로 '서로 관계된 요소의 집합체 : a set of interrelatled elements'나, '서로 관계된 질서 기능의 집합체 : a set of ordered functions'를 말한다.

전자는 사상을 해석할 때, 후자는 사상을 만들어낼 때 강조한다. 시스템의 최소 요소는 세 가지로 나눈다. ① 창발성 ② 계층성 ③ 커뮤니케이션 컨트롤이다. 요소는 개개의 관계성에 의해서 생기고, 요소의 개개로 환원하지 않는 전체 성질을 창발성, 혹은 창발 특성이라 부른다. 돌발 위기를 의미하는 'emergency'와 같은 뿌리를 가진 말이다. 물밑 바닥에서 수면으로 뭔가 떠오르는 이미지라고 할 수 있다. 개개의 요소끼리 서로 관계하는 것에 의해서 지금은 없는 새로운 것들이 발현한다.

개개의 요소가 아닌 것들이 서로 관계된 성질에 주목하면 어떨까? 물의 성질은 수소와 산소로 환원할 수 없는 창발성을 지닌다. 수소와 산소, 각각에 없는 성질이 양자의 결합으로 생겨나는 물에 새로운 성질을 창발한다고 할 수 있다. 단어와 단어가 결합해서 생긴 의미도 창발이다. 단어를 운율에 맞춰 배열하면 '시'가 창조된다. 존과 폴과 조지와 링고가 서로 관계함으로써 이루어진 그룹으로 '비틀즈'가 탄생했다. 다만 사회 현상으로서의 창발과 해석 개념으로서의 창발은 다르므로 주의해야 한다. 전자가 사상에 창발 존재에 관한 존재론적인 질문을 하는 데 비해 후자는 사상을 창발로 보는가에 관한 인식론적 질문으로 끌어낸다.

창발의 여섯 가지 방법

창발성에서 중요한 개념은 관계성이며, 창발성을 낳는 행위는 관계 구축이라고 할 수 있다. 창발을 만드는 실천적인 방법론을 알아보자.

첫째, 창발 시스템을 구성하는 개인을 바꾸는 방법이다. 부품을 바꾸거나 선수를 교체함으로써 새로운 성질을 만들어내는 것이다.

둘째, 창발 시스템을 구성하는 개체 관계를 바꾸는 방법이다. 오디오의 연결을 바꾸고, 선수의 포지션을 바꾸는 것이다. 새로운 관계성이 생기고 지금까지와는 다른 아웃풋을 낳는다.

셋째, 새로운 컵셉으로 새로운 시스템을 설계하고 계획적으로 창발을 일으키는 방법이다. 새로운 설계로 결합한다.

넷째, 새로운 컵셉으로 다양한 개체를 집합해서 서로 관계할 수 있도록 창발을 유도한다. 이것은 설계적인 창발성과는 다르다.

다섯째, 개체가 서로 관계를 갖도록 같은 장소와 기회를 설정한다. 거기에서 일어나는 다양한 창발을 발견하고 그 가운데 몇 가지를 선택해서 기르는 방법이다. 새로운 결합의 발견과 육성이다. 이것은 멘탈 레벨 상황에 따라 창발 촉진을 유도한다.

여섯째, 접근이 아니라 스스로 창발하는 방법이다. 현장에서 발생하는 기회를 실무에 창발하여 학습한다.

이러한 여섯 가지 방법을 사용해서 창발할 수 있다. 산학 연계에서 산학관의 관계를 살펴보면 여러 가지 발견을 이끌어낼 수 있다. 그리고 산학관 연계 모델이 다양하게 논의될 수도 있을 것이다. 동시에 이 여섯 가지 방법은 명백하게 일반적인 이노베이션 모델을 만들어내는 창발 방법론을 형성하는 것이다. 개념과 기술의 새로운 결합으로 이루어진 창발은 이노베이션을 이끈다.

창발은 단순한 축적과 수집물에 따라 생기지 않는다. 개체가 아무리 모여도 창발은 나타나지 않는다. 창발이란 상호관계에 따라 창조되는 것이다. 집합지는 창발지가 아니다. 창발적인 장소와 기회를 어떻게 설정하고 운영하는가에 대한 수완이 필요하다. 이노베이션은 이러한 사고법을 사용해서 만들어낼 수 있는 것이다.

기술 경영의 위기,
해법은 경영에 있다

이노베이션 모델이 급속하게 변화하고 있다는 것에 동감합니다. 사업 전략과 지적재산 매니지먼트를 제대로 연결해서 이노베이션 시나리오를 그리는 '사업 군사'는 어떤 자산을 갖고 있어야 하고, 또 어떻게 육성해 나가야 합니까?

이 질문은 2009년 4월 23일 밤, 도쿄 마루노우치에서 개최된 제2회 도쿄대학교 지적재산 경영총괄 기부강좌 공개세미나, 통칭 '지적재산 비즈니스 학교'에서 내가 강연한 '이노베이션 주도권 : 기술에서 이기고 사업에서 실패한 일본의 처방전을 찾아서'를 들은 세계적인 대기업 부사장이 했던 질문이다.

같은 해, 6월 20일 교토 국제회의장에서 열린 '제8회 산학관계추진

회의'에는 특별 보고 '이노베이션 주도권 : 일본을 구할 처방전을 생각하다' 강연회에 5000명이 모여 명함 교환을 위해 긴 줄을 섰다.

이처럼 많은 사람들이 관심을 갖는 것은 무엇을 의미하는가? 기업이나 정부기관에 관계없이 이노베이션의 논의를 정의하려는 사람들, 사업 전략과 지적재산 매니지먼트의 관계를 기본부터 다시 생각하려는 사람들, 자신의 사업과 현재 일본 산업에 대해서 우려하고 진지하게 노력하려는 사람들이 얼마나 많은지 보여주고 있다. 그분들에게 이 책을 통해서 조금이나마 도움을 드리고자 한다.

나는 이 책을 일종의 계발서로 썼다. 교과서가 아니다. 학술적으로 정설이 된 것을 체계적으로 정리한 것이 아니기 때문이다. 그러나 단순하게 다른 연구서의 정수만을 정리한 것도 아니다. 분명히 남들에게 배운 것도 많지만 동시에 내가 생각하는 새로운 컨셉과 모델을 상당히 포함했다. 새로운 학술서를 쓰기 전에 계발서로서 세상에 알린다는 의미를 담고 있다. 하루라도 빨리 '기술에서 이기고 사업에서 지는 일본'에 대해서나, '과학기술 대국이지만 입국이 되지 못한 일본'에 대해서 기업의 사업 관계자, 지적재산 관계자 또는 관청의 정책 담당자들과 함께 진지하게 논의하고 싶었기 때문이다. 그 의미에서 이 책을 그대로 삼키지 말고, 또 비판적인 대상으로도 삼지 말고, 이를 기점으로 해서 발전적으로 논의했으면 한다. 이것이 필자로서 더도 덜도 없는 바람이다.

마지막으로 신세 진 분들께 감사의 말씀을 전하고 싶다. 먼저 이 책은 도쿄대학교 대학원 공학연구기술경영전략 전공의 '이노베이션과 지적재산' 강의록을 골격으로 했다. 더불어 내가 소속된 도쿄대학교 지적재산 경영총괄 기부강좌 프로젝트팀의 구성원들인 와타나베 도시야 교수, 가가미 시게오 교수, 로버트 케네라 교수, 시타쿠 준지로 조교수, 모토하시 가즈유키 교수, 오가와 고이치 교수, 이누즈카 아쓰시 교수, 나가노오카지 강사와의 교류가 큰 자극이 되었다. 특히 오가와 고이치 교수와 다데모토 히로부미 객원연구원의 자료가 많은 도움이 되었다. 지금까지 안개처럼 희미했던 것들이 일시에 해소되어 본론의 논의를 구성했다. 마음으로부터 모두에게 감사의 말씀을 드린다.

사업 경영과 지적재산 매니지먼트 관계에 대해서 논의하고 있는 일본변리사회 지적재산 비즈니스 아카데미 세노오 세미나와 일본지적재산학회 지적재산인재육성연구분과회의 회원들에게 많은 것을 배웠다. 또 초안 단계에서 원고를 보시고 많은 지적과 시사점을 말씀해주신 '지적재산 매니지먼트 교육연구회'의 회원께도 감사드린다. 일일이 이름을 열거할 수 없지만 함께 배우는 친구로서 모두에게 감사의 말씀을 드린다.

내가 이사장으로 근무하고 있는 NPO 법인산학연계추진기구의 이자와 구미 프로젝트 매니저와 가나와 료코 변리사에게는 교정 단계에서 많은 지적과 제안을 받았다. 특히 조수로서 오랜 시간에 걸쳐 지적재산 매니지먼트 인재 육성을 함께하고 있는 이자와 구미의 조언과 격려가 없었다면 이 책을 쓰지 못했을 것이다. 진심으로 감사한다.

NPO 법인 산학연계추진기구 이사장으로서, 또 여러 대학의 객원교수로서 부족하지만 열심히 다니고 있는 내가 이 책을 집필할 수 있도록 시간을 낼 수 있었던 것은 오로지 세노오 연구실의 비서 호리미조 치요가 배려해준 덕분이다. 또 고미야 미키, 아이다 마리에게도 많은 신세를 졌다.

    마지막으로 몸을 혹사해서 자꾸 늦었던 나의 집필을 보살피고 끈기 있게 편집을 해준 다이아몬드사 〈하버드 비즈니스 스쿨 리뷰〉 편집부 부편집장 기야마 마사유키께 깊은 감사를 드린다.

야나카에서

세노오 겐이치로

주

Prologue

1 '모노즈쿠리(モノヅクリ)'는 제품 생산이라는 일본어다. 전통적으로 수공업을 집안 또는 기업 대대로
  계승해 오면서 '명품'을 만들겠다는 일본 제조업의 정신이 바로 모노즈쿠리이며, 일본을 세계 최고의
  제조 강국으로 올려놓은 원동력이다.

chapter 1 성장인가? 발전인가?

1 하나의 시스템을 구성하고 있는 부분이면서, 그 자체로도 시스템을 이루고 있는 것. 시스템이 커지면
  내부를 다시 작은 시스템으로 나누어 생각하는 것이 설계나 관리에 편리하기 때문에 서브 시스템이
  존재한다.
2 할로겐화은을 감광 주체로 하는 보통의 사진으로 감도, 해상력, 계조성이 매우 높고 화상의 보존성이
  양호한 사진.
3 마이크로소프트의 윈도우즈와 같이 시장에서 표준으로 인정받거나 필요에 따라 업계를 중심으로 결
  정된 사실 표준화 기구에서 제정하는 표준. 사실 표준, 업계 표준, 공식 표준이라고도 한다.
4 자회사나 특정 부문의 주식을 모기업 주주들에게 나눠주고 분리 독립시키는 방법.
5 경영 조직은 보통 경리부, 인사부, 영업부, 제조부 등과 같이 직능별로 구분되어 있다. 이것을 직능별
  조직이라고 말하는데, 이 조직으로부터 예컨대 인사부가 갈라져 나와 인재 개발 전문회사로 되는 것
  과 같은 경우를 스핀 아웃이라고 한다.
6 죽음의 계곡 : 생존을 위해 제품을 만드는 것보다 판로를 개척하는 게 더 중요한데 그 위기가 바로 죽
  음의 계곡이다. 위기에는 금융 지원이 요구되고 수요처도 필요하다. 이를 넘지 못하면 도산한다.
7 제프리 무어(Geoffrey A. Moore) 박사가 최초로 사용한 말. 첨단 기술 제품이 소수의 혁신적인 성향
  의 소비자들이 지배하는 초기 시장에서 일반인들이 널리 사용하는 단계에 이르기 전 일시적으로 수요
  가 정체하거나 후퇴하는 현상. 원래 지리학적으로 지각 변동에 의해 생기는 균열로 인한 단절을 의미
  한다. 캐즘을 넘어서는 제품은 대중화되지만, 그렇지 못하면 일부 얼리어댑터(early adopter)들의 전
  유물로 남게 된다는 이론이다.

chapter 2 이노베이션 모델의 기본형

1 시즈(seeds) : 기업이 갖고 있는 기술, 노하우, 아이디어, 인재 설비 등. 고객 관점에서의 상품 개발이
  니즈needs를 중시하는 것에 비해서 생산자 지향의 상품 개발에서 중시하는 것이 시즈이다. 소비자가

만족하는 상태에 있는 현재 시장에서는 니즈 지향의 마케팅이 중심이지만 새로운 시장을 창출하고 그 시장 속의 리더로서 장기간에 걸친 포지션을 확보하는 상품은 시즈 지향으로 태어난 상품이 많다.

2 남이 모르거나 하지 않은 것을 처음으로 새롭게 밝혀내거나 이루는 일(국어사전 정의, 책의 마지막 부분에서 창발에 대해 자세히 설명).

3 독자적으로 모든 일을 수행하는 기업의 경영 원칙. 독자주의라고도 하는데 일본의 독특한 기업 문화의 하나로 설명한다. 참고로 우리나라 일간지에서도 자전주의라는 말을 그대로 쓰고 있다.

4 특히 민사상의 분쟁을 재판에 의하지 않고 당사자끼리 해결하는 일.

5 특허에 대한 공동의 이익(라이선싱)을 목적으로 결성한 단체로 회사의 성격을 갖는다. 특허 표준화 대상 기술에 포함된 특허를 대상으로 관련된 회사가 모여서 풀을 만들고 여기에 포함된 회사는 권리를 공유하지만 포함되지 않은 회사는 실시료(라이선싱 비용)를 지불하고 사용해야 한다는 제도.

6 3→1 대응 : 세 개의 휴대전화 번호를 한 대로 사용한다.
  1→3 대응 : 한 대의 휴대전화를 3년 간 사용한다.

chapter 3 인텔 인사이드 애플 아웃사이드

1 컴퓨터 시스템 전체의 작동을 통제하고 프로그램의 모든 연산을 수행하는 가장 핵심적인 장치.

2 컴퓨터를 관리하기 위한 프로그램.

3 스리아와세(擦合ゎせ)란 '서로 부딪치며 세밀하게 조정하고 통합한다'는 의미로 자동차, 디지털 가전, 액정 등 세계 최고 수준인 일본산 제조 기술을 말한다. 일본 제조업의 새로운 트렌드로서 설계부터 미세한 향후 조정 기능 및 기술의 혼합으로 고품질·고기능 제품을 만든다는 개념이다. 영어로는 인테그랄(intergral)이라고 표현할 수 있다.

4 PCI 버스(Peripheral Component Interconnect Bus) : 컴퓨터 메인보드에 주변 장치를 부착하기 위해서 사용되는 컴퓨터 버스의 일종.

5 하드웨어와 소프트웨어 시스템이 상호 작용할 수 있도록 접속되는 경계에서 상호 접속하기 위한 하드웨어, 소프트웨어, 조건, 규약 등을 포괄적으로 가리키는 용어.

6 컴퓨터와 컴퓨터 사이, 또는 한 장치와 다른 장치 사이에서 데이터를 원활히 주고받기 위해 약속한 여러 가지 규약.

7 국제 사선모양분업은 저자가 만든 조어로 좀 더 의미를 강조해서 번역하면 '국제 사선형 분업' 정도가 되는데 한자로 표기돼 있어 '사선모양분업'이 가장 적당할 듯싶다.

8 원어로는 '抱え込み' 주의인데 직역하면 '끌어안다' '껴안다'로 풀이할 수 있다. 저자가 만든 조어인데, 우리말로 하면 '감싸기' 정도가 적당할 것 같아서 '감싸기주의'라고 번역했다.

9 서드 파티 : 소프트웨어나 주변 기기의 개발·공급을 행하는 외부의 전문 기업. 퍼스널 컴퓨터 등의 하드웨어 메이커는 본체의 성능·구조·제조 방법·정밀도 등을 공개하고, 외부 기업이 소프트웨어 등을 개발하는 일. 게임기나 PC 관련 제품, 렌즈교환식 카메라에서 제3 자 기업들이 활성화되고 있다. 서드 파티의 제품이 많으면 그 기술이 표준으로 채택될 가능성이 높아지고, 사용자가 이용할 수 있는 하드웨어의 쓰임이 늘기 때문에 제조사가 서드 파티 업체들을 널리 육성하고 있다.

10 아키텍처(architecture): 기능과 구조를 연결하는 방법이나 부품과 부품을 연결하는 방법으로 설계 요소를 연결하는 방법에 의한 기본적인 사고방식.

chapter 4 이노베이션 모델의 혁신

1 자전주의 : 독자적으로 모든 일을 수행하는 기업의 경영 원칙 독자주의 ↔ 오픈소스주의
   htproprietary ↔ open source
2 수율 : 투입 수에 대한 완성된 양품(良品)의 비율을 말한다. 양품률이라 하며 불량률의 반대어이다.
3 원서의 사형(斜形)은 사선의 형태를 뜻하는 말로 저자가 만든 조어이다. 우리말로는 사선 모양이라고
   풀이할 수 있다. 한국어판에서는 독자의 이해를 돕기 위해 한자어인 사형을 사선형, 국제사형분업은
   국제 사선형분업이라고 풀어서 표기한다.

chapter 5 시장을 확대하는 열린 기술

1 후지모토 다카히로 교수의 경영학적 연구는 "모노즈쿠리"(월간조선)에 자세히 나와 있다. 한국어판
   으로 출간되었으나, 현재는 절판되었다.

chapter 6 이노베이션 주도권과 삼위일체 경영

1 액추에이터(actuator) : 전기, 유압, 압축 공기를 이용하는 구동 장치의 총칭으로, 유체 에너지를 이용
   해서 기계적인 작업을 하는 기기.
2 스위트 스팟(sweet spot) : 골프채, 테니스 라켓, 야구 배트에서 공이 가장 효율적으로 쳐지는 부분,
   최적 타점을 말한다.

chapter 7 비즈니스 모델과 지적재산 매니지먼트

1 오셀로 게임 : 탁상 게임의 하나. 두 사람이 안팎 흑백으로 된 원반 모양의 말을 번갈아 판 위에 놓아
   자기 말로 사이에 낀 상대 말을 뒤집어 자기 색 말로 함으로써 말을 많이 딴 사람이 이기는 게임.

chapter 8 가변적이고 발전적인 이노베이션 모델

1 비슷한 두 가지의 생물종이 같은 영역에 존재하지 않고, 서로 다른 영역에 분포하여 생존한다는 이마
   니지 긴지의 이론이다.

KI신서 3262

기술력의 일본이 사업에 실패하는 이유

1판 1쇄 인쇄 2011년 3월 30일
1판 1쇄 발행 2011년 4월 7일

지은이 세노오 겐이치로   **옮긴이** 신은주   **펴낸이** 김영곤   **펴낸곳** (주)북이십일 21세기북스
출판콘텐츠사업부문장 정성진   **출판개발본부장** 김성수   **경제경영팀장** 류혜정
책임편집 박의성   **해외기획** 김준수 조민정   **진행 및 디자인** 썬앤북스
마케팅영업본부장 최창규   **영업** 이경희 우세웅 박민형   **마케팅** 김보미 김현유 강서영
출판등록 2000년 5월 6일 제1001965호
주소 (우 413-756) 경기도 파주시 교하읍 문발리 파주출판단지 518-3
대표전화 031-955-2100   **팩스** 031-955-2151   **이메일** book21@book21.co.kr
홈페이지 www.book21.com   **커뮤니티** cafe.naver.com/21cbook
트위터 @21cbook   **블로그** b.book21.com

ISBN 978-89-509-3018-9 03320
책값은 뒤표지에 있습니다.